千禧学霸

广东首届00后高考高分考生的成长秘笈

戎明昌　胡智勇　主编

南方出版传媒
花城出版社
中国·广州

图书在版编目（CIP）数据

千禧学霸：广东首届00后高考高分考生的成长秘笈 / 戎明昌，胡智勇主编. -- 广州：花城出版社，2018.10
ISBN 978-7-5360-8777-4

Ⅰ. ①千… Ⅱ. ①戎… ②胡… Ⅲ. ①高中生－学习方法②高考－经验 Ⅳ. ①G632.46②G632.474

中国版本图书馆CIP数据核字(2018)第231357号

出 版 人：詹秀敏
策划编辑：林宋瑜
责任编辑：揭莉琳　林　菁　刘玮婷
技术编辑：薛伟民　林佳莹
封面设计：庄海萌

书　　名	千禧学霸：广东首届00后高考高分考生的成长秘笈	
	QIANXI XUEBA: GUANGDONG SHOUJIE 00 HOU GAOKAO GAOFEN KAOSHENG DE CHENGZHANG MIJI	
出版发行	花城出版社	
	（广州市环市东路水荫路11号）	
经　　销	全国新华书店	
印　　刷	佛山市浩文彩色印刷有限公司	
	（广东省佛山市南海区狮山科技工业园A区）	
开　　本	880毫米×1230毫米　32开	
印　　张	11.625　1插页	
字　　数	250,000字	
版　　次	2018年10月第1版　2018年10月第1次印刷	
定　　价	45.00元	

如发现印装质量问题，请直接与印刷厂联系调换。
购书热线：020-37604658　37602954
花城出版社网站：http://www.fcph.com.cn

前言

"金字塔尖"的别样风景

高考是选拔性考试。自然而然,站到这场考试"金字塔尖"的高分考生们,其教育环境、成长经历和学习技巧,常常令人感到神秘而又引人好奇。

今年是广东高考特别的一年,首批75.8万名"千禧宝宝"报名参考,人数再创历史新高,位列全国第二名。而在这批考生中,全省文理科前20名的高分考生成绩,被考试部门"屏蔽"了。

一定程度上讲,教育是一代人成长的历程,他们接受了怎样的教育,就结出了怎样的果实。今年参加广东高考的首批"千禧学霸",他们的成长经历有何特别之处?家庭、学校和社会多方又怎样形成合力,使他们过五关斩六将,攀上这场考试的"金字塔尖"？

　　高考结束后的一个多月时间里，我们依托南方教育智库，联动《南方日报》、南方网和南方+客户端，深入寻访分布在全省的30名被屏蔽成绩的高分考生，希望打开一扇窗，探寻他们的成长秘密、教育密码和学习秘笈。

　　是的，"千禧学霸"们大多是独生子女，他们拥有更加良好的生活条件、教育氛围，也接受更多元的文化熏陶，有着丰富的创造力——

　　良好的家庭教育。"从小到大，我都把小孩当作朋友来沟通，不会因为他年纪小，就用大人的身份来命令他。"全省理科前20名、广东实验中学学生谭泽霖的母亲杜婕琼的"教子经"非常浅显但却不易，她真正做到与孩子平等交流。

　　良好的综合素质。执信中学学生唐闻是篮球特长生，在篮球比赛中曾上演"一分钟斩获8分"的"唐闻时刻"，被同学称为"执信科沃尔"。把篮球作为生活中不可或缺部分的唐闻，在今年高考中闯入全省文科前20名，优异表现令人咂舌。

　　良好的学习习惯。汕头金山中学、全省理科前20名的卢瑞弘勤思考、善观察、爱学习。在高三一次大考中，他对自己的成绩不满意，在6页A4纸上密密麻麻地写满了考试分析，用黑色、红色、蓝色、绿色等颜色的笔做标记，一一列明每一科有哪些失误、是什么原因、接下来应该如何改进等情况。

　　良好的纠正能力。潮州金山中学、全省文科前20名的卢思颖上初一时得到一部智能手机，但没能控制好自己，不小心掉进了手机的"坑"里，遭遇学习的"滑铁卢"。但在经历考试失利的挫折后，她痛定思痛，手机不再是障碍，而是成了她的学习助手。

　　……

翻开这本书,你可能会发现,"千禧学霸"们回忆的精彩成长故事、讲述的难忘学习经历、分享的独门高分"秘笈",确实有许多共同之处,这些也是一代人成长的别样风景。

最后,感谢报社同事们的辛勤劳动,考生和学校的大力支持,出版社朋友们的大力帮助,使《千禧学霸》一书顺利出版。希冀我们的努力,能为家庭教育、学校教学和考生备考提供借鉴经验。

2018年9月18日

目录

广州

陈芷妍:精神富足远比物质丰富更重要 /001

谭泽霖:书法是我的"道" /016

唐闻:"执信科沃尔",会玩又会学 /029

深圳

赵雨晴:爱阅读也爱追星 高考前已保送清华 /043

罗璇:有兴趣能把苦学变成乐学 /052

珠海

陈翊:做一个清醒的学习者 /062

檀廷钰:学会接受自己,去做最好的自己 /074

曾千洋:"误入"清华的"钢琴小王子",学习也曾慢半拍 /084

汕头

卢瑞弘：走"寻常路"的不寻常学霸 /096
宋宇星：发现知识漏洞时最开心 /109
李智宇：打一场铺垫十几年的"大战" /122
黄潜锷：勤奋把我送到了清华大学 /135
郑康仪：学习不是"做了就好"，而是"做好" /148
林洋：高一时数学也曾91分，直到高三才逆袭 /158
张彤彤：学习要找出最适合自己的组合套路 /169

佛山

王浩宇：阳光大暖男，一路与爱同行 /180
梁文杰：厚积薄发，胸有湖海文始壮 /193
黄可韵：安静的理科女，爱学习也爱研究美食 /205

东莞

雷雨鑫：有韧劲的女孩运气不会差 /213
陈哲：高考"黑马"是这样炼成的 /225
王晓阳：人生就是折腾 /237
黄泽宇：在"一快一慢"中找感觉 /248
秦子达：理科学霸原来是"红楼迷" /260
白宏源：保持平稳心境前行，也期待波澜生活 /272

中山

李思羽：学习是一部励志史，需要一步一个脚印 /284

徐一：当不后悔成为衡量标准，人生未免少了很多乐趣 /299

湛江

李欣怡：理科转文科的"传奇学霸" /311

周君宝：辛勤汗水浇灌成功之花 /324

陈佩宁："佛系"女学霸，爱宅爱种花 /336

潮州

卢思颖：曾痴迷手机，成绩跌落低谷后严格自律 /348

《千禧学霸》创作团队 /361

广州

陈芷妍：精神富足远比物质丰富更重要

学霸名片

姓　　名：陈芷妍

毕业学校：佛山市第九小学、佛山市华英学校、广东实验中学

高考分数：全省理科前20名

录取院校：北京大学光华管理学院

特长爱好：钢琴、游泳、长跑

座 右 铭：书痴者文必工，艺痴者技必良

　　许多人小时候都有一个"清华梦""北大梦"，对于成绩一直名列前茅的广东实验中学学生陈芷妍来说，这个梦想触手可及。

　　8年前，小学四年级的陈芷妍首次出省旅行。她来到首都北京，游览了长城、故宫等名胜古迹，也走进了清华大学、北京大学等心仪名校。

　　"说不定，这未来就是你的母校。"走到清华大学的古典优雅的"牌坊"式校门旁，父亲陈斌鸿提议拍一张全家

陈芷妍小学四年级在清华大学西门留影

福,一家人笑容满面,定格下了这一难忘的时刻。

8年后,陈芷妍的高考成绩闯入全省理科前20名,不仅能够让清华真正成为她的母校,还可以选择心仪的专业。

"我对和人打交道比较感兴趣,不想一辈子只跟书本打交道。"陈芷妍最终做出一个不一样的选择,选择了清华大学的对门儿——北京大学光华管理学院。

"我一直跟孩子说,你的爸妈考的是二本,你只要超过咱们,就已经做得很棒啦。"当孩子梦想成真时,陈斌鸿却笑着说。当时说出"母校"一词只不过是玩笑话,何况大学只是人生中的一个阶段而已,高考没考好,还可以继续考研究生,考博士学位,就算还是没达到目标,社会也是一个大学,需要我们用一生去学习呢。

家庭背景对于孩子的成长、成才有多大的意义?陈芷妍认为,精神上的富足远比物质上的丰富更重要。父亲总是告诉她,成功不意味着有多大的成就,取得多大的财富,而是希望她成为一个自尊、自爱、自强的人。

有了这样的目标,对陈芷妍而言,优异的高考成绩只是一个新的开始。

强烈推荐高三养成跑步习惯

2000年,陈芷妍出生于广东佛山。

和很多"千禧宝宝"一样,她一出生,便承载了家庭的许多期待。但是这份期待里,有一些比耀眼的成绩单更重要的东西,比如培养一项文艺爱好,擅长一种体育运动。

"这些特长爱好不必多,却可以让孩子一生受益。"她的父亲陈斌鸿说,文艺爱好帮助孩子修养情操,体育特长让孩子有一个强健的体魄,也可以让孩子的生命更加丰富。

5岁,小芷妍开始学习游泳。

在父母看来,这项运动不具有强对抗性,还可以帮助提高身体的柔韧性,适合从小学习。小学六年,小芷妍不论冬夏,都坚持游泳训练。也是从那时候开始,她不再蓄长发,因为短发更方便佩戴泳帽,游泳后也不易感冒。

冬天游泳,小芷妍怎么能坚持下来?

"很幸运,我遇到了一个好老师。"小芷妍的游泳启蒙教练是国家队退役游泳运动员,业余进行义务教学,

2017年参加校运会高三女子800米项目获得第二名

仅收取泳池场馆费用。此外，教练还会不定时准备一份小礼物给每位学员，这对小小的芷妍，可以说是"致命的诱惑"。渐渐地，她不仅坚持了下来，而且游泳水平逐渐提高，甚至可以和比自己大好几岁的同学一较高下。

游泳受场地条件限制，并不是一项能够随时开展的运动项目，而且游一场下来，往往需要花费较长的时间。

到高中时期，陈芷妍的运动爱好改为了长跑，曾获得学校校运会800米跑的女子亚军。但出乎意料的是，中长跑曾经是她最讨厌的运动。

"宁愿多考几次试，都不想跑800米。"陈芷妍说，越讨厌什么就越做什么，这样的坚韧性会更强，所以决定逼一下自己。除了下雨，她每天坚持在操场跑三圈，跑的时候人虽然很累，但心境得到了放松，最后她真正爱上了跑步，跑步也成为她生活中的一部分。"每天跑完步在操场上压腿，想着一天又过去了，感觉特别充实。"陈芷妍说。

因此，她也"强烈推荐"学弟学妹在高中尤其是在冲刺阶段可以养成跑步的习惯，一是能够强健体魄，让自己在紧张的学习生活中得到放松；此外跑步也是最方便、最安全的运动之一。

除了游泳这项体育特长，芷妍在艺术方面的爱好则是钢琴。虽说只是爱好，但初中就通过了中央音乐学院校外音乐水平钢琴9级考核，这是钢琴业余考级的最高级别。

小学五年级收到民办初中学校录取通知书

优秀的人可以从小就显山露水，在陈芷妍身上，仿佛表现得更加淋漓尽致。

陈芷妍就读于佛山市第九小学，成绩一直名列前茅，参加"希望杯""华杯"等全国性大型少年数学竞赛活动，均斩获金奖。其中，她四年级时与五年级学生一同参加同城"育苗杯"数学竞赛获一等奖，五年级再获一等奖。

彼时，佛山还有民办学校小升初联测，佛山市华英学校等佛山多所知名民办初中均开设考场，陈芷妍五年级报名参加考试，便获华英学校录取资格。

要不要跳过六年级，直接进入初中？这成为摆在陈芷妍和家人面前的一道选择题。

"六年级对于孩子来说也是难得的一段经历，希望生命的每一段旅程她都不会缺失。"在父母这样的理念下，她最终没有选择跳级，而是在按部就班完成小学学习生活后，参加六年级小升初联测后再次被华英学校录取。

"我只是很听话，很努力，加上了一些好运气。"怀着"书痴者文必工，艺痴者技必良"的信念，陈芷妍成为名副其实的"别人家的孩子"。

她说，自己最大的学习方法就是"强计划性"。高三学习时间较紧张，这份计划表更加细致，甚至精确到分钟。她会把每天除了上课之外的时间分成块儿，像填空一样把这些时间填满。比如早读前的7点到7点20分，下午上课前的2点到2点20分等，把这些碎片时间利用起来，就可以做很多事情，将任务控制在一定时间段内完成，也可以帮助她提高学习效率。

当优秀成为一种习惯，陈芷妍偶尔也会感到压力，她坦言自己的心态并不是非常好，所以每次考试成绩出来以后，她都不会对答案，也不会估分，高考也不例外。遇到情绪波动，父母、老师和朋友都会成为她的倾诉对象，她会和长辈师友一起寻找原因，回归正途。

高三四校联考时，陈芷妍的成绩一度跌至年级60多名，心理的波动较大。父亲第一次拨电话给了芷妍的老师。"从小到大我们都非常相信学校的老师，所以从来没有打电话给老师，那次是第一次，也是唯一一次。"他说。

父母、老师帮助芷妍平复心情，共同寻找成绩波动的原因，发现主因就是理综的做题速度慢了。芷妍在做题时有验算的习惯，虽然保证了前面题目的正确率，但是耽误了大量的时间，导致很多会做的题因为没有时间而放弃。于是在后期，芷妍平常的练习重点就放在了提高理综速度上。"每次练习、每道题都给自己限制时间，也逼自己尽量少回头检查，不在犹豫中浪费时间。事实证明，很多时候答案都是对的，复看其实是浪费时间，对于高考来说，时间则更为宝贵。"

经过高考前几个月"不疯魔，不成活"的魔鬼训练，陈芷妍最终成功提高了做题速度，高考获得全省前20名。

家庭采用"弹簧式"教育

陈芷妍出生于一个医学家庭。

起初，父母也希望孩子能够踏上医学路。不过，她自己并不是这样想。"我不怕辛苦。但是如果当了医生，我几乎能想象很多年后我的生活状态，我不想这样。"她说。

父亲陈斌鸿深知，应该让孩子看到更大的世界，知道生命的无限可能。所以，他非常支持孩子的想法。

谈到教育方式，陈芷妍的家庭则与很多独生子女家庭有些不同：除了要求孩子培养一项文艺爱好、擅长一种体育运动之外，在学习生活中也不是一味地顺从孩子，而是采取"弹簧式"教育——你强他就弱，你弱他就强。

比如，很多父母面对孩子是考得好便给予奖励，考得不好便进行批评。芷妍家庭则恰恰相反。"我父亲喜欢在我考试考得好的时候打压我一下，考得不好的时候又鼓励我，这样让我的心理能维持在一个稳定的状态。"陈芷妍说，这样的教育方式很适合心态波动比较大的她，但不一定适合每一个人。

又如，虽然诞下的是女孩，父亲却让她着重进行理科训练。理由是女孩的感性思维往往比较强，文科容易提升，如果理科思维没有培养起来，后期学习跟不上，容易对学习失去信心。所以从幼儿园开始，父母就会和陈芷妍一起玩一些数学小游戏，在上学路上的碎片时间，则会通过一些中英文卡片让孩子了解其中的意思和读音，到了中班，芷妍的单词量已经达到数百个。

陈斌鸿透露，对于孩子的培养，金钱不是最重要的，陪伴才最重要。中学时期，虽然孩子的学习都是跟着老师按部就班完成，家长"插手"的机会不多，但奇妙的是，父亲总能从芷妍最近的学习状态和考完后的表情中明察秋毫，估出的分数往往和最终的考试成绩仅仅几分之差。

"这不是什么'特异功能'，只是我们比较用心关注孩子的成长。"陈斌鸿说。高三期间的每个星期三下午，他都会带着鸡汤到学校来看望孩子，跟她谈心聊天。

"我觉得，营养也很重要，即使它只是1%的因素，但是对于高考来说，1%就是7分，以1000人的排位来说，1%就是10名，免疫力+心理抗压能力，就是应付考试的两大制胜法宝。"陈芷妍笑着说，也许营养只是一个心理暗示作用，但是对于学生而言，喝一碗鸡汤就会感觉到父母浓浓的爱在身边。

高考两天，父母在考场外的酒店住下，并告诉陈芷妍，"爸爸妈妈不打扰你，但是你任何时候需要我们，我们就在这儿"。有了这份陪伴，陈芷妍很安心，直到考试结束，她才给父母打了一通电话。

考完当晚，母亲进寝室帮陈芷妍整理行李，却发现她的神情有些沮丧，心里开始打鼓：难道孩子没考好？

于是，他们便小心翼翼询问："有什么心事？"

"感到有点虚。"

"如果再给你一次机会，重考一次这次的卷子，你能考得更好吗？"

"也就这样了。"陈芷妍想了半晌，才回答了5个字。

这时，陈斌鸿知道，可能是孩子在这次的考试中完成得比较顺利，没有一个着力点，所以心里有点虚。他心想，这样看来应该问题不大。

和往常一样，高考完后陈芷妍还是没有对答案，但是凭往年分数、试题难度和自己的感觉，她猜测自己应该在680分左右。

"我们大胆一点。"陈斌鸿说，"我猜你有690分以上。"

"你也太大胆了吧！"陈芷妍很惊讶，表示不敢相信。

18天后，高考放榜，事实证明，陈斌鸿这次又对了。

海阔凭鱼跃，天高任鸟飞。

从佛山到广州再到北京，孩子渐行渐远，未来孩子还会去到多远的地方，陈斌鸿并没有设限。

他叮嘱："记得，再苦也要开心起来，再累也要坚持运动，再胖也要好好吃饭。爸爸妈妈和家里，你完全不用担心。"

他相信:"孩子接下来的人生,也将像我们期待的那样,探寻自尊、自爱、自强的意义,并最终成为这样的人。"

好的领路人也很重要

"取得好的成绩,自己的勤奋很重要,但是有好的领路人也很重要。"谈起自己取得的优异成绩,陈芷妍谦虚地说。

她的小学班主任张老师是一位年轻老师,尤其重视学生的全面发展。在班上开展厨艺大赛、歌唱比赛,学生的兴趣爱好有了展示的舞台,由学生自编自导自演的小晚会也极大地锻炼了学生的组织能力。

高度自律、充分计划这个习惯,也是她从小学起养成的。

陈芷妍回忆说,小学的时候,老师就教我们用计划本,每天把作业、任务记在本子上,完成一项就划掉一项,非常有成就感。所以从小学起,她就开始对事情非常有计划性。

初三时,陈芷妍通过了广东实验中学南山班的考核,学习阵地正式从佛山转为广州。

在她看来,高中时期的学习并没有想象的那样艰苦枯燥,因为南山班实施小班化教学,班上仅40位学生,老师得以更好地了解学生的学习和生活情况。

"老师非常专业,所以只要跟着老师的节奏走就好。到了高三后期,我们基本上是八成跟着老师的节奏,两成看自己的需要。大家目标都比较明确,平常一起学习、聊天,不会觉得高三特别辛苦。"陈芷妍回忆说。

她的班主任谢春表示，陈芷妍坚忍、阳光、诚实，取得优异成绩在意料之中："她是学霸，但决不止于学霸，除了成绩稳居前列，综合素质也非常高，才艺广泛，爱好运动，尊敬师长。"

学生能够充分发展，与学校的培养理念密不可分。

一直以来，广东实验中学学生的学习生活充实而自由，学生摘得了高考桂冠，拿得了世界冠军，能问鼎丘成桐科学金奖，还拍得了院线电影。省实校长全汉炎表示："大家都觉得省实的活动多、社团多，高端又有特色，这就是我们的想法。我们希望能在活动中育人，在文化中育人。"

而南山班的学生则还有许多"福利"，可以到高校国家重点实验室和科研所，在校内外导师的带领下开展科研项目和课题研究，还有各类夏令营和素质活动。陈芷妍就曾参与过可燃冰制备。

南山班在课程的设置上另成系统：提供"国家课程＋校本课程＋拓展课程"的三维课程菜单。其中，校本课程以科技项目研究为主，安排了各种前沿的科研讲座，比如量子力学、癌细胞的最新研究成果等；还开设国际英语、生涯规划、工程与设计、艺术鉴赏与创作、国学讲座等课程；拓展课程包括领导力培养、创造力开发、科技夏令营、国内外游学等内容，着重培养学生的社会责任感、服务意识、领导力、国际交往能力和科学研究的能力。

"我并不是一个很有天赋的孩子，只是幸运遇到了一群好老师、好伙伴。"陈芷妍莞尔一笑。

学霸秘笈：

学习中的"平衡艺术"

陈芷妍

刷题与整理之间的平衡

这一方面要因人而异，具体情况具体分析，要根据自身的特点和老师的意见找出自己的平衡点。

就我个人的情况而言，在一轮复习期间，这一阶段老师讲课的重点在于知识点的回顾和拓展，我就比较注重错题和知识点的整理；期末考中我意识到了自己做题速度偏低的问题，在寒假期间则以刷题提速为主要任务；在二三轮复习期间，我略微提高了知识整理的比例，基本维持在"八二开"的比例，以八成的时间做套卷和专题卷，余下两成时间进行归纳总结。在下学期，我一般会充分利用课堂时间和课间等零散时间整理课堂笔记，然后将套卷、专题卷的整理放在周日进行。

同时，同学们一定要注重整理的方法，以求达到事半功倍的效果。我有以下几个建议：裁剪卷子而不是手抄题目（如果老师允许）；分专题整理错题和知识点而不是"大锅饭"式记录(用活页本可方便添加内容和精简)；用几种颜色分开题目、答案、批注（可提高复习的效率）；时间非常紧张时，可以考虑直接在试卷上进行批注（不用工整，甚至不求完整，但一定要让自己看得懂）。

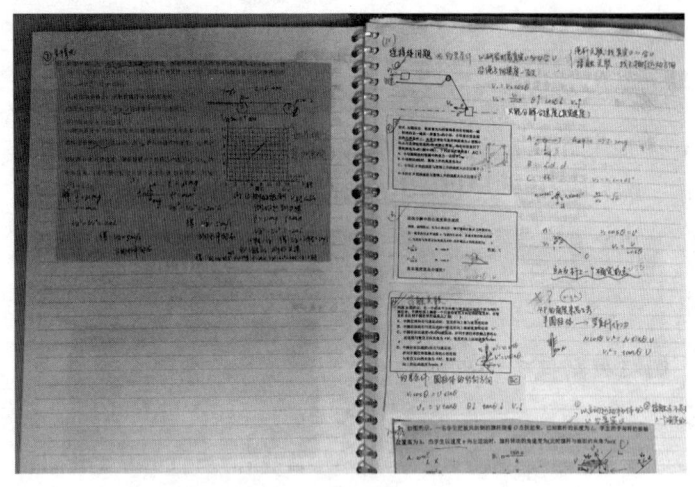

错题本

作息上的平衡

首先,我建议高三的同学固化作息,稳定自己学习和休息的时间,形成适合自己的作息规律。同时,可以将每天的学习时间划分成固定的方块,每天在方块中填入具体的内容来制订每天的"小计划",并坚决执行计划,这有利于提高做题的效率和时间的利用率。

其次,我强烈建议同学们早睡,不要开夜车,但这一方面同样因人而异,只要能保证上课和自习时不犯困,同时不影响同宿舍的同学,可以个性化处理。

再者,我建议大家每天在固定的时间进行适量的运动,具体形式方面,跑步、游泳、打乒乓球等可根据个人兴趣进行选择。我推荐跑步,一来省时省事,二来不容易引起感冒或造成受伤。体育运动之于学习可谓是"磨刀不误砍柴工",能够有效提高学习的效率和质量。

心态上的平衡

首先，我认为适度的压力对于高三学生利大于弊，同学们应该学会接受压力，并化压力为动力。有压力说明你有目标、有追求，不愿意虚度高三的宝贵光阴，这是高三学生正常、良好的心理状态。大家应该将之转化为抵制诱惑、刻苦学习、勇于面对弱势科目和短板的动力，推动自己在高三阶段超己越人。

其次，勇敢的人不畏惧倾诉，不以流泪为耻。大多数人在高三阶段都会有复杂的心理变化，产生或多或少的负面情绪，这时你应该学会向老师、家长、同学大胆倾诉，就心中的困惑征求他们的意见，寻求他们的鼓励和帮助。高三你并不是一个人在战斗。

再者，我建议大家保持一样爱好，可以是跑步，可以是弹琴，也可以是写日记、练书法。让自己在枯燥的学习之余有别的事情可干，同时也可作为心理压力的出口。

学科上的平衡

作为一个理科生，我和班上的大多数同学从不敢轻视数学和理综的学习，对于我们来说，学科平衡主要是对于语文和英语的兼顾。

我建议大家采取学科轮换和见缝插针这两个办法。所谓学科轮换，就是对于大段的时间（例如晚修），大约以一个小时为单位分成段，然后将文科的学习安排放在理科之间，避免出现思维混乱、头脑疲惫的现象，同时兼顾文科。所谓见缝插针，就是将文科中可以短时间完成的任务（例如语文的诗词默写，英语的背单词、短文改错等）安排在零散时间，如早读之前、午饭后、晚修前。每天比别人多学10分钟，积少成多，就是一大笔时间。

学校安排与自己计划间的平衡

在高三阶段真可谓是"一寸光阴一寸金"，对于如何高效地利用时间，每个人都有不同的见解，这就造成了老师与学生之间学习节奏上的一些小矛盾。

关于如何平衡老师安排与自己的计划，我认为我们首先要信任老师、尊重老师。一位学霸学姐曾经说过，我们在不知不觉间都忘记了一件很重要的事：听老师的话。每一个能够留在高三教书的老师都是得到了学校的认可、经过了历届学生考验的，他们与我们一同晨起而作、日落未息，与我们为了同一个目标而奋斗，绝对值得我们信任和尊重。

其次，在具体事项上，我以为课堂上"不可造次""低头族"（指上课写作业、刷套卷、干自己的事，不管老师上课内容的同学）的做法不可取。有着自己个性化的规划和安排不是坏事，但完全抛却师长、学校的计划绝对不智，经过多年的打磨而最终归纳出的计划一定有其可取之处。同时，课堂上老师讲解的解题思路、格式要求、考试技巧不是我们能从辅导书、套卷练习中得来的，这些对于高考而言至关重要。同样，在作业方面，我们要尽可能契合老师的进度。这不是说一定要完成所有作业（这是几乎不可能完成的任务），而是要了解老师上课的安排，优先完成老师要讲解的内容，不因作业而影响课堂。还应积极与老师沟通，尝试将作业分类，划分出一定要当天完成的，可以接下来几天完成的，可留待周末完成的等。

　　高三的学习并不是一场短跑冲刺，而是一场"马拉松"，重要的不是谁能一时冲得更快，而是谁能坚持到最后。所以，同学们要放开心胸，不要过分看重一时的得失成败，而要稳住自己的节奏，把握高三的平衡，不断提升自己对于高中知识和应试技巧的掌握水平，这样才能在高考中一举夺魁。

谭泽霖：书法是我的"道"

学霸名片

姓　　名：谭泽霖

毕业学校：佛山市高明区荷城街道第三小学、佛山市南海实验中学、广东实验学校

高考分数：全省理科前20名

录取院校：清华大学

特长爱好：书法、乒乓球、看书等

座 右 铭：想到故我今我同为一个并不使我感到难为情/在我身上没有痛苦/直起腰来，我望见蓝色的大海和帆影

谭泽霖

初见广东省实验中学高分考生谭泽霖，第一感觉是"从容"。

这个大男孩脸上总是带着一丝微

笑，谈笑之间彬彬有礼，自有一股书生意气，正如班主任程华胜所说："谭泽霖不是最聪明的学生，但他有目标，知道该往哪个方向去努力。"

谭泽霖称自己出生在普通的家庭，父母文化程度不是太高，但每一次的选择都对自己的进步有着关键作用。

母亲从小就让他练习书法，这种爱好一直保持到现在，每当有压力时，他就靠书法来减压，也在书法中总结出一套应对难题的方法论。

在书法中进行数学分析

用谭泽霖的母亲杜婕琼的话说，谭泽霖遇上书法"是一次奇缘"。

谭泽霖在幼儿园的时候就表现出比较好的书画天赋，父母就把他送到书法老师那里去学习。没承想，到了小学一二年级，谭泽霖并没有表现出对书法的兴趣，学习也只好不了了之。

小学四年级，谭泽霖和大部分孩子一样迎来了自己的叛逆期。杜婕琼回忆："那个时候他总是不做作业，成天想一些乱七八糟的事情，有很多叛逆情绪。我就想，反正他没心思好好学习，不如让他再去学点别的东西吧。"

不到10岁的谭泽霖又一次回到了书法教室，但这次他有了不一样的体验。

在此之前，母亲与他在天台上有过一次长谈。"当时觉得自己不爱学习，很愧疚，就跟妈妈约定好，母子两人一起努力。"谭泽霖回忆,他从那时候开始,每天17时30分放学后到书法老师家,练习一个多小时后再跟下班的母亲一起回家。

虽然起步"比较晚",但谭泽霖的刻苦可谓卓有成效。杜婕琼回忆,儿子学习书法一年多以后已经可以到外面参加比赛,并且拿到金奖。到初二时,谭泽霖有机会到日本交流学习,还即席挥毫了几幅书法作品,作为礼物送给日本友人。

谭泽霖说,书法对他来说,是一种很重要的学习方法和放松途径。

"书法对我来说,是一种很重要的学习方法和放松途径。"谭泽霖这么说。

坐在桌前,铺开宣纸,提起毛笔,蘸上墨水,这一系列动作就能让谭泽霖进入一种奇妙的状态。"不好形容。就觉得字是很好看的东西,想把它描绘好,这个过程很有成就感。但有的时候,一个字总是写不好,我也会发脾气,也会感到沮丧。"

慢慢地,谭泽霖学会了在书法之间磨砺品性,寻找灵感。"把耐心培养出来以后,碰到写不好的字,我就会开始分析,这个字的结构属于什么类型,笔画间距是什么样的,怎么用数学去分析一个中国字。慢慢地,字就越写越好,数学也越学越好。"

谭泽霖表示,他在练习书法的过程中找到了属于自己的"套路":先找到一些案例,然后分析此前犯过的错误,最后归纳总结出自己的解题方式。

直到高中,因为在学校住宿,谭泽霖失去了在家随时练字的机会,但他还是会趁着活动课的机会到学校的书法室"过过手瘾"。高考前几个月,他和班上的同学商量,要为学校留点东西做个纪念。为此,他特意翻看了北大、清华一些名家的治学故事,后来又联想到电影《无问西东》。

"我觉得无论做什么事情,只要听从自己内心的声音,总会成功。"于是,他为学校和师弟师妹们写下了书法作品"无问西东"。

最弱和最强都是语文

采访过程中,有一个细节非常有趣。记者向谭泽霖和他的班主任程华胜同时提问:谭同学的优势科目和劣势科目分别是哪些?

程华胜说,谭泽霖的优势科目是语文,但谭泽霖则认为自己的语文属于劣势科目。

谭泽霖的语文能力主要来源于阅读和积累。从很小的时候开始,他就能自己阅读一些小故事,3岁前就可以提起笔写字。他的父亲是开五金店的,小谭泽霖有时候在父亲的店铺里读报纸,读到不懂的地方就会扯身边大人的衣服,让大人教自己。

谭泽霖喜欢阅读,他的语文能力主要来源于阅读和积累。

谭泽霖笑着说:"我妈妈不知道是不是在图书馆借了书没还,反正我家书柜里有很多很多书。小时候我在家无聊,就会到书柜里翻书看,比如《三国演义》《水浒传》《基督山伯爵》《三个火枪手》等。初中以后读的两本书对我的影响很深,第一本是《麦田里的守望者》,我的价值观与这本书息息相关;另一本是《最后一只知更鸟》,这本书一直支撑我,提醒我要做一个正直的人。"

在读大部头的名著之余,谭泽霖也很善于在游戏中发掘文学的乐趣。小时候他会与小伙伴玩"飞花令",两人需要依照不同的主题,背诵出相应的诗词句子。由于想胜过小伙伴,谭泽霖发奋背下了很多诗词,这也成为他后来语文学习路上的积淀。

针对尖子生的需求,省实高三级实行"导师制",排在年级文科前20名或理科前50名的尖子生可以选择一位老师作为自己的"导师",而谭泽霖选择的是任教于其他班的语文老师李老师。一般而言,每位学生每个月可以找自己的导师面谈3次左右,有针对性地进行备考指导。谭泽霖说,一开始觉得"不会这么频繁地找老师",但后来就觉得很有必要。

谭泽霖坦言,语文成绩的关隘在于作文,因为"有的作文题目不太适合发挥"。为此,有一段时间里,谭泽霖每一两天就写一篇作文,呈到李老师的桌面请她批改。后来备考压力逐渐加大,写作文的频率降至三五天一篇,但谭泽霖一直在坚持。他说:"初中的时候我的语文成绩不错,但高中就感到有点'固化',提高得很缓慢,特别是在高三下学期,语文丢分非常严重。李老师了解我的情况后,建议我买习题册进行有针对性的练习,我就花了几周时间做完了一整本《5年高考3年模拟》。"

在理科综合考试中，生物占80分，化学占100分，而物理占到了120分，其重要性可以与数学相提并论。作为理科学霸，谭泽霖的数学和物理都非常稳定，他认为这两个科目"不喜欢就学不好"，所以热衷于与同学讨论数理问题，研究标准答案以外的"奇怪解法"。

教学相长的"乒乓男团"

在班主任程华胜的眼里，谭泽霖并不是最聪明的学生。"他很踏实，知道自己想要什么，知道该往哪个方向去努力。"踏实，是程华胜谈及谭泽霖时，嘴里蹦出得最多的形容词。

程华胜说，他会给自己的班级订阅一些书籍杂志，谭泽霖是最积极的读者，后来程华胜就干脆把订杂志的任务交给他。"无论做题或是阅读，无论是学习上还是生活中，他都很坚持，不徐不疾，但是任何时候都在靠近他自己设定的目标。"

教室里的黑板报需要定期更换，一般学生不会特别积极去做这种跟学习无关的事，但谭泽霖愿意去做。程华胜认为，谦虚、低调、乐于助人的谭泽霖，很善于在奉献的过程中获取正面的反馈，继而推动自己继续前行。

高三的寒假里，为了把理科综合的生物基础题全部掌握好，谭泽霖把生物教材以知识点为梗概，从头到尾抄了一遍。"因为总是考70分左右，觉得只有把知识点都记扎实了才能冲击80分。"

在二模的时候，谭泽霖由于过分重视基础题得分，没有掌握好做题时间，导致在难题部分丢分不少，成绩从全市第2名跌到了全级90多名。失落的谭泽霖没有参加学校举行的"领跑者论坛"，那是年级文科前10名、理科前50名都会参加的小型会议，旨在让尖子生们相互激励，提高信心。由于在论坛上没看到谭泽霖，程华胜还特意跑到教室寻找自己的学生。

程华胜回忆，当时他对谭泽霖说："首先，你要对自己有信心，因为你的功底和能力依然在那里，不会因为一次失手而改变；但同时，你的状态肯定存在问题，理综只有230多分真的很不理想。"

认识到问题后，谭泽霖开始调整自己的做题方式，变得更为"飘逸"一点，在基础题部分不再过分谨慎，而是抽出时间来攻克难题；同时，他还通过大量刷题来提高手感，效果很快就在考试中体现出来。

在发奋学习之余，谭泽霖的一大爱好是打乒乓球。"乒乓球的运动量没有篮球那么大，时间也没那么长，打完可以比较从容地吃饭，回宿舍洗澡，然后再参加自习。"乒乓球可以训练人的反应能力，对平时解题也有一定的帮助。

高二开始，他被同学带进了乒乓球的"坑"，从高二到高三，每天放学都要打一个小时球。哪天要是做题做得不顺，打一下球，就精神焕发了。值得一提的是，他的这群"球友"们的高考成绩都挺不错，基本都在670分以上。在这个6人的小团体里，有的人比较严肃，有的人比较有趣，大家性格互补，在球场和考场上相互竞争，同时也相互激励，以打球为契机结下了深厚的友谊。

除此之外，即便是学霸也难免会在考试中失手，乒乓球就成为谭泽霖发泄情绪的好方法。"考差了就找同学一起去打球，出一身汗就没事了。"

谭泽霖的偶像是乒乓球奥运冠军许昕，他说，许昕打球打得比较"浪"，也有过输得很惨的经历："他那么厉害的人都会输，那自己学习上的小小挫折又算什么呢？"

平等交流是最好的家教

与大部分家庭不同，母亲杜婕琼与儿子谭泽霖之间，维持着一种微妙、平衡的关系。

杜婕琼回忆起与四年级的儿子在天台的那场对话，似乎还记忆犹新："在小学低年级的时候，我对他说，你不做作业是错了，但大人也会犯错，妈妈也会犯错，你毕竟是个小朋友，小朋友犯错并不奇怪。妈妈忽略了监督你做作业，是妈妈的错。妈妈和你一起改正。"后来，杜婕琼还特地给儿子写了一封信，约定一起努力。

"我的文化程度不高，在学习上没有什么办法帮他。但从小到大，我都把小孩当作朋友来沟通，不会因为他年纪小，就用大人的身份来命令他。"杜婕琼的"教子经"非常浅显，但真能做到与孩子平等交流的父母可不太多。

小学的时候，谭泽霖比较聪明，老师也会给他很多展示自己的机会；但每当进入一个新的学习环境中时，低调、慢热的他很难马上得到老师的关注。"初中、高中刚入学的时候，孩子都打电话回家诉苦，觉得自己处处不如人，很不自信。"杜婕琼反复告诉谭泽霖，做好自己本分就行，目光放远一点，是金子始终会发光。随着时间过去，谭泽霖的成绩开始显山露水，信心自然慢慢构筑起来，也就不需要母亲引导了。

高中3年，谭泽霖的心态一直比较平和，成绩也稳定在清华、北大的录取分数以内。父母给他的压力也不会很大，都希望他正常发挥，稳中求胜。在高三备考的时候，父母每个月都会带着饭菜到学校，跟谭泽霖吃饭、闲聊，疏导他的心理。

高考结束后，谭泽霖觉得自己考砸了，连续几晚都失眠。知道分数被屏蔽后，父亲非常激动，但谭泽霖只是淡淡地觉得心里踏实了，"可以开心地看世界杯了"。

学霸秘笈：

抱有求知的热爱渴望去学习

谭泽霖

很高兴可以和大家分享一下我的一些学习心得，但必须说明的是，学习之事，人各有法，假若生吞活剥而不能转化应用，大概所谓过来人的提醒只会成为诸位前进的镣铐或误导。而我认为自己之所以可以走到今天的位置，可以总结出属于自己的一套方法，归根结底，是因为，我虽不能永远做出正确的抉择，但总能发现自己的错误，并乐于接受，乐于改变，不断在观察借鉴实践中找到自己需要的东西。我认为这样的心态和方向是我实现目标最大的秘诀。

下面我介绍一下自己高中三年的具体做法，有的看着很虚很普通，但能够把普通之事做到极致，做到对自己实用，就是常人所不能及。当然我也一直在路上。

保持良好的心态

这是一个老生常谈的话题,在大家尚未遇到困难时往往会因其空洞而缺少准备,真正需要它的时候便会顷刻崩溃。下面是我遇到但克服的几种心理障碍,我认为越早意识到并加以调整将会使高中学习生活变得快乐而顺畅。

首先是对于知识的态度。不能因为我们将要面临考试就把学习与成绩紧紧挂钩,这样只会增加压力和枯燥感。我们其实更应抱有求知的热爱渴望去学习,同时保持耐心和自信,允许自己暂时地犯错(因为当下一直领先的人不一定总能在终点处获胜),积极主动地做归纳、找补充。当你真正热爱知识,你会发现在快乐之中,也能学得很扎实,成绩自动就能上去。

其次是对于同学的态度。你的同学将是你学习之路的伴侣,我们一定要放下嫉妒的念头,学会包容并借鉴。我们可能总想超越领先者而不能,又总会被原本不如己的同学反超,这些都是正常的,毕竟我们需要的并非一枝独秀,而是刚好够用的双赢。因此,不要抗拒给同学讲解难题,分享窍门,要虚心讨教,这样可以帮助自己巩固、突破,在交流中发现新的知识,自己获益何乐不为?另外,绝不可抱有"这次考差,闭门造车,打个漂亮翻身仗"的错误想法,你的成绩是自己能力的镜子,而非跟同学比拼的资本,相互鼓励相互疏导才能行稳致远。

合理的定位与规划

在我看来,做出合理定位是许多同学没有做好或直接忽视的地方。所谓定位无外乎以下几点：自己能力到哪里，自己对知识的掌握程度，当前方法方向的合理性。这些东西无法量化，因而总会给人不踏实感与诸多错觉。我认为，正面得出结论很难，我们不妨从反面入手。

首先，找时间仔细回想自己历次考试中各科的作答情况，有多少是做的时候有把握、没把握和最终的得分情况，然后思考失分的方式是粗心大意还是真的不懂，最后看看自己理想状态下的失分情况，就能发现自己的目标分数其实并不遥远，从而准确定位。

我想许多同学都会有这样的体会，就是对已经掌握的知识放心不下，重复学习而耗费精力，同时又对并不熟悉的知识没有一点的记忆。对此，我的方法是准备一个小笔记本，每天按照自己听课、做题的顺序，把每天遇到的知识点简洁地记录下来，每天找固定的时间点进行回顾与默念，从而"化虚为实"，避免不安与遗漏。

最后是判断方法方向的合理性，这其实很简单，假如当前阶段的学习让自己很疲劳，进度很拖沓却没有知识的实际增长，此时的方法和方向往往是错误的，提醒你进行调整，从而达到一个高效而放松的状态。

定位之后，就需要做好规划来提升能力。我想首先要做好的是宏观上的计划，事先熟悉整个学期的划分（如一轮二轮），对时间长短心里有个底，并定好每个阶段的重心在什么学科。接下来做好各科的学习层次安排，把各科的知识分成基础（基础知识的）和建筑在其上的升华（难题与思维速度）。当你发现自己平时考试粗心的错误太多了，无意义的耗时很多时，不是运气问题，而是实力没有跟上，这时就要安心回顾基础，不可抱着"赌徒心态"刷题刷出一张满分卷来欺骗自己；

而当你发现做题思维太慢，找不到解题的方向，其实你的基础已经差不多饱和，需要通过限时做题来熟练运用所学知识点。最后是学习时间的分配，我对此的第一规则是高效，即把最好的精神状态集中成有效时间，而不是空耗大段大段时间。我一般把晚修按学科限时划分，专注学完一个学科后起来走走放松一下，再专注下一个学习学科，同时结合着回顾、归纳（低精力高时耗）和做题（高精力低时耗）进行。

之所以要做合理的定位和规划，其实都是为了让自己在学的时候不会顾前后而失当下，走好眼前的路。

学习过程中的小技巧

劳逸结合法。通常来说学习效率会随着时间下降，因此我尽量避免把事情堆在一起做。把晚修留给了时间大户，背书、回顾、订正、积累等小任务会被我安排在吃饭、洗澡、洗衣服、赶路过程中，刚回到班里的15分钟，午休前的半小时，入睡前的闭目期，这样不仅把边角时间利用了起来，还起到了调整状态的作用。而在开启一段艰苦的长时段前，我都会去打打球来进行心态的转换。

标签法。这个方法是指把知识点与得分点通过自己分类，形成相应的"标签"，在答题的时候可以提高答全答对的能力。比如语文阅读和古诗，在每次核对答案后把答案按着自己的思路重新组织一遍，形成自己的套路和思维提示；或是做化学、生物的错题本时，不妨把自己遇到的考点及考查方式收集起来，加工、延伸，形成围绕每个知识点的答题网络。

空想法。数理思维的提升是让人头疼的事情，其过程中必定包含了许多次的跌倒再爬起。有的人往往会在一道数学题物理题上耗费掉整节晚修而一无所获。其实根本不必如此，遇到难题大可先跳过，从易到难，最后实在不行，必须在限定思考时间过后及时止损，看答案，然后再在上文提到的边角时间里"空想"，看能不能只凭脑中推算把答案自主完成。此外，在做题的时候，要有意识地对题目走向进行判断，训练自己预测接下来几步的后果是什么，反复动笔尝试，把这个思考过程中得出的小结论（比如解析几何中选择什么方法运算比较简便）总结起来，或者在每次尝试出答案后回头找到思维的入口。有时做题要有举一反三的效果，就是需要不断地"空想"。

以上就是我对自己高中三年摸爬滚打修修补补的一次粗略总结，或许有更好的更适合自己的方法，等着你们去发现，但最重要的是：把普通做到极致，把犯错转换为机遇。

唐闻:"执信科沃尔",会玩又会学

学霸名片

姓　　名:唐闻

毕业学校:广州华阳小学、执信中学

高考分数:全省文科前20名

录取院校:北京大学经济学

特长爱好:篮球、书法、吉他等

座 右 铭:为者常成,行者常至

2018年6月29日,高考放榜后的第四天。

在汤普森"要疯之旅"中国站的广州执信中学见面会上,一名身高1.77米的男生在一片欢呼声中淡定上场,与NBA球星汤普森同场竞技。男生最终以10投6进的成绩,"打败"10投3进的汤普森,夺得三分球比赛冠军。

这就是执信中学篮球特长生唐闻。

被称为"执信科沃尔"的唐闻,魅力不止于球场。他还是众多学弟学妹的学霸偶像:今年高考成绩被屏蔽,位列全省文科前20名。

很多人好奇，能文能武的学霸是如何炼成的？唐闻淡定地说，学习就像打篮球一样，要掌控节奏，做好规划。他每天将自己的课余时间划分成一个个40分钟，努力做到专时专用，每段时间务必完成一项目标。

NBA篮球明星是启蒙老师

2018年6月25日11时58分，唐闻收到一条来自广东省教育考试院的短信：没有高考成绩，排位全省文科前20名。

看到短信后，唐闻淡定地说："呵，还算正常。高三这一年，我的成绩一直比较稳定。"

唐闻不仅是学霸，还是运动健将。

三年前的中考，唐闻以篮球特长生的优势，提前拿到广州名校执信中学的"入门券"。但令人惊讶的是，他的中考分数高达754分，远超执信中学最低录取投档线28分。

入学后，他成为执信中学篮球校队后卫球员，凭借屡屡精准投射的三分球，被师生称为"执信科沃尔"。NBA克里夫兰骑士队球员凯尔·科沃尔曾创造了连续127场投进三分球的记录，而唐闻也上演过不少"唐闻时刻"，每次上场打比赛都会引来"迷弟""迷妹"围观。

对于唐闻来说，篮球是自己生活中不可或缺的一部分，是放松的一种方式。

直到高三上学期，他还坚持参加训练，参与比赛。在2017年11月的一场耐高比赛里，唐闻在比赛快结束的关键时刻上演了"一分钟斩获8分"的"唐闻时刻",成功将执信高中送入八强。

此时,唐闻的母亲文凯坐在观众席上激动不已,即便她已经见证过很多"唐闻时刻"。

唐闻夺得三分球比赛冠军,获得汤普森签名球鞋

作为儿子的"超级粉丝",文凯骄傲地说,看驰骋球场儿子的精彩表现,比看自己的偶像乔丹比赛还激动。

"我们是一个篮球迷家庭。"文凯回忆说,唐闻从小便和父母一起看篮球,耳濡目染下培养了浓厚兴趣。从6岁开始学习打篮球,无间断地坚持到现在已经12年。在幼儿园大班临毕业时,唐闻就已经和外校孩子"打比赛";从小学开始,进入学校篮球队,上演过"绝杀时刻";自初中开始,加入执信中学校篮球队,曾在一场比赛里投进5个三分球。

"三分王"如何炼成?

"这并非靠天赋,而要'找准定位+苦练'。"唐闻表示,他跑步、跳跃没有优势,但考虑到投篮的可操作性强,便将自己定位为"三分球射手",以此保持在球场上的竞争力。初二暑假期间,他一直在练习投篮,新买的篮球表面全是磨损痕迹。正是那段时间的专注苦练,让自己三分投篮越来越准。

"精准自我定位非常重要，这是篮球教会我的。"唐闻深有感触地说。

事实上，唐闻上过10多种兴趣班，兴趣爱好很广泛，学过篮球、羽毛球、乒乓

唐闻不仅是学霸，还是运动健将

球、游泳，也学过钢琴、萨克斯风、吉他等多种乐器。至今，唐闻仍在坚持的兴趣爱好是篮球和书法。

"自己对一件事情感兴趣，就要去坚持，不能轻易放弃。"唐闻说，在幼升小开笔礼之后，他便开始学习书法，一直坚持到小学毕业，初中之后由于学业时间较为紧张而中断。但书法功底还在，高三他还曾为班级写春联。高考结束之后，唐闻又拿起笔墨纸砚，继续学习书法。

"说起来，真的很感谢篮球这项运动，它也是唐闻认字的'启蒙老师'。"文凯说。

当唐闻还是一名幼儿园小朋友的时候，为了看懂NBA球员的人物故事，便天天拿着篮球杂志追着老师问："这是什么字？这是什么字？"就这样，唐闻在幼儿园期间便认识了很多字，走在大街上能读出广告牌上的字，读报纸也较为流利。

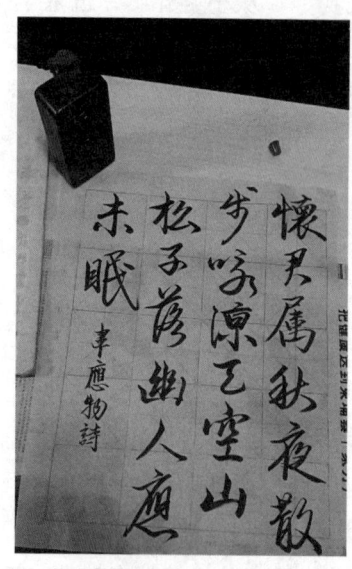

唐闻的书法作品

"有些篮球队员不是很出名，名字也很长，但是他能一个个念出他们的名字，让很多懂篮球的叔叔自叹不如。"文凯自豪地说，唐闻作为一位"小小篮球迷"，和大人们聊起篮球毫不逊色。

好规划能找到最好学习状态

走进唐闻的卧室，一眼就能看到他写的一幅书法作品："杀进北大、誓保人大、人在北京。"

刚上高三时，唐闻便将高考目标贴在卧室墙上，每天提醒自己为之努力。"每天都要知道自己想做什么，并且努力去做到。"唐闻说。

进入高中，他的学习生活非常规律：每天早上6时，唐闻已经起床开始学习，中午看报、午休，放学打球，晚上复习。"我在中午时间会看《人民日报》和《焦点访谈》，作为文科生，必须关注社会热点。"唐闻解释，放学后他会去打40分钟左右的篮球，晚上上完第一节晚自修，20时30分左右回家。

"我的'秘笈'就是做好规划，找到自己最合适的状态。"谈起高考取得好成绩的经验，唐闻淡淡地说，他的时间必须做到"专时专用"，每天把课余时间划分成一个个40分钟，制作一张时间表规定自己每段时间完成一项目标。

唐闻的时间表上布满密密麻麻的铅笔字痕迹，他将6科高考科目依次列出，每天在表格上填学习计划，完成后再擦去：

21：00—21：40，政治：看2016、2017年高考卷，做一套选择题；

21：50—22：30，历史：看2015、2016年高考卷，做2道大题；

22：30—23：10，地理：看2016、2017年高考卷，做1道大题、选择题……

这是唐闻某天晚自修后回家的复习时间表。

事实上，制订合适的时间表也并不简单。"我每天的时间表都不同，根据自己的学习情况动态调整。"唐闻说，他先不断地尝试了各种规划，在日常学习、生活中依据规划的效果检验规划是否合理，及时改进问题，不断调整，才慢慢找到觉得最适合的、让自己最舒服的状态。

"学习的时候就专心学习，打球的时候就认真打球。"唐闻说，他几乎每天都会打球，但打球时间会控制为40分钟，不会因为打得高兴了就继续打，要严格按照自己的时间表做事情。

和其他学生一样，唐闻面对考试也会紧张。

他调整心态的方式则是"自我对话"，在考前为自己做积极的心理暗示，给自己加油打气，并通过看书、打篮球等方法分散注意力，缓解自己的压力。

"压力也是一种积极力量，让我保持奋斗、积极上进的状态。"在唐闻看来，压力肯定会有，但不一定是坏事。

学霸的学习，也不是顺风顺水，唐闻也曾为数学犯难。

高一时，由于方法不对，唐闻学习数学很吃力，成绩总提不上去。但他没有回避问题，在上课时紧跟老师的步伐认真听课，课后增加有针对性的练习，遇到难题的时候先自己钻研，解决不了时再请教老师，进行总结。

经过一段时间的努力，他的数学成绩终于提高。"攻克自己的薄弱科目一定要克服畏难心理，同时要善于做课后总结、错题难题总结。"唐闻分享学习"秘笈"。

在攻克数学后，数学成了唐闻最喜欢的科目。

他表示，自己从高中开始便对经济学很感兴趣，所以报考了北京大学经济学专业，希望将来从事相关领域的工作和研究。高考放榜两三天后，他已经买了一批高等数学的书籍，通过书籍、网络课程等自学大学课程。

"为自己树立一个目标并不断为之努力，这一点非常重要。"唐闻再次说。

家长陪伴孩子每一步成长

中学6年，唐闻都是走读生，母亲文凯一直关注他的学习和生活。

"孩子取得这个好成绩，我应该表扬自己，我是一个用心的妈妈。"谈起学霸儿子唐闻，文凯笑着说，他的成长过程中的每一步，家长都陪伴着，看到他的进步，也看到他的不足。家庭对唐闻的教育处于"放养"和"圈养"之间，既会严格要求孩子，也会给他适当的自主权。

"我对孩子的培养没有急于求成，而是让孩子多多尝试，根据自己的兴趣选择自己想要继续学习的爱好。"文凯表示，唐闻从小到大参加过的兴趣班近10种，但都是将之作为尝试，让他去体验、摸索和选择。

但对于孩子看电视、玩手机、玩游戏的时间，她会严格限制，防止孩子沉迷电子产品。

唐闻在小学三四年级期间也比较喜欢玩电子游戏，导致视力下降。文凯紧急召开了家庭会议，耐心和唐闻讲道理，引导他将玩游戏的时间转移到看书上，唐闻便渐渐对游戏没了兴趣。

偶尔，唐闻在学习上也会有所懈怠。这时候，文凯便会适时提醒他，让他按照规划时间表加强学习。在月考和一些大型考试后，她也会认真分析唐闻的试卷，提醒他加强弱势学科的学习。"孩子都是有惰性的，虽然唐闻很自觉，但有时候也会定力不够，需要父母提醒、监督他，和他一起坚持。"文凯说。

"父母以身作则的示范作用和良好的家庭氛围对我的成长也有重要影响。"唐闻说，母亲文凯对自己的日常生活也非常有规划，对每一天要做的事情都清晰定位。唐闻的家庭氛围和谐温馨，没有矛盾或争吵，为他专心学习创造了良好的家庭环境。

"唐闻原本叫'唐文'，名字就取自我和他爸爸的姓氏，后来才改取谐音，叫'唐闻'。"文凯笑着说。成长于诗书世家，唐闻从6岁便开始读《论语》，多年来一直坚持读书的好习惯，广泛阅读胡适、余秋雨、季羡林、钱文忠等名家的书籍。

为了激发孩子阅读的兴趣，文凯还经常带着孩子参加作家的签售会、交流会。"希望孩子通过阅读、交流开阔自己的视野，做一个有想法、有深度的人。"文凯说。

在朋友看来，文凯和唐闻不像母子，更像一对好朋友。

他们都爱好篮球，常常一起交流篮球赛事动态，也时常一起分享、交流对社会热点的看法。"最近我们一起看世界杯，一起讨论。"文凯说，她和孩子的互动很多，融洽的母子关系对孩子的教育起了重要作用。

在高三的这一年，为了帮助唐闻解压，文凯经常向朋友、同事请教。"我身边有不少朋友、同事的孩子比唐闻大一两岁，刚参加过高考，我便经常向他们这些过来人讨经验。"文凯笑着说。此外，文凯还会积极关注高三备考的学习经验分享、解压经验分享、自学解压方法，以便在唐闻有压力时引导他。平时，她也会和唐闻一起听关于减压的讲座，帮助他顺利度过高压期。

在孩子遇到困难、面对压力的时候，文凯总是给予他充分的肯定和鼓励，让他信心满满。

文凯回忆，唐闻高一即将文理分科的时候，因为将重心放至文科学习，忽略理科学习，导致成绩排名从年级约20名退至100多名，产生受挫感。文凯立即引导他静下心来，兼顾文理科学习，将成绩重新提升到年级前20名左右。

唐闻的淡定气质和母亲文凯颇为相似。唐闻说，自己在母亲身上学到的最好品质就是"平和"，面对任何事情都淡然待之。"我遇到让自己难受的事情就会换一种角度去思考，很快会忘记干扰自己的因素，'比较健忘'也是好事吧。"文凯笑着说。

"培养孩子一定要用心，一步步陪伴他一起成长。"文凯分享了自己培养孩子的经验。简单的一句话背后，是她十几年来的陪伴和付出。

给予学生充分的鼓励和信心

提起唐闻，班主任严留明赞不绝口：

"唐闻是我们班的副班长、体育委员，很有责任心，平时班上有什么活都抢着干。

"唐闻很淡定、自律，心态很好，遇到困难都会积极解决。

"唐闻每一次考试考完之后，都及时做总结，主动请教老师，巩固知识点。"

严留明认为，执信中学培养高分考生的"秘笈"在于因材施教，针对不同学生进行分层次、有针对性地进行辅导。

每次考试后，严留明会和其他任课老师一起分析学生的试卷，针对不同学生制订不同的强化方案，"对成绩比较落后的学生强化基础训练，对尖子生强化难点突破"。

给予学生充分的鼓励和信心，也是执信中学培养学生的重要"法宝"。

作为班主任，严留明经常主动和学生谈话。在日常生活中，他会细心留意学生的心理状态及变化，适时与学生沟通，为他们加油鼓劲，帮助学生调节高考的压力。

"为学生创造良好的学习环境至关重要。在日常的班级管理中，我非常注重班级卫生、考勤等方方面面的管理，从细节入手，为学生打造舒适的学习环境。"严留明说。

他鼓励学生在学习上相互讨论、学习，在团结互助的同时，在班级形成你追我赶的良好学习氛围，提高学生学习的自觉性和主动性。

在执信中学高三年级级长李莉看来，唐闻是个兴趣广泛、内心阳光、乐于助人的学生。"这也是我校培养学生的目标。"李莉表示，学校注重学生的全面发展能力，关注、支持学生的爱好，提供了多个机会和舞台让学生培养爱好、展示特长。

她表示，执信中学并没有特意培养某个高分考生，但会适当对基础特别好的、学有余力的学生加强辅导，让学生能够在更大空间内发挥自己所长。

今年是广东高考使用全国卷的第三年。李莉介绍，为了更加准确地把握全国卷的特点，执信中学与湖南长郡中学、西安高新一中、湖北黄冈中学等7所学校组建"七校联盟"发展共同体，通过开展同课异构、专题研讨、课题研究等活动，加强交流合作，提高教学质量。

"执信中学取得高考佳绩是集体智慧的成果。"李莉表示，在备战高考中，执信中学高三教师团队以备课组为单位，群策群力集体备课，统一备课的重点、大致进度，但每个班级又根据自己的进度稍做调整，因材施教，取得了良好效果。

为激励学生学习，执信中学树立典型，经常邀请优秀校友走进班级，为学生传授自己在学校学习的心得体会、分享自己走向社会的感悟，以榜样的力量引导学生提前树立高远的目标并为之努力奋斗。

"在学习中，各科老师都给了我方法指导。"唐闻说，在学习中，他紧跟老师的步伐，遇到难以攻破的知识点时便寻求老师帮助。他原本不擅长政治科目的经济大题答题，失分较为严重，经过政治任课老师李小英的耐心指导，终于在高三这一年"逆袭"。

学霸秘笈：

每一科都有不同的学习方法

唐闻

有人问我取得高分有何"秘笈"，其实在我看来，每一科都有不同的学习方法，要找到自己最合适的状态。我来分享各科的一些学习经验。

语文：比较重视刷题和保持题感

复习语文的模式是比较重视刷题和保持题感，尤其是选择题，非常需要训练量，我在复习过程中每天都会留出时间专门训练选择题，可以把这种训练安排在零散的时间里，既能提高效率又能练出速度。

对于问答题要注意方法的总结，可以适当积累一些套路，但一定不能僵化，在背套路的同时要注意开阔思维。作文的训练可以通过写短评的方式进行，对一个题目，用一两百字展现自己的审题立意，然后找老师点评，同时要注意素材积累。

数学：有足够的训练量支持

数学的复习我认为还是要有足够的训练量支持，可以根据自己的实际情况决定刷什么类型的题，但是不论刷什么题，都要注意不能只是做完了事，如果遇到不会的题，一定要看答案或问老师搞明白，然后反思自己的思路有什么问题，如果恰好想出了一道陌生题的解法，也要注意总结归纳，以便下次遇到相同的题时能够快速找到对应的方法，节省时间。同时数学一定要注意过程的严谨性，不要跳步，越是简单题越要注重细节，减少失分。

英语：适当做一些四六级的题目

我要感谢学校一直对英语比较重视，为我提供很大的帮助。对于想冲高分的同学来说，可以适当找一些四六级的题目来做，锻炼自己看长难句的能力，帮助自己在高考时解决难题。另外是要注意积累熟词生义，尤其是课本里的单词，多积累一些生僻的意思作为备用。如果英语的字迹不佳就要在平时注意多练书写，可以通过抄写作文范文的形式来进行，练字的同时积累词句。

历史：按照时间轴来进行复习

历史的复习可以按照时间轴来进行，一般是中国史一条线索，世界史一条线索，注意把重要历史事件的时间记住，然后根据课本划分的大致阶段把每个阶段的时代特征归纳出来，在大脑中形成对应，在答题的时候一定要注意把这些知识调动出来进行回答，同时要注意史实的积累，答题过程中尽量多用史实，少说空话。

地理：抓住课本（地图）和考纲

地理要注意抓住课本（地图）和考纲，将考纲中要求的考点落实到地图上进行记忆，在刷题中加以运用和实践。地理的知识点会比较零散，所以可以试着用思维导图的方法把不同的知识串联起来。要注意研究高考题的答题逻辑，尽量将每个答案的逻辑出处都搞清楚（其实对于文综三科都应该如此），如果复习的时候没有头绪可以先做些题找到自己的薄弱点，再有针对性地复习。

政治：试用思维导图的方式背诵

　　政治复习要注意时事热点，平时可以抽时间看看新闻和专题片。课本的重点词句和一些时政语言要注意背诵，牢记于心，但是不要让背书占用太多时间，如果觉得直接背比较困难可以尝试用思维导图的方式背诵。平时要注意做审题训练，在下笔写答案前要先想好思路框架，打草稿，再作答。

深圳

赵雨晴：爱阅读也爱追星，高考前已保送清华

学霸名片

姓　　名：赵雨晴

毕业学校：南山中英文学校、百合外国语学校、深圳外国语学校

高考分数：全省文科前20名

录取学校：清华大学英语专业

兴趣爱好：阅读、绘画、音乐

"高考成绩放榜了！"沈女士发现女儿雨晴成绩被屏蔽，这意味着女儿进入广东省文科前20名，她兴奋地推醒正在午睡的女儿。然而，雨晴揉一揉惺忪睡眼说："20就20嘛，推醒我干吗？"

雨晴是名副其实的学霸，一路走来成绩优异，曾是2015年深圳市中考第一名。这位长发飘飘的姑娘还是一位追星族，是人气偶像TFBOYS成员王俊凯的"铁粉"。在高手如云的名校深圳外国语学校高中部，雨晴还曾担任校学生会主席，平时也是

赵雨晴

学校文娱活动的积极分子。被同学称之为"风（疯）一样的女子"。

她如何保持优异成绩？如何做到学、玩两不误？如何练就淡定心态……一起来探秘全能学霸赵雨晴的成长秘笈吧。

制订每天学习计划提高学习效率

功课扎实、心态淡定是雨晴班主任胡老师给她的评价，所以当得知雨晴高考进入全省文科前20名，胡老师一点也不惊讶。雨晴一路走来获得的优异成绩，与她沉稳的性格、良好的心态，以及对学习的专注力、执行力息息相关。"她自小专注力就非常好。"雨晴的妈妈沈女士说。上小学时，很多小孩上课"坐不住"，但雨晴可以一整节课跟着老师的思路从头听到尾。

在初、高中住校期间，雨晴会独立安排好自己的学习、生活，在她的书桌上，除了摆着当天要用的书，还时常贴着不少小字条，这些小字条上罗列着当天必须完成的学习计划，包括哪一科要做多少题，整理某场考试的错题等。

有计划、有条理的学习习惯让雨晴学习效率颇高。在平时的课堂上，只有讲到重点、难点，或者自己还没有掌握的知识点，她才会全神贯注地听。"如果这一课内容我已经比较掌握了，我就会做自己的事，比如自己做错题、改错题。"雨晴说。

在雨晴看来，每天坚持复习必不可少。为完成老师布置的作业，雨晴会充分利用中午休息和下午课间时间，这样一来，晚自习她就可以空出比较多的时间复习功课，完成自己的学习计划。

"初、高中的学习策略会有所不同，初中的学习只要背好书，就没有做不对的题。但是到了高中，把整本书倒背如流都没有办法解题，所以要多做题、找规律，总能得到下一道题能够借鉴的解题经验。"所以，雨晴有做错题本的习惯，比如学习数理化，她就把每次考试错的题摘录出来，总结做错原因、答题规律，每次考试前会浏览错题本。

高考后雨晴去了青海、甘肃等地游玩。对于未来的专业、职业规划，她称自己暂时没有去想，希望生活能够有张有弛。

从害羞胆小到闪闪发光

如今的雨晴落落大方，但在南山中英文学校上小学时，她还比较害羞胆小。当班主任李萍老师发现她这个问题后，有意让她多去教师办公室帮忙拿粉笔、教具，多和老师接触，来锻炼她的胆量。"无论学习成绩如何，李老师对每个学生都一视同仁,能发现每个学生的优势,同时鼓励我们弥补自己的不足。"雨晴十分感激李老师,今年暑假,她和同学们相约专程去探望李老师。

到了初中,雨晴越发活跃起来,她积极参加学校各类社团活动。从小开始练习中国舞的雨晴,在学校的英语节、艺术节上都有节目。老师评价她称:"在校园舞台上是闪亮的角儿。"高中阶段在深圳外国语学校,赵雨晴也没"闲着",学生会、模联都曾出现她的身影。深外的老师评价她:"很活跃,能力很强。"

她对自己有着清晰的认识,也有着很强的主见。所以当高一竞选学生会干部时,她没有按照老师期待的那样竞选学生会会长,而是竞选了信息部部长职务。"让我慢慢来,需要一步一个脚印,有个适应的过程。"经过一年的锻炼,雨晴在高二时顺利当选学生会主席。当学生会干部进一步锻炼和提高了她的各项能力。在她的同学眼中,雨晴是"风(疯)一样的女

"风(疯)一样的女子"赵雨晴

子"，是亲切又有趣的伙伴。

阅读是雨晴的课余爱好。法国作家阿尔贝·加缪的《局外人》是她推荐的书籍。她也喜欢《简·爱》，被女主角经历不幸却热爱生活的劲儿打动，同时被小说优美的文字所折服，因此她读完中文译本后，又读了英文原版。

历史是雨晴喜欢的学科，在她看来，古人身上有很多可以学习的品质、值得传递的文化。"懂得历史的人，眼光是不一样的，看问题时，常常能看到大局。"雨晴分享说，当面对一个事物时，如果具备历史的心胸，则对这个事物的认识，就不会只局限于眼前所看到的有限表面印象，对许多习以为常的东西，还会生出更加新鲜生动、丰富全面的理解。"我常常会由衷欣赏一个人的大气，而具备历史素养的人，在格局上往往是大气、沉稳、宽容的。"雨晴说。

学霸追星也疯狂：正能量偶像会产生积极影响

学霸也爱玩、也追星。平时周末回家，雨晴也经常玩手机，刷微博、逛淘宝，更会关注人气少年偶像组合TFBOYS中的主唱王俊凯。上初三时，雨晴就是王俊凯的粉丝，每每学习出现小压力时，她会听王俊凯演唱的歌曲Young来减压。中考放榜前，她曾跟着妈妈去重庆旅游，甚至在王俊凯的学校外围转了转，希望能邂逅自己的偶像，但并未如愿。

"追星的最大意义，就是快乐啊！看到他就不会觉得累。然后会为了他学很多东西，比如PS（Photoshop），还交了很多朋友！"说到这儿，平日里沉静内敛的赵雨晴，变得眉飞色舞。

"王俊凯不但才艺出众,学习成绩也优异。"赵雨晴表示,王俊凯参加高考用一个月左右的时间闭关备考,最终取得了超过重庆文史类二本录取分数线99分的成绩,成为北京电影学院的学生。"一个正能量偶像,往往会对人产生重要的正面影响,王俊凯的坚持和努力,是我的榜样。"雨晴说。

培养独立学习生活习惯要趁早

"学习不是逼出来的,兴趣是最好的老师。"沈女士说,当雨晴还在婴儿车上,她会每天坚持为她读书、讲故事,出行时车上也在放着录音磁带,"只有几个月大的雨晴眼睛一眨一眨的,喜欢阅读的习惯或许就是从那个时候开始的。"

在家中,沈女士和丈夫坚持多阅读,从不看电视。于是,雨晴从小就没有看电视的习惯,即使看动画片,看几眼,也会拿起书来继续读。

"一定让孩子从小养成好的习惯,让习惯成为自然。"沈女士从雨晴小学一年级的时候,就要求她回到家要先完成作业才可以玩,上厕所、喝水、削铅笔等事情要提前做完,做作业的过程中不受周围任何事物的干扰。

据沈女士介绍,她和丈夫从小就培养女儿的自立意识。"从小到大,我都不太管她的学习,希望从小培养她独立思考、学习的习惯。"沈女士说,雨晴小学遇到不懂的数学题,她也不会"伸出援手",而是让她自己思考。整理书包的事情从小学起也是雨晴自己来做。即使雨晴忘了拿书本,妈妈也不

赵雨晴与师长

会帮她送到学校。在沈女士看来，无论是学习和生活，应该要学会自觉自立自律，当她的学习是发自内心的需要而非他人要求，便可取得事半功倍的效果。

除了严格的要求，父母的温暖呵护和鼓励也是雨晴成长路上的重要支撑。沈女士记得雨晴上初中住校第一周给她打来电话，失落地说道，暑假全班只有4个人没有上补习班，而她就是其中之一。沈女士听后安慰女儿："人的潜力是无限的，你还没有被挖掘过，全年级400人，你考到前30你就是胜利者。"那一学期的期中考试，雨晴考了年级第一。

"她很信任我们，我们也很信任她，她说的话我们都会放在心上。"沈女士表示，有一次雨晴发烧也坚持要去看偶像的演唱会，"我已经答应了她，就会送她去。并且告诉她，我答应了你的要做到，你答应了我的也要做到。"

学霸秘笈

考试需要在训练中总结答题规律

赵雨晴

在我看来,每一科都有不同的学习方法,但是都需要日常的点滴积累,面对考试要在大量的训练中寻找科学的答题方法,总结不同类型题目的解答规律。

语文:

语文作为一门语言学科,重在积累,平时我会做摘抄记下喜欢的句子、句式、写作素材。此外,语文应对考试刷题保持题感也非常重要。我会每周做两套卷子,坚持下去可以得到很大提升。

英语:

英语也是需要日常积累的语言学科,要保持日常的做题练习,我主张"少量多次"。学好英语词汇量非常重要,我背了高中的词汇又背了四六级的词汇,作文要常常积累好词、好句。单词只背一遍肯定是记不住的,我背一本单词书,每天除了记忆新的单词,还要把三天以前的背过的单词重新温习。在做阅读题时要多留心不熟悉的单词,放在语言情景里记忆单词更有效。

数学：

作为文科生，数学应该属于最主要的拉开分数差距的科目了。首先是练基础，我平时会认真整理错题，总结相同题型的思路，写下答题步骤，并且经常复习。另外，数学考试需要练状态，在考试中控制时间和调整心态，保证会做的题不粗心丢分，压轴题不因为紧张或恐惧而做不出来，这样才可能拿到高分。

政治、历史和地理：

学好政治，我主张平时一定要关注时事，学会用政治术语答题，并且有针对性地做新题和热点题。此外，考试中要多研究以往高考题目和模拟题的答题规律，以不变应万变。历史和地理考试要学会从材料中提取信息，总结答题规律，在掌握答题模板的基础上结合生活和题目提供的知识做解答，答题要清晰有条理。

罗璇：有兴趣能把苦学变成乐学

学霸名片

姓　　名：罗璇

毕业学校：宝安中学

高考分数：全省文科前20名

录取院校：北京大学中文系

特长爱好：阅读、音乐

6月25日是高考放榜日，对于罗璇来说，这一天似乎并没有什么不同。24日晚上，她在朋友圈里更新了一条状态："我决定明天一觉睡到12点。"

然而，罗璇未能如愿。第二天放榜之后，她在班级微信群的消息提示音中醒来。"我们班罗璇进了全省文科前20名！""太强了！省前20名！"接连传来的消息让罗璇有些错愕，她赶忙联系已经出门上班的父母，得到确认后才吃下了定心丸。

这位戴着眼镜、看着略显文静的女生不仅学习成绩优异，对历史的痴迷也让人印象深刻，她给自己定的暑假目标便是"啃"完《史

罗璇

记》。在她看来，兴趣是最好的老师，有兴趣能把苦学变成乐学。

钟爱历史　将其渗透到所有兴趣爱好中

对于大部分人来说，高考结束后的假期是放飞青春的时光。假期伊始，罗璇就捧起了《耶路撒冷三千年》，她说，一直以来历史都是她最喜爱的学科，但以往对于西方宗教历史的发展知之甚少，希望通过这本书从另一个角度感知历史。假期的另外一个目标则是"啃完"《史记》。

"我性格比较'宅'，所以兴趣爱好也偏'静'。"罗璇这样形容自己，不是很喜欢运动，从小维持到大的兴趣爱好，也就是阅读和音乐。

对历史的喜爱渗透到罗璇的兴趣爱好当中。从初中开始，对历史情有独钟的罗璇，阅读的大部分书籍都与历史相关，如《大秦帝国》等历史小说，一些古诗词、散文以及相关的赏析，字里行间皆有古风元素。直至高三，罗璇仍会选择阅读严肃文学或网络小说放松心情。

罗璇曾在小学和初中加入合唱团，平时也比较喜欢听歌、唱歌。"近几年来听和唱的歌大部分是古风歌。"罗璇回忆称，古风和中国风其实比较难界定，她的标准是遣词造句、配乐不能太现代化。"比起旋律更看重歌词一点，希望能用歌词表现一段故事，起码要有一个突出主题，对用典有偏爱，个人比较喜欢的词作者是择荇。"她说。

不仅如此，国风也融入了罗璇的日常生活当中。平日里，罗璇喜欢穿着"汉服"，包括日常款的汉服和汉元素服装。祖领、对襟、褙子、襦裙……融汇东方美学和历史文明的中国古代服饰，罗璇如数家珍。在选择电视剧、电影以及综艺节目时，罗璇也倾向于历史相关的剧目，比如《唐顿庄园》《大秦帝国》等。出门旅游时，她也比较喜欢去历史文化名城，比起自然风景，她更青睐人文景观。"从放假到现在逛了四个博物馆，印象最深刻的还是陕西历史博物馆，希望以后去故宫和国家博物馆。"罗璇说。

对于罗璇的性格，高三年级主任蔡毅则用"稳"来形容。"她一直成绩和心态都比较稳。"蔡毅称，一模时，题目相对比较难，罗璇的成绩在全市排名不错。"那时候我们还开玩笑，说你要好好努力，到高考时要出彩

穿汉服的罗璇

呀。"蔡毅笑道,得知罗璇的成绩被屏蔽后,既有意外之喜,也是意料之中,"从一模到高考,她的成绩一次比一次优异。由于心态很稳定,越临近高考她的状态反而越好。"

在高中时期,虽然要早上7时之前赶到班级开始早读,但罗璇经常是宿舍起得最晚的一个。"高三是我高中起得最晚的一年。"罗璇笑着说,"我基本第一节课结束,晚上8时左右就能写完作业,宿舍熄灯之后就睡觉了。"每次考完试之后,她会主动和老师进行分析,会很认真按照老师的建议调整学习心态,补好漏洞。

发现和发扬孩子的优势

"自由"是罗璇对家庭生活的感受和评价。"大部分时间都是自主学习,父母不会强制我去读书或者做题。曾有一次他们问我是否需要去课外班补习,但被我拒绝了。"罗璇说。对于这种"自由",罗璇的母亲唐女士认为:有时候"不管"也是"管"的一种方式。

谈及教育经,唐女士认为,找准切入点非常重要,若能让孩子在兴趣和享受中,主动去学习,则能事半功倍。如果切入点不对,甚至不顾孩子的感受强加自己的主观意志,则可能会导致孩子的反感甚至抵触,最终功亏一篑。

在培养学习兴趣的基础上,养成良好的学习习惯也必不可少。为了帮助、引导罗璇养成细心的习惯,唐女士根据罗璇喜欢听故事的特点,为她讲述苏联宇航员的故事,不断从感情深处去触动她,让她真切感受到粗心的危害,以及细心带来的成就。

让孩子养成自主学习的习惯并不意味着父母撒手不管。在唐女士看来,父母力所能及地提供解决问题的思路或方法也很重要。比如,在罗璇背诵学生代表发言稿的过程中,唐女士告诉她,要先说这事很重要、很光荣,再分段理解含义、反复强化,结果罗璇当晚就背下了发言稿,并顺利完成了学生代表的发言。

对于鼓励式教育,唐女士表示赞同。"任何人都需要鼓励,无论是遇到挫折、失败还是成功。"她笑着说,鼓励的水平决定鼓励的效果。随着孩子的成长,其辨别能力在不断提高,对家长鼓励的水平也提出了越来越高的要求,"但不管怎么变,是否真心、是否对症都是一目了然的。"

另外,唐女士通过总结自己和其他家长的观点与做法,提出了如下建议。

罗璇

1. 因材施教,找到适合自己孩子的路,不要盲目比较甚至攀比。"条条大道通罗马",每个人能够打开的窗户是相对固定的,要尊重自我,发现和发扬孩子的优势。

2. 灵活应用,找到合适自己孩子的方法,不要照抄照搬别人的经验。比如,同事吴某的孩子一直都是自己的作业自己负责,家长基本不管,最终保送了北大物理系;同事王某的孩子则是通过辅导班不断强化培训,最终保送了北大数学系;罗璇高中三年从未参加任何补习班、辅导班,最终也考入了全省文科前二十名。其实,成功的秘诀就是找到适合自己的路。

3. 换位思考,学会从孩子的角度考虑问题,找到合适彼此沟通的方法和渠道,处理好冲突特别是叛逆期的关系。

4. 善于观察,获取孩子的反馈,调整策略,及时纠偏。可以向老师、同学询问情况,可以亲自与孩子沟通,也可以通过阶段性成果进行分析。

5. 必要的信任和自信。帮助孩子纠正甚至消除缺点固然重要,但人无完人,只要不是致命的,不必过分忧虑。如果能引导孩子学会用自己的优点去抑制缺点,则会事半功倍。

帮助提高课堂效率 及时送"心灵鸡汤"

"对确实优秀又学有余力的学生,学校会配备专业团队对他们给予特殊关注和紧密跟踪,进行重点培养。"罗璇的班主任、数学老师胡士军认为,在学生的发展中,学校的支持必不可少。

胡士军负责为班级学生制定目标、进行档案跟踪。比如,将长远目标定位清华、北大,近期目标则瞄准小范围的校考、区考等考试。在小范围考试中,重点培养的学生成绩要达到班级前三名,至少三科在年级处于前三位,不能有特别拖后腿的科目;在联考、市模拟等"大考"中成绩要达到前10。同时,他还为学生们建立各科学习档案,适时分析,及时培优补差,指导他们形成良好的考试习惯。

成绩并非衡量学生优秀的唯一标准，在胡士军看来，老师要积极引导和鼓励，帮助学生确立目标、树立信心、增强决心。

面对从全校选拔而来的"千里马"，胡士军可谓既要"授之以鱼"，更要"授之以渔"。他表示，课堂是学习的主阵地，尖子生在高三复习时通常会遇到同一个问题——如何提高课堂效率。

"作为在知识储备、解决问题能力和思考能力方面都具有一定优势的优等生，普遍会认为老师的授课和讲解太'浅'了。"胡士军既自豪又有些无奈，"这种情况下老师必须教育他们，高考不是竞赛，考试也是以基础为主，要他们意识到这样的授课内容和方式并不是'鸡肋'。他们不但要认真听讲，而且要把这个过程变成考验基础与思维能力的'演练场'，要利用老师谈到的内容来实现知识的深度贯通，变被动为主动，找准自己在方法上的特点，在注重基础的同时，稳扎稳打，追求更高的复习效率。"

对于高考，胡士军认为心态至关重要："事实证明，许多考场失利的学生都是心态不稳，压力过大所致。所以要稳定或者超常发挥，避免考试失利，平常就要进行心态、抗压能力的训练。"

每次考试之后，胡士军会尽量找学生谈谈个人总结，帮助学生分析学习上的得失。"更重要的是通过交谈，了解他们的内心动态，及时帮助他们排解不利于学习的忧患意识，减轻学习压力。"胡士军说道，及时的"心灵鸡汤"可以造就学生良好的心态。

学霸秘笈：

对每一次的疏漏都不能一笔带过

罗璇

一、保持良好的学习习惯

早期学习习惯的培养非常重要。如上课大部分时间保持专注，课后独立按时完成作业，将其视为理所当然的事而不是某种额外的要求。保持良好的学习习惯，并将其视为常态，一是避免产生厌倦心理导致学习积极性不高，二是人都有惰性，一旦偶尔"摆脱"这种"额外要求"的束缚，想要回到良好的学习状态更为困难。此外还可有针对性地培养一些个性化的学习习惯，如做笔记、做错题本、做摘抄等，因人而异，因科目而异。

二、培养学习兴趣

兴趣是最好的老师，尽量不要让外在因素干扰了自己对学习的兴趣。个人认为在学习自己感兴趣的科目时会更轻松。以我为例，我比较喜欢历史，历史的课外读物也更多，所以我不觉得历史学习过程枯燥，即使在刷题时我也抱着一种"发现新知识"的心态，也会因为题目中出现的一段我熟知的历史而会心一笑。

学习的兴趣是可以培养的，可以通过课外对某科目进行更多的了解以发掘有趣的点，调动自己对该科目的兴趣，还可以通过心理暗示的方法调动自己的积极性。若实在对学习本身（或者对应试的学习方式）无兴趣，可以通过外界因素刺激，比如给自己定个目标或者尝试与老师沟通。有兴趣能把苦学变成乐学，没有兴趣却不能不学。

三、心态很重要，尤其是高三

高中学习很重要的一点是心态，尤其是高三。要尽量保持积极乐观的心态，平时可以通过自己喜欢的方式缓解压力，如我缓解压力的方式是听歌和练字。若察觉自己心态出现问题，要及时与老师、朋友交流。对自己一定要有正确的认识，不要过分自满也不要妄自菲薄，这样面对高中众多考试，才不至于被超常发挥的成绩冲昏头脑，或因发挥失常的成绩心态崩溃。

同时，要合理看待并妥善利用每一次考试。对每一次的疏漏都不能一笔带过，哪怕是对的题也应仔细分析，尤其不要浪费大考的机会，因为大考的题目设置、考试流程更接近高考。最后，要保持耐心，如对待语文这种重积累的科目，短时间内的努力可能看不到成效，但不要放弃，坚持才是胜利。

四、细节问题

做笔记，不要走形式应付了事，也不要为了一份笔记而在听课时分神，更不要做了笔记后置之不理；做错题本，分类很重要，做法因人而异，但最后都要达到能在无提示情况下做对曾经的错题，甚至举一反三；刷题，尤其课外自行刷题时，注意控制做题时间,保持一定的频率,既要保持题感又不能产生厌倦,尤其是临近高考的那段时间;积累,全国卷语文很重积累,要保持一定的有效阅读量。

珠海

陈翊：做一个清醒的学习者

学霸名片

姓　　名：陈翊

毕业学校：珠海香华小学、紫荆中学（凤凰路校区）、珠海一中

高考分数：全省文科前20名

录取院校：北京大学新闻与传播学院

特长爱好：国画、看书、听音乐、看电影等

座 右 铭：于浩歌狂热之际中寒；于天上看见深渊。于一切眼中看见无所有；于无所希望中得救。（鲁迅《墓碣文》）

　　"一艘船孤独地航行在海上，它既不寻求幸福，也不逃避幸福。它只是向前航行，底下是沉静碧蓝的海水，头顶是金色的太阳。"这是俄国诗人莱蒙托夫的诗《帆》里的片段。陈翊说，在高三心绪最动荡、最迷茫不知所措的日子里，这首诗给了她平静与坚定。

　　初见陈翊，是高考放榜那天，位列广东省高考文科前20名的她被各家媒体的闪光灯和麦克风围在中间，话不多，显得

有些被动。熟悉之后打开话匣子，才发现这个刚满18岁的姑娘，内心有着超乎同龄人的清醒与执着。

她就像一位勇敢的船长，在浩瀚的学海中努力驾驭着自己那艘小船，与海上的风浪暗礁搏斗，坚定地驶向未来。

陈翊手拿录取通知书

一半冰山，一半火焰

6岁时，陈翊就比其他小朋友更"坐得住"。她喜欢一个人在家，徐徐铺开画纸，山水花鸟、工笔写意，画着画着，四五个小时已然过去。陈翊说，幼时学国画对她的性格影响很大。心烦意乱时，随便画点什么，就能很快安静下来。这种习惯一直陪伴她度过最紧张的备考时期。

陈翊也喜欢书，马尔克斯的《百年孤独》《霍乱时期的爱情》让她爱不释手，针砭时弊的《娱乐至死》《乌合之众》也读得津津有味。她享受着书籍的营养，更不忘融入自己的体悟，写的读书笔记在家中堆了厚厚一摞。

书与画，为陈翊开辟出一方思想的净土，让她学习时不易受外界环境干扰而分心，也赋予了她言谈间的才气，性子中的细腻。

但在微信朋友圈里，温婉细腻的陈翊立即化身"段子手"，仿佛瞬间拧开了性格中幽默感的阀门：调侃妈妈的双下巴，自嘲有选择困难症，在清华、北大之间不知如何抉择，引得朋友们"羡慕嫉妒恨"……

"苦中作乐"的幽默感舒缓了绷紧的神经，让陈翙可以从容地调整心态应对学习压力，也让她交到一群挚友，"高三过得比想象中开心"。

陈翙说，自己的性格属于慢热型，朝夕相处攒下的同窗情谊弥足珍贵。高中三年，陈翙经历了三个不同的班级。每次分班都是新的磨合，也让她收获了三倍的友谊。扮鬼脸，讲"段子"，跟同学们疯闹嬉笑的她像一只活泼的兔子。

高三忙碌的学习，让人忘记了"毕业"是如此近。"这是最后一次在天台背书了。"当沉浸在学习中的陈翙听到同伴的这句话时，看着熟悉的天台，突然伤感起来。那天下午，泪点低的她独自留在老地方哭了很久。"如果当老师，让我不停地送别一届又一届的学生，我会很难过。"她说。

感性的姑娘怀念着过去，却从未放慢前进路上的脚步，对自己的志愿填报和未来规划也非常清晰。

陈翙说"向往北大自由宽容的校风与独特的人文氛围"，但在面对专业选择时，对于很多高分考生青睐的北大光华管理学院，她却没有心动的感觉。想深度了解社会现实的她一直对新闻感兴趣，考虑再三后选择了新闻专业。

对此她只是简单地说："只有对从事的专业有发自内心的热爱，才能突破困难，坚持走下去。"同时，她还打算在大学期间修读社会学的双学位，并尽早为保研做准备。

高考让陈翙一夜之间"爆红"，有人称她"学霸"，有人叫她"文艺才女"。但在她看来，这些标签都涵盖不了她所有特质——平时大大咧咧、风风火火，一旦投入学习又相当专注;独处的时候很安静,在熟悉的人面前很"闹腾";会严肃地思考,也会幽默地生活;对人感性,对事理性……

"我就是我,不用什么标签。"陈翊自信地说。

调整心态有"法宝"

熟悉陈翊的人知道,她总是把生活、学习打理得井井有条。按时起床,按时就寝,长期自律的她总会默默告诉自己——坚持就是胜利。

在陈翊看来,备考的漫长过程中,保持有序的复习节奏和稳妥适中的进度很重要。"既要跟着老师走,也要设定个人的小

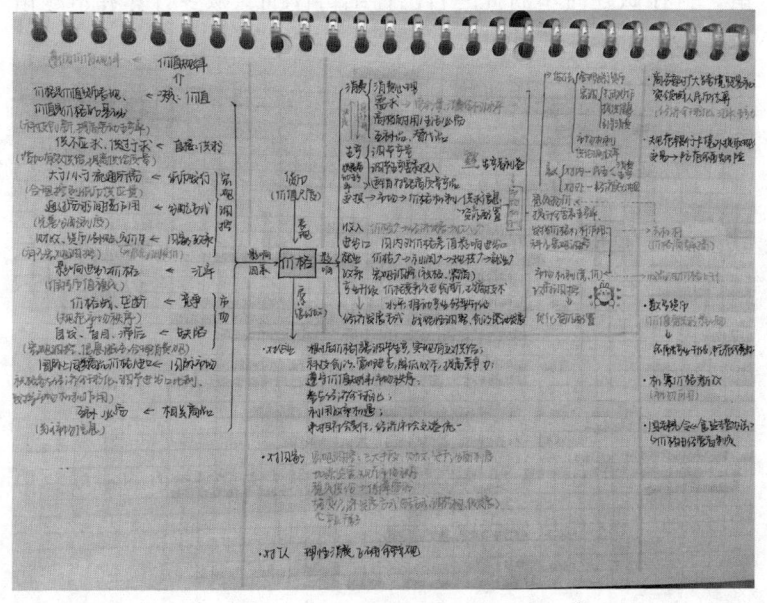

陈翊的政治笔记

目标，不能激进也不可懈怠，逐步调整到最适合自己的状态。"

"跟着老师走"，是因为老师们往往有多年带高三的经验，历经过历届检验的方法效率更高。很多同学临考前比较浮躁，认为课堂上的内容过于重复，自己便另起炉灶埋头苦干。陈翊却并不赞同："如果没有紧跟老师的步伐，有可能错过额外的对自己有用的东西，反而得不偿失。"

"设定小目标"，则是陈翊学习主动性的体现，找到适合自己的节奏，走起来最从容。

"凡事预则立，不预则废"。自高三起，她严格地为自己制订"周计划、月计划"复习攻略，甚至细致到每一门课的任务她都会在笔记中标出。

每隔一段时间，陈翊也会回过头来分析、总结、提高。发现政治拖了后腿，就赶紧报了课外班；发现数学容易出小差错，就在做题时不断提醒自己仔细再仔细，减少计算和审题错误……

在高三的漫长历练中，陈翊也难免感到心浮气躁，此时，刷题、放空、贴字条，就是她调整心态的"三大法宝"。

"每当感到烦躁和无助时，马上开始刷题反而容易平静。"这在很多人听来匪夷所思。陈翊却说，在题海里强迫自己努力思考，脑子就被公式、思路填满了，"以毒攻毒"就不会胡思乱想，心情也渐渐平静了。

偶尔，她也会去天台吹吹风，放空自己，或者找同学聊天发泄一下，不让自己脑子太乱。

跟很多同学一样，陈翊也有在课桌上贴小字条的习惯，但她既不写目标院校，也没有给自己加油打气，而是大段大段地誊抄文学作品。莱蒙托夫的诗就曾陪伴她很长一段时间，"每次读着那些语句，狂躁的心就被抚慰得熨帖了"。

在高三无数次考试的大潮里,因为有清晰的目标,偶尔的挫折无法打乱她的阵脚。倒计时逐日逼近,她却依然能保持着自己的步伐,并渐入佳境。

不过,"学霸"也是普通人,也会有考前恐惧。临考前一晚,陈翊紧张得既不想吃饭喝水,也不想开口说话。"想到之前做过的高考卷都特别难,心里堵得慌。"她说。

进考场前,陈翊一边默默做了无数个深呼吸,一边暗示自己不要慌不要怕。开始动笔做题后,陈翊发现确实跟平时的测验没太大区别,如同平日"刷题"一般,心绪平静下来,迅速进入状态。"其实高考再神秘也就是一场考试,没必要自己吓自己,带着自信迎接挑战才能发挥出最高的水平。"她说。

家长:学习要静心,玩耍要尽兴

与很多家庭"严父慈母"的模式不同,在陈翊家,妈妈李冬梅更严格。为了让女儿从小养成好习惯,李冬梅下了很多功夫。

"不写作业的时候像个朋友,一写作业马上'变脸'。"陈翊笑着说,相比爸爸的"佛系",妈妈性子急些,对她也管教更多。小时候陈翊做数学题,一不留神就计算出错,这时候妈妈会让小姑娘把手伸出来,错一题打一下。但陈翊也知道,母亲这么做是为了提醒她做事细心。

小朋友总有些贪玩,陈翊也不例外。在李冬梅看来,这是孩子的天性,父母尽可以宽容些,但要提醒孩子将学习和玩耍分开。

"学习的时候不要想着玩,玩的时候不要想着学习。"妈

陈翊

妈的这句话一直刻在陈翊的脑海里,学习要静心,玩耍要尽兴,没有状态还不如不学。正因为此,陈翊心浮气躁的时候,妈妈甚至会"强制"她去找朋友玩。玩开心了再回家,学习反而更专注。

陈翊很喜欢跟李冬梅聊天,从在学校与老师同学相处的趣事,到学习生活上的收获,母女俩无话不谈。"妈妈心态很年轻,在家里有人能耐心听我说话感觉很幸福。"陈翊说。

看着女儿一天天懂事,李冬梅也很欣慰,从上高中开始,很多事情都试着放手让陈翊自己决定,小到报什么课外班、各科怎么学习,大到志愿填报和职业方向。

偶尔也会意见相左。妈妈特别希望陈翊当老师,因为"稳定,有寒暑假";但陈翊更想学新闻,感觉又忙又累的媒体行业反而更有吸引力。沟通之后,李冬梅还是选择支持女儿的想法,"以她的兴趣为准"。

遇到困难时,家是陈翊的温暖港湾。高三上学期,陈翊的成绩毫无征兆地突然下降,接连两次考试排名跌到了高中阶段的谷底。连续几个晚上,她被不同的科任老师叫去谈话,陈翊嘴上不说但心里特别难受,"那时候心态真的崩溃了"。

李冬梅最懂女儿的心思,开始换着花样地安慰陈翊:"没关系,我觉得广东的学校挺好的,离家近还能常回来。"听妈妈这么一说,陈翊很感动:"反正最差也不过如此,并非不能接受,做好自己的分内事就好。"不断给自己积极的心理暗示,及时调整了心态,陈翊很快"触底反弹",回到了年级前三。

备考期间,陈翊每天早上6时起床,晚上很晚才能回家。这样一来,连家长的后勤工作也被设定成了备考模式。"早上5时30分起来做早餐,晚上10时去接她。"李冬梅说,虽然辛苦,但是值得,"我们从来都是鼓励她,不给她增添学习之外的担忧。"

陈翊悄悄告诉记者,她家有个玩了十多年的小游戏:"妈妈总是故意藏起来,又突然冒出来吓爸爸一跳。爸爸也总会被吓到,然后就追着妈妈跑,两个幼稚鬼。"陈翊也经常参与这个"恶作剧",一家人打打闹闹笑作一团。

尽管工作繁忙,每到假期,陈爸爸总是想方设法陪母女俩出去旅游,最爱去的是风光壮美的大西北。"每次旅游回到家,一下就放松了,才发现家已经在我身上刻下深深的烙印。"陈翊说。

班主任:三观正,高考才考得好

在高三(3)班班主任艾新文看来,陈翊是班上"心态最稳""最镇定"的学生。"她就笑眯眯坐在那里,心里却很有主意,有种大将风范。"艾老师说。

高考放榜后,除了陈翊进入全省文科前20名,艾老师班上还有7名学生也进入全省文科前100名。该班平均分更是达到629分,比今年广东省文科高分优先投档线高出近80分。艾新文也因此被称为珠海"最牛班主任"。

"对待学生既要随和,又要保持一定距离,不要给他们压力,尽量宽容一点,营造轻松活泼的班级氛围。即使是批评学生,也不苛责,事情过去就不翻旧账。"在班级管理上,被学生们亲切地称呼为"艾叔叔"的艾新文采取了这种柔性的方式。尊重学生、因材施教,也让他在高三接手班级不久就赢得了学生们的认可。

高三学生思想变化比较大,作为班主任,艾新文也尽力为学生们创造可以信赖、倾诉的环境,成为他们眼中"可靠的师长"。为了能及时掌握孩子们的动态,艾新文一学期至少要主动找每个学生谈心三四次。

高三这一年的历练,也是孩子们性格塑造、价值观形成的关键阶段。为此,艾新文不仅做好"教书",也在强化"育人"。"我经常告诉他们,一定要三观正、攒人品、懂感恩,如果做不到,高考一定考不好。"艾老师说。

地理一向是陈翊的优势科目,长期稳居年级前三。然而,眼见着高考临近,一向淡定的陈翊心里也打起鼓来,接连几次地理考试都没考好。自觉惭愧的她决定找老师聊聊。

一个周六晚上,陈翊放下手中的书本,鼓起勇气来到科任老师杨金燕的办公桌前。从晚自习开始谈到快结束,杨老师一边鼓励陈翊要有信心,一边纠正她一些消极的念头。陈翊瞪大眼睛听得很认真,聊完才发现眼睛已经干得发痒了。回到家,陈翊记了很长的笔记,老师的话也深深地装进了心里。

事实上,高一、高二阶段,杨金燕一直担任陈翊所在年级的年级长。课堂上,她腾出整节课的时间给学生们分享人生经历,给予精神鼓励;成人礼上,她写了一封给孩子们的信,殷殷期盼催人泪下。"她就像我们整个年级的妈妈。"陈翊说,朝夕相处下来,跟老师们的感情已经十分深厚,要离开了,心里很是不舍。

"高三一年,科任老师们牺牲了自己的时间,常常晚上10点一排办公室还亮着灯;食堂和宿管阿姨几乎没有假期。高考的那两天,身穿红衣的你们是校园里最夺目的色彩,你们的笑脸也是所有考生的强心剂。"陈翊忍不住"表白"母校的老师们。

学霸秘笈:

不要怕犯错,要迎难而上

陈翊

跟很多同学一样,我也有擅长和不擅长的科目。复习就要强长板、补短板,尽量全面地掌握知识,形成完整的体系。

语文:常丢分题目更要多练习

语文是个很重视基础的学科。对于自己经常丢分的题目,不要犯怵,要迎难而上,在不断的练习中找到感觉。

从题型上说,论述类文本要练习如何归纳出逻辑关系;文言文要多做翻译,多积累词语;诗歌鉴赏要多做题并归纳出不同类型题目的大致答题方法;写作文时,要注意书写、立意、内容、审题等各方面。

数学：梳理自己的知识谱系

数学是我相对弱势的科目，平时，我会在学习过程中做好总结，一遍遍仔细梳理书中的大小知识点，形成自己的知识谱系，争取任何一个潜在考点都不漏掉。另外还要多做题，整理不同题型的做题方法，并做好错题积累。

到了考场上，要把握好做题顺序、做题时间，才能在考试中游刃有余。我每次考试时也会默默提醒自己注意审题和计算，尽量避免失误。

英语：平时练习要把握速度

英语首先要背牢单词，尤其是很多"一词多义"的单词。阅读理解在英语卷上占了很大比例，平日里要多做阅读练习，并且注意控制练习的时间，保持一定的速度，因为考试的时间很有限，不可能在一个题上纠结很久。

作文方面，可以长期积累写作常用句型，练好书写，答题时注意审题。

政治：用思维导图厘清概念

政治复习的秘诀绝不是"死记硬背"，而是要"背得清楚"。不仅要通过背诵来熟练掌握课本表述及时政语言，还要整理出一个总体的框架体系，把知识点通通纳入这个体系中。

另外，还要多做题，练习快速审题、快速组织答案、快速分析材料等技能。要确保在有限的时间和空间里完整地写出自己的答案,并注意将课本、时政、材料三种语言结合到一起。

历史:按时间轴了解历史时期

历史复习不仅要掌握课本上的东西,更要按照纵向的时间轴,掌握各个历史阶段更详细的事件、政策等。

题目背后有很多深层次的东西,不要浮于表面,要多深入思考。历史卷上往往会故意设置很多陷阱,答题时要仔细审题。我也经常在重要知识点的笔记里整理出常考点、常错点,记住这些"坑",避免重复犯错。

地理:读透题目挖掘所有隐藏信息

学习久了,容易公式化地思考问题,但学地理尤其重要的就是冲破思维定式,尽量发散思维,灵活地从多个角度来理解一道题目、思考一个问题。

例如,掌握了各大区域的基本地理特征,就可以在判断小区域特征时提供参考。还有个小诀窍,地理卷题目中的每一个字、图片的每一个细节,可能都隐藏着一些有效信息,读懂了这些信息,就可以补充描述小区域的个性特点,答题更全面。

檀廷钰：学会接受自己，去做最好的自己

学霸名片

姓　　名：檀廷钰

毕业学校：珠海十小、珠海八中、珠海一中

高考分数：全省理科前20名

录取院校：清华大学经管学院经济、金融与管理专业

特长爱好：书法、羽毛球、吉他等

座　右　铭：岂能尽如人意，但求无愧我心。（刘伯温）

檀廷钰，这个在今年高考中成绩排全省理科前20名的小女孩，已成为珠海乃至全省学子熟悉的一个名字，也是不少学弟学妹们仰慕的对象。

学霸是你想象中的模样。檀廷钰从小就热爱学习，在学习上一直都很自觉，是人见人夸的"乖乖女"。

学霸也有你想不到的模样。走进檀廷钰，你会发现这名本来要靠脸吃饭的女孩，偏偏有着不俗的才华。阅读、书法、摄影、画画、笛子、吉他，兴趣广泛，涉猎颇多，样样都可拿出

来展示。

如今已拿到清华大学录取通知书的她正在为上大学做精心准备。她希望在这个强手如林的平台上,在这个人生的新起点上,能够收获更快的成长。

檀廷钰收到清华大学录取通知书

书香世家的环境,让她从小爱学习

檀廷钰出生在一个书香世家。父母都是文化人,从小给孩子营造了良好的家庭氛围。

"妈妈大学时学的植物保护,爸爸是做企业管理的。"檀廷钰说爸妈对自己影响很大。比如说家里种了很多植物,这让她从小就对生物很感兴趣;她父亲经常会在餐前饭后分享国内外时事,也让她对外面的世界充满了好奇。

阅读伴随檀廷钰的成长历程。无论是偏文科的历史地理类书籍,还是偏理科的科幻科普类书籍,她都有浓厚的兴趣,都能静下心来钻进书本里去。

"爸妈工作之余也喜欢看书,耳濡目染让我也沉浸在书海中。"檀廷钰介绍,良好的阅读习惯对她的学习帮助很大。首先是这个习惯让她阅读更快、更能抓住关键,同时写作素材多,语文成绩长期独占鳌头;其次让她对学习充满自信,尽管也存在弱科，甚至高二时还补过课，但她对自己有很强的学习能力从未动摇过；再者极大地开阔了她的视界，在阅读中去寻找更大的世界。

不仅如此，檀廷钰还特别喜欢书法。同学们称她是书法高手。遇到不顺心时檀廷钰会临摹古诗词，"写书法能让心态平静下来，同时还能感悟传统文化的魅力，调整后再去学习，更有劲头也更有效率"。

檀廷钰的"好朋友"还有运动和音乐。学习之余，檀廷钰会打羽毛球、乒乓球和排球，遇到迈不过去的坎，她也会吹吹笛子、弹弹吉他，寻找片刻安宁。

融洽的家庭氛围也是檀廷钰良好成长的基础。她的班主任、珠海一中英语教师王吉介绍，檀廷钰的家庭教养很好，特别是与她妈妈的关系与其说是母女，不如说是朋友，两人互开玩笑，无话不谈，"心里没有小揪揪，更能轻松应对考试"。

高考考出广东省理科前20名的好成绩，北京大学、清华大学都向她伸出了橄榄枝，专业方面也有很大的选择空间。但檀廷钰并未盲目跟风，她倾向填报金融、经济、生物化学类。"这些都是从小就感兴趣的，语文、数学成绩一直很好，与自己的能力也比较匹配。"她说。

打牢基础是前提，调整心态是关键

"这对我来说是挺大的一个惊喜，运气占了一定成分。"谈起这次高考，檀廷钰直言"超常发挥"，她平时在学校年级的成绩多在五六名，以前都没想过能考到清华、北大。

在谈到高考超常发挥的原因时,她立马发挥出了理科生严谨的逻辑分析能力:一是今年高考数学难度适中,没有与那些成绩特别好的同学拉开差距;二是自己在语文古诗词方面发挥

檀廷钰

得比较好,"才让我侥幸跟他们拉开了距离"。

其实学霸也有紧张焦虑的时候。檀廷钰介绍,最困难的时期出现在今年3月到5月期间,已经复习很长时间了,按理说这个阶段应该出成绩的,但偏偏她遇到了瓶颈,各科成绩并没明显提升。看着其他同学都在进步,自己压力很大,连写作业的时候都会偷偷瞄着其他同学,他们写得越快她心里就越有压力、越焦虑。

"干脆放开豁出去了,完全放松自己。"檀廷钰意识到这种状态不能再持续下去,更担心带到考场上,她索性完全不看别人,自己埋头苦干,久而久之焦虑少了许多,又重新回到良好的复习节奏中。

果不其然,高考前最后一次模拟考试,檀廷钰考到了年级第一名,给了自己极大的信心,感觉离理想中的高等学府越来越近。

调整好心态是关键。檀廷钰表示,考场上的好心态让她很大程度地减少了低级错误的出现,确保发挥稳定。她建议学弟学妹们在复习考试阶段,无论是超常发挥,还是失利,都不要紧张,"把它当成考查知识板块内容的机会,只有发现弱项并

加以巩固，才能使成绩稳步提升"。

具体到复习阶段，檀廷钰建议学弟学妹们要掌握好节奏和每个阶段的规律。如在第一轮复习中一定要打好基础，不要去做太难的题目，基础题不丢分才能拿高分；在第二三轮复习时，则要针对自己的薄弱点多做一点题。

檀廷钰同时介绍了两个复习的小窍门：一是做好笔记，书上的东西都是别人的，课堂笔记在课后再抄写一遍，将课堂内容转化成自己的，这样也能紧跟老师的复习节奏；二是高三一开始复习时就要准备个错题本，到后来可能发现完全是个错题集，不止一两本，但这对后期有针对性地复习很有好处，能达到事半功倍的效果。

此外高三也不要一门心思地投入到复习中，偶尔读读课外书，听听音乐，做做自己感兴趣的事，舒缓心情，放空大脑，可以做到更好地复习。就檀廷钰而言，遇到困难时，她就找闺密、妈妈聊天，或者听音乐。

希望孩子自然生长，努力找寻适合的方向

"望子成龙、望女成凤，这是为人父母都希望得到的结果。"当檀廷钰拿到清华大学录取通知书时，她父亲檀二苗难掩喜悦之情。

檀二苗现为珠海当地一家企业负责人，长年在外打拼，工作节奏快，平时廷钰的教育、生活多是妻子操心。

令他宽慰的是，檀廷钰一直以来学习都很自觉："今年高考她发挥得比较好，把各科平时的最佳水平都发挥出来了。"

孩子自觉，当家长的并非完全不操心。高二期末考试后，一家人开家长会对檀廷钰的学习做了全面的分析：她有多门优势科目，但英语是她的弱科，平时分数130分左右，这个分数在班上是偏低的，拉低了排名。为此，当时给她报了一个补习班，强化对英语的训练。

"还多亏了班主任王吉老师。"檀二苗说，高三阶段特别是考前一个月，王吉通过有针对性的引导和突击，"孩子考后预估英语考了140多分，明显提高了。"

在孩子教育上，心急的檀二苗并没给孩子预设目标。他希望檀廷钰能自然生长，努力去寻找适合的发展方向。

"考大学当然希望她考名牌、考重点，但没在她面前表露过。" 檀二苗介绍，夫妻俩唯一的指望就是孩子能健健康康、快快乐乐地成长。

这个健康成长包括身体和心理两个方面。毕竟十几年的求学过程，对家庭特别是孩子的心理考验很大，希望孩子能在这个过程中快乐成长，享受学习的乐趣，这比结果来得更为重要。

虽为学霸父亲，但檀二苗并不认可一些家长用培养学霸的思想去教育孩子。他建议家长们欣赏和鼓励孩子朝自己感兴趣的方向发展，这样一路上他才能过得充实、快乐，毕竟孩子们今后的人生道路还很漫长。

"因材施教，松紧相宜。" 在教育方法上，檀二苗说家长要掌握好度，让孩子劳逸结合。

除了学习，檀廷钰喜欢参加社团活动，如学校体育部、汉文化社她都参与。檀二苗表示，这些活动看似跟学习不相关，其实又不无关系。找到兴趣爱好能让孩子们沉浸其中，享受过程的乐趣，同时也能锻炼他们的坚持和韧劲，懂得坚持的力量。

要求学生做到的，当老师的要先做到

在今年高考中，珠海一中高三（13）班班主任王吉收获不小：全班49名同学高考平均考分654分（不含两名成绩被屏蔽的学生）。其中两名学生考进全省理科前20名，5名同学被北大或清华录取，13名同学被复旦或上海交大录取。

"品行好，三观正。"一谈起爱徒檀廷钰，王吉评价她是班上优秀学生的一个代表，类似这样的优秀学子班上还有不少。

檀廷钰

可能让大家大感意外的是，王吉今年只有33岁，从教也仅仅8年时间。但就是这样一名年轻老师，在珠海一中已经连续6年当高三班主任。带班以来，他已为北京大学、清华大学累计输送学生17名。

高徒名师带。学生们取得这么好的成绩，固然与良师的用心栽培密不可分。虽从教时间短，但王吉老师很注重提高自身修养，处处以身作则，做学生的榜样。"要求学生做到的，我首先要先做到。"王吉说。

作为班主任，不单单要完成任课工作，还要关注每个阶段孩子们的思想和心态变化，及时化解学生们的困惑，要做学生的朋友。

具体工作中，针对每一位学生，王吉耐心寻找工作的突破口，在学习上细心引导，生活中热心关怀，使他们都能感受到来自各方面的帮助，尽快提高学习成绩。

建立良好的班级秩序，营造积极向上的氛围，是保证高三学生高效学习的前提。王吉对这项工作也相当重视，首先在管理上严字当头，依靠规章制度，力求科学化、规范化、程序化。一如既往地要求，会使学生们感到严肃紧张、积极向上的气氛，防止产生懈怠情绪。

"经常表扬好人好事，做好激励工作，以表扬为主。"教学管理上王吉以样板引路，对那些学习上刻苦、成绩进步、遵守纪律好、劳动好、关心班集体、关心帮助同学等好人好事充分表扬，树立正气，激励学生们积极进取。

注重班干部培养是抓好班级管理工作必不可少的环节。王吉介绍，平时班上大大小小活动，他放手让班干部工作，充分发挥他们的主观能动性，自己主要做到常叮嘱、常提醒、常检查。当然高三年级的学生学习任务非常重，"费时耗精力的事不要布置给学生"。

备考节奏指导上，王吉也有自己的心得。他介绍，学生们进入高三后，学校年级都会组织各种以励志为主的大型活动，整个学年可以说被分成若干战役，给人一种硝烟弥漫的感觉。不管是哪位同学，在这样的氛围中都会比以往更加努力，更加在意成绩，除非他们毫无希望和理想。在这个时候作为班主任再一味制造紧张气氛，是没有用的，容易产生适得其反的效果。他更重要的职责是帮助学生调整好内心状态，找到最合适的复习节奏。

在具体实施过程中，王吉主要从指导学生做好复习计划、督促学生注重备考过程、引导学生淡化考试结果等方面来调节学生的情绪及节奏。

当然今年班上乃至学校取得这么好的考试成绩,王吉认为与学校在教育教学课程设置和备考策略上的改变也有很大关系。比如去年高三老师们主要关注广东省六校联盟的考试,但今年学校跟湖南、湖北、河南联考,一套试卷联合改卷,把目光放得更广,在与别人的对比中看到差距,不断改进提升。

总结过去6年当高三班主任的工作,王吉老师表示,有收获,有喜悦;也有教训,有不足。最大的体会就是只要有爱心,肯花精力、花时间,多学习,多摸索,就会有成绩。

学霸秘笈:

无论超常或失利,咬定目标不放松

檀廷钰

首先,我觉得从小养成的良好的学习习惯使我在高中的学习生活中受益匪浅。我从小就喜好阅读,且涉猎广泛,无论是偏文科的历史、地理类书籍,还是偏理科的科幻、科普类书籍,我都有兴趣阅读,能静下心来阅读。这种良好的阅读习惯不但使我高三的语文阅读更快、更能抓住关键,也使我在写作过程中拥有多角度的素材。

打好基础也是高中学习的关键。在高三阶段,很多同学喜好攻克偏难怪题,以此拿下高考理科的最难的几十分。但是我认为基础为先,难题后行。即使到高三的最后冲刺阶段,也要每天做适量的基础题，多读多背课本，防止基础知识的遗漏。要想打牢基础，不单要多做基础题，熟识课本，而且也要跟紧老师。每个优秀的任课老师都是一座宝藏，远胜于辅导书、补习班。譬如我的六科老师、王吉老师、阮林松老师、江云富老师、宁建如老师、陈宏林老师、王亮老师，他们每个人都学识渊博，我们抛出的一个问题能让他们延伸拓展很多知识点，每次与他们的交流都能让我学到很多。

  良好的心态则是我高三一直在追求的目标。在压力大、任务重的高三生活中，每个学子都会有不同的烦恼，我也不例外。在高三第一学期我常常在大考完因成绩不理想而情绪低落甚至大哭大闹。到了第二学期，随着高考的临近，我意识到这种恶劣的心理素质肯定会影响我在考场上的发挥，于是我开始调整心态。我调整心态的方式就是学会接受自己，接受偶尔犯傻的自己，接受疲惫的自己，接受难过而闹闹脾气的自己。同时，在与家人、朋友、老师的沟通中我也开始慢慢放下包袱，不再过于焦虑。与同学课后的交流让我发现，原来不是我一个人会有状态差的时候，不是我一个人会有很大的压力，这令我觉得充满力量，能够有信心继续前行。

  最后，坚定目标，不为外界影响是我的小诀窍。无论是在华大一战中落败的时候，还是某次联考发挥超常的时候，我都不会忘记自己三年的梦想，也不会忘记自己真实的水平在哪里。身边有许多写作业快、刷题多的同学，我往往选择忽视他们"倚叠如山"的试卷和教辅，因为每个人的学习方式不同，过于关注别人就会影响自己的节奏与情绪。这些就是我的学习方法，希望能给大家带来一些启示。

曾千洋:"误入"清华的"钢琴小王子",学习也曾慢半拍

学霸名片

姓名:曾千洋

毕业学校:珠海一中

高考分数:理科全省前20名

录取院校:清华大学计算机系

特长爱好:追剧、听音乐、弹琴

座右铭:没有未来的未来不是我想要的未来。

17岁的曾千洋如愿以偿,收到了来自北京的录取快递,是他梦想中的清华大学。但全家人并没有像别的同学那样发朋友圈庆祝或感慨,高兴了一会儿后,便又投入忙碌中。

这个没有作业、不需要扛压复习的暑假,曾千洋过得比以往任何一个假期都充实。早上要补习日语,下午练琴,找录音棚……他要赶在开学前,完成为考清华而"耽误"的心愿——

出一张动漫钢琴曲EP。

今年高考，曾千洋是广东省被屏蔽分数的高分考生之一，以全省理科前20名的好成绩被清华大学计算机专业录取。虽然走的是一条模范理科生的道路，但生活中，他却是个热爱文艺、有些感性的非典型理科少年。

不露锋芒，常常"黑马"的文艺少年

曾千洋出生在一个教师家庭，父母都是小学老师。从小到大，曾千洋都是聪明、乖巧、老师最喜欢的那一类孩子。"上同样的课，别的孩子可能只理解五成，但千洋很受教，能够理解八九成。"爸爸曾想雄很自豪，无论是学校还是课外兴趣班，几乎每个老师都夸儿子天赋好。

"他平时话不多，低调，就喜欢自己一个人安静地学习。"曾想雄说。儿子读书年纪小，所以常常比同学"慢半拍"，平日里不是那种锋芒毕露的学霸。但仿佛天生有着"黑马"体质，每到关键时刻，曾千洋从未让家长、老师失望过。

刚上初中时，曾千洋曾很长一段时间不适应，曾想雄分析："小学时我们让他'快

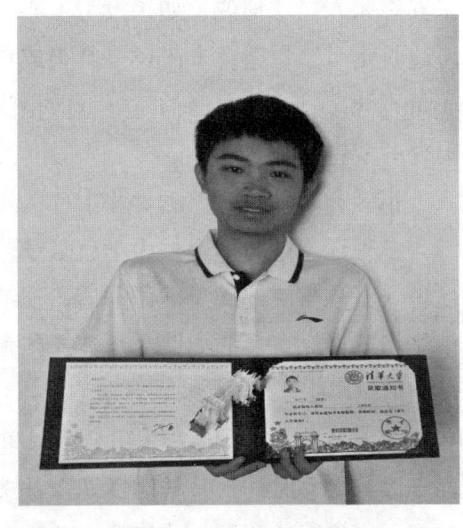

曾千洋收到清华大学录取通知书

乐学习',没给过压力,中学他还是像小学一样,对成绩没有执念。"整个初一和初二,曾千洋的成绩始终徘徊在年级中上游。直到初三,有了中考压力的曾千洋好像突然懂事了,为了考上心仪的高中,他甚至主动中断了学了9年的钢琴,一心扑在学习上,"感觉终于进入状态了",曾想雄很欣慰。很快,曾千洋就展现出"黑马"的潜质,中考时,以全校第一的成绩考上了珠海最好的高中珠海一中。

然而到了学霸云集的珠海一中,千洋又遇到了瓶颈。无论怎么努力,他的成绩始终在年级50名左右浮动,其实这个成绩已经可以考上很好的高校,但距离清华、北大还有一定距离。高二时,曾千洋报考了中国科学院大学的少年班(即尚未完成常规中学教育,但成绩优异的少年接受大学教育),抱着体验一把的心态参加了2017年高考。那次考试成绩是530分,比当年广东省理科一本分数线高出45分,不过,他自己并不满意。

好在,在成绩方面,曾千洋始终心态很好,甚至还会反过来安慰家人。"他说,如果没考上心仪的大学也没关系,自己不过是走了个弯路,未来还是会很成功的。"千洋妈妈说。孩子特别淡定,认为自己的发展方向很广,这条路不顺利,实现另外的梦想也未尝不可。

钢琴和动漫就属于他"另外的梦想"。

"他还想过考不上好大学就复读艺考。"曾千洋的发小、已考入音乐学院的武千淮调侃道,"结果他的音乐梦就这样被清华'耽误'了,假如曾千洋选择艺术道路,以后一定会是很优秀的钢琴家。"

两人从6岁起一同去学钢琴,家里的旧钢琴已经陪伴曾千洋十多年。小时候,曾千洋还两次被选为琴童代表和郎朗同台演奏,班里同学称他为"钢琴小王子"。除了初三时中断过一年，即便是在紧张的高三，曾千洋也每天抽时间练琴。"沉浸在音乐中让人放松，每天弹一两首曲子，不仅仅有助于缓解学习的压力，也是学习的动力。"曾千洋说。

不过，曾千洋并不像别的年轻人一样热衷社交网络，甚至连微信头像都没设置，有限的课余时间，他几乎都花

2011年10月在广州箩岗区国际演艺中心，曾千洋与郎朗首次同台演出

在看动漫和弹钢琴上。有时候在家里吃着饭，曾千洋突然来了灵感，会立刻放下碗筷掀开琴盖即兴来一段。"一开始我们都以为是谁的曲子，后来他告诉我们，是即兴创作的。"千洋妈妈说。

住校练琴不如在家练琴自由，自习课或是考试前没作业的时候，他和武千淮两人还会偷偷潜入琴房练琴，"因为琴房不是一直开放的，我们翻窗甚至被保安抓包的事情也干过。"武千淮笑着说。

或许是音乐的作用，外表乖巧温顺的曾千洋，内心却住着另一个十分感性、有些倔强的男孩。这个男孩泪点很低，分班会哭，见到生病的旧同学会哭，看动漫会哭，谈论生死、人生也会哭；与此同时，"倔劲儿"体现在他对于自己决定的事情执着且追求完美。

曾千洋的偶像是一位叫Animenz的钢琴家，他改编的许多

经典的动漫曲目令曾千洋深深着迷。毕业前,曾千洋就暗下决定,高考完要录制一张动漫钢琴曲专辑,于是便有了开头那一幕——他几乎花了整个暑假的时间,忙着练琴、看动漫、学日语,甚至父母也没闲着,四处张罗帮他找录音棚。"后期制作、钢琴音色都不能马虎,珠海的录音棚不太满意,所以最近托人在广州找,总能找到。"他说。

心态好,"慢半拍"也不慌

钢琴是爱好,学习同样也是爱好。

尽管兴趣广泛,曾千洋对待自己的学习,从未马虎过。在给师弟师妹们谈高考经验时,曾千洋把自己高中三年的学习经验总结为"尊重知识,追求是非,细心学习,踏实做题",每个人合适的学习方法可能不同,最重要的还是端正的学习心态,要"爱上学习,爱上自己"。

时间回到6月25日凌晨,这天,曾千洋再次迎来人生第二次"黑马时刻"。北京大学招生组打来电话,告知曾千洋,他的成绩被屏蔽了,邀请他次日参加北大的招生咨询会。电话是爸爸接的,赶紧叫醒在睡梦中的曾千洋。"千洋开心了一下,马上又很淡定,让我们接着去睡,还告诉我们要低调,当作什么事都没发生。"妈妈笑着说。"其实我当时很困,毕竟要精神饱满地迎接第二天嘛!"千洋也笑着回应。

不过,考上清华确实给了全家人巨大惊喜。"清华、北大是梦想级别的,超常发挥可能是高考心态比较好,平时基础也很扎实。"曾千洋自己分析。

在学霸云集的高三（13）班，曾千洋不算成绩特别突出的孩子，做题也比别人"慢半拍"。到了高三，曾千洋的成绩稳定在年级前50名左右，最好的时候考过年级十几名，最差时跌出年级60名。高考前几次考试，千洋的成绩都稳定在班级二三十名左右，但他始终自信、淡定。"没什么紧张的，我清楚自己学到了什么、学得好不好，把能做的都已经努力做好，自然就有自信了。"

这一次曾千洋突出重围，超常发挥，班主任王吉倒不意外。"他不是那种钻研难题怪题的学生，但学得很扎实，心态好。"在王吉看来，曾千洋最大的特点就是学习格外专注，消化吸收知识彻底，基础打得比较好，能够临危不乱。"班里前30名的孩子，都是有潜力考上清华、北大的，谁是最终的那几个学生，确实要看考试发挥，考得对路就能考得好。"

高考那两天，曾千洋的状态特别好，前几科考下来都非常顺利，数学考试甚至提前25分钟做完，平时感觉时间不够的理综，也是提前5分钟收笔，整个人进入越考越自信的状态。"那天下午考数学前，他呼呼大睡，睡得比较香，我叫了几次都没叫起来，醒来之后感觉他状态确实不错。"妈妈说。

"考完不久，他就去对答案了。"爸爸对高考答案出来当天记忆犹新，晚饭后儿子听说答案出来了，就想去对一下理综的答案，"我当时很紧张，又怕给他压力，就得装作很轻松的样子，连房间都不敢进去。"千洋对答案对得很兴奋，完全没发现爸爸有多紧张，夜里十点多，全家人原本准备睡了，千洋洗漱完后又爬起来继续对答案。没想到，儿子对完理综，顺便又对了语文、数学、英语。

全部对完之后，他很开心地告诉家人，所有选择题语文只错了一道、英语一道、还有理综几道。"当时我们就预估，应该是非常好的成绩,上复旦或交大肯定没问题。"但没想到,这是高中以来最好的成绩。

点亮孩子兴趣,陪他一起学习

高考成绩出来后,曾想雄开玩笑和朋友说,自己家的教育事业取得了阶段性胜利。确实,在孩子教育上,作为教师的千洋父母,从孩子的习惯养成、给孩子定目标、树立价值观方面,比其他家庭倾注了更多的心血,近20年来从未松懈。

普通家庭培养一个清华的孩子需要多努力?一走进曾想雄家,满墙的世界地图、各种奖状、儿童素描作品、整理好的语文易错题……这些花花绿绿的张贴物就是答案。

曾千洋高考后接受采访

曾千洋热爱学习、享受学习，得益于他有个"沉迷学习"的家庭。曾想雄和妻子都有看书和自学的习惯，曾千洋常常在家中看到妈妈埋头读书、学习，还曾由衷感慨，"如果我到那样的年纪还像妈妈一样勤奋学习就好了。"

高中时千洋的语文成绩没有优势，爸爸曾想雄还会陪千洋一起学语文。其实千洋的爸爸是小学数学老师，为了帮助孩子补上语文弱项，也拿起辅导书和孩子一起学语文，甚至从网上找来资料，把易错题、知识点抄下来贴在墙上。

儿子学业繁重，但也不能和社会脱节，每周末回家，爸爸妈妈会整理一份一周时事评论，这也是父子俩的日常饭桌话题。"确实花了不少心思，一个高中下来，他爸爸的语文水平也提升了不少。"千洋妈妈笑着说。

"聪明、有礼貌、家教好"是老师们对曾千洋的一致评价。千洋在学习上几乎没让父母操过太多心，所以父母关注更多的是习惯养成、兴趣培养，还有价值引导。"孩子喜欢的东西，我们不一定擅长。我们能做的，就是点亮孩子的兴趣，陪他一起学习。"曾千洋热爱钢琴，父母虽然没有音乐基础，但仍然不遗余力地支持。假期曾千洋忙着录专辑，妈妈就担当起了"经纪人"的角色，除了照顾生活，还全权承担起对外沟通的重任，希望能让他更专注地完成自己的梦想。

当然，有时候，兴趣爱好也是一种博弈。千洋喜欢看动漫，在不少家长眼中，这不是什么正经爱好。高考完后，曾千洋告诉父母，自己因为备战高考落下不少动漫，放假了得"补番"。

为了让父母同意他这个爱好，曾千洋不仅自己看，还拉着妈妈一起看。"千洋还给我推荐他在看的动漫，他给我们讲解这些动漫的主题还有故事，其实并不比一些优秀的电影、文学差。"经过沟通，千洋妈妈也认可了孩子"追番"的爱好，偶尔还会和儿子一起"补番"。

在选专业的时候，曾千洋陷入了巨大的纠结。一方面是他认为未来最有发展前景的计算机专业，另一方面是痴迷十余年的钢琴。"我和他说，计算机和电子信息专业是'大我'，钢琴和艺术则是'小我'，希望他能从中找到平衡。"千洋妈妈说。

权衡下，曾千洋选择了计算机专业，"只要他的选择我们都支持，"千洋妈妈说，"我们相信，即便没有走向专业道路，钢琴也会伴随他一生。"

学霸更爱问为什么

当然，即便是名校学霸，在学习上也并非所向无敌，临近高考时，老师和家长都曾为曾千洋捏过一把汗。

"曾千洋的物理、生物、化学单科成绩都不错，但是合成一张理综卷时，经常做不完。"曾千洋妈妈说，儿子常常为了把物理部分答完美，牺牲掉其他科目的作答时间，留给最后一科生物的时间挤压到只有10分钟，导致生物成绩总是提不上来。这样的情况在多次模拟考中出现，生物老师王亮接到了曾千洋妈妈的电话，希望能够帮他解决这个问题。

"那时候已经到了四五月份，比较晚了。"王亮说。她了解到曾千洋在知识方面没有问题，只是时间安排不恰当。于是高考前两个月，她找来曾千洋，鼓励他放开手脚，同时调整一下答题策略。"我不担心他能力，就怕这样反复的情况会影响孩子信心。"一两次之后，她发现千洋对学习有自己的想法。

"我其实不会太在意一两次的考试，学懂、学透彻比盲目刷题更重要。"千洋也表达了自己的想法，他把问题归结于自己对物理难题还不够理解。王亮说，千洋对自己的问题其实心里有数，对自己有把握的，老师和家长能做的，就是多给予信任和支持。曾千洋也没有辜负这份信任，几次模拟考后渐渐调整好了节奏，高考时不仅做完了理综所有题量，还留出5分钟检查。

高考后，曾千洋的爸爸妈妈在采访中多次提到"务必感谢"的这位王亮老师，是珠海一中一名青年教师。10年的从教经历不长也不算短，但每次带"学霸班"，王亮都觉得是一次挑战。对她来说，教这些孩子最大的难题不是告诉他们"是什么"，而是满足他们的无止境的"为什么"。

她感受很深，"学霸班"的孩子，除了领悟力强，也会具备很好的学习习惯。"高中课本中很多内容都是告诉学生'这是什么'，但他们想要知道的是'为什么'——这个现象为什么会发生？过程又是怎样？"王亮说，她在教高三生物的时候，不得不随时把大学课本放在手边，"教他们的过程中我也在不断学习，他们甚至常常会让你觉得，自己知道的真的太少了。"

事实上，这些问题很多时候都远超考纲，偶尔还会让老师无法立刻解答。但王亮依然感到欣喜，一方面说明孩子们的思维水平已超过同学段学生，另一方面自己也能顺着这些思路思考，教学相长，从中有所收获。

学霸秘笈：

我的学习经验

曾千洋

高三的磨炼是人生中重要的成长过程，不仅授予了我们丰富的各学科知识，更教会我们如何更好地与人相处、自我管理，锻炼我们的品格，磨炼我们的意志。只有全面平衡好自己生活的各方面，才能取得更好的成绩。

上课认真听讲，在课堂上铺好基础。像我的数学老师曾说，论考试实战方面，老师的反应速度也许不及年轻学生，但是老师拥有数十年的经验积累，对每个知识点了解都非常透彻，对高考新动向把握准确。因此每节课对学生来说都是宝贵的财富，请不要轻易错过老师说的每一句话。

重视基础熟练度，准确率与效率并提。扎实的基础离不开平时的积累巩固，高考范围内的知识点我们两年就可以学完，但是要达到一定的熟练度就必须重复运用知识。我认为学生应该认真踏实完成作业，不仅追求高效，更要追求实用，确保练习完成后收益最大化。我个人比较反对为了能刷更多课外的题而盲目压缩作业时间的做法，这样实际上是浪费了写作业所花的时间。高一、高二可以额外系统补充练习，提前做一做第一轮复习资料。但到了高三，我的大部分晚修时间都花在了课内作业上，晚修能做完作业就不错了，还有剩余时间就整理一下笔记，再次巩固上课所学内容。当然作业完成速度其实因人而异，但我认为能每天扎扎实实完成作业，留下知识漏洞的可能性会小很多，高三后期的作业量能使学生的熟练度得到足够提升。

通过整理笔记，经常回顾，使知识系统化。我认为知识体系对一个学生来说很重要，这对每一个学科都是如此。课堂笔记的记录过程能使记忆更牢，课下可以再把问老师、做题学到的细枝末节进行补充整理。笔记整理可以利用课间时间完成，也可以在晚修写完作业后再做。当然这是因人而异的，有人可以不用笔记，或可以将其当成闲暇时间的休闲项目，毕竟把自己所学的知识技能再整理成文，防止遗忘，这一过程还是很有趣的。

最后就是考试状态了。我能有今天的成绩，不代表我在知识能力方面就比我的同学们强。可能我只是在考试时的兴奋状态比以往更强，笔速更快，精神更加集中，目光更加锐利罢了。当你把该做的都做了，剩下的就是考试状态了。一次考试失败了请不要气馁，成功了也勿浮夸，想办法在下次考试中调动出更好的状态。请积极调动自己的竞技热情，以更加自信的态度面对挑战。

以上我所提供的其实只是我自己的学习方法，不一定适合其他人。我认为最重要的还是端正的学习心态，可以说学习心态决定最终成果。尊重知识，追求是非，细心学习，踏实做题，对学习有足够的热爱，对自己能力足够自信，对追求完美有足够动力，我想方法什么的都不成问题。

做喜欢做的事，效果自然更好。所以爱上学习，爱上自己吧。

汕头

卢瑞弘：走"寻常路"的不寻常学霸

学霸名片

姓　　名：卢瑞弘
毕业学校：汕头市飞厦中学、金山中学
高考分数：全省理科前20名
录取院校：清华大学新雅书院
特长爱好：下棋、阅读
座 右 铭：举头三尺有神明。

　　2018年6月24日15时30分，汕头金山中学高三学生卢瑞弘接到来自清华、北大广东招生组老师的电话，被询问兴趣爱好和心仪专业。这意味着，他在高考中取得优异成绩。

　　接到电话后，卢瑞弘抑制不住喜悦之情，第一时间和父母、老师分享了好消息。这一晚，卢瑞弘度过了一个欣喜又忐忑的不眠之夜，十分期待次日的高考放榜。

　　第二天11时50分，卢瑞弘的手机收到了一则来自广东省教育考试院的短信，没有成绩，只有告知成绩排位前20名。

至此，一家人悬着的心才放了下来，相信惊喜的降临。

"当时高考结束，我觉得属于正常发挥的一次考试，但从未想过会超常发挥，考进全省前20名！"卢瑞弘说，高考成绩虽然不代表一切，但也算人生的一次大考。现在终于不用忐忑不安了。

父母无言的爱，相伴孩子成长

出生于千禧之年的卢瑞弘，从小就是勤思考善观察爱学习的孩子。卢家伟分享了儿子小时候的故事，他还没上幼儿园前，家人就开始教他识字。

"一个字学完第二天忘记了，我就继续教他念。"卢家伟说，卢瑞弘从小悟性大，家里当时有台电脑，他就在键盘上学习了26个英文字母，偶然看到与字母类似形状的物品，还会指出来，开心地告诉家人。

日积月累，卢瑞弘在幼儿园大班时，已经认识了很多汉字。卢家伟记得，卢瑞弘小时候最大的兴趣就是观察公交车站的站牌。"站牌上许多字他都认识，有时候这边的站牌看完了他就要求去马路对面的站牌再观察，我都答应他。"卢家伟说。

姚秀英说，有时候他们搭公

卢瑞弘家长陪伴孩子

车,还会问卢瑞弘要搭乘几路车,他都能够一一回答。"童年的陪伴十分重要,家长们要耐心,与孩子一起成长。"她说。

"瑞弘从小就是个学习自觉性很强的孩子,不需要我们催着他做作业。由于我们工作时间问题,从小学到初三,他中午一直是在寄宿辅导中心,晚上才回到家。"姚秀英对此感到十分抱歉。

但在卢瑞弘看来,父母一直扮演着"后勤部长"的角色,他对父母无言的付出十分感恩:"特别是周末回家,我妈总会做一大桌饭菜来给我补充营养。"

卢瑞弘喜欢喝茶,周末返校时,姚秀英都会为他准备两个保温壶,"一个装开水,另一个装茶水"。

卢瑞弘在读小学二年级的时候,学校举办了第二课堂。

"当时孩子问我选什么,我们也是让他自己选择,父母并不多加干预。最后孩子自己选了中国象棋,这是因为回家后可以跟爸爸一起下象棋,交流经验。"卢家伟说,至今,中国象棋依旧是父子俩独特的沟通方式。

"我们对孩子的教育,有点类似道家的无为而治——让孩子随着天性成长,不过分干预,给予他自由选择的机会。"卢家伟自豪地说。

印象中,家人少有的一次干预,发生在中考放榜后。

"当时瑞弘的成绩足以上华南师范大学附属中学,但思考再三,我们还是说服他选择在本地的重点高中金山中学就读。"姚秀英告诉记者,那时候卢瑞弘才15岁,担心他独自在广州学习生活,若遇到问题,家人无法在身边及时给予鼓励和帮助。

在父母的认知中,无论孩子多大,"陪伴"依旧是孩子成长过程中不可或缺的重要因素。

"事实证明,选择金山中学是正确的。"卢家伟说,金中作为一所百年老校,学风好、口碑好,而且有深厚的文化积淀。三年后卢瑞弘的高考成绩,证明了当初父母的选择没有错。

12年的寒窗苦读,卢瑞弘前九年都是走读,高中三年才住宿。在金中封闭式的三年,他最爱去校园的图书馆看各种书。这得益于父母从小培养他阅读书籍的习惯。

"能够陪伴你一生的不是父母,而是知识。"父亲对卢瑞弘说的这句话,也是他一直谨记的名言。所以每当卢瑞弘要求爸爸买书的时候,爸爸总是会义无反顾地去买。

卢家伟回忆说:"他上初中的时候,要我给他买一本书,但是我下班的时候给忘了,快到家门口的时候他打电话提醒我,我就又开着摩托去书店给他买。那时候那本书也不好买,基本把市区都跑遍了,最后在一家很偏的书店找到了。"这是卢家伟第一次当着孩子的面讲起这件事。

收放自如,保持住最佳学习状态

在卢家伟、姚秀英眼中,卢瑞弘从小到大都比较乖,不调皮,学习方面很自觉,也不怎么需要家长操心。

"我们的教育理念可能有点跟现在格格不入,孩子考好我们也不会特别给奖励。我常常跟他说,读书就和工作一样,是你当下必须做的,你读好读坏是自己的事。"卢家伟说。

采访过程中,卢瑞弘显得有些内向。"你们别看他比较内向,玩起来挺疯的。"卢家伟说,他从小就跟儿子说,该学习的时候就要认真学,该玩的时候就开心玩。

卢瑞弘学习之余的一大兴趣,就是玩电脑游戏,但他总能将学习与游戏分得十分清楚,在完成作业后才会玩。

姚秀英还记得,在小学热衷玩QQ游戏的时候,她还曾放心地给孩子充值Q币:"因为他总能够很快静下心学习,我们不担心他会沉迷网络。"

高中时期,卢瑞弘也基本不带手机去学校,周末在家则手机不离手,可谓是"收放自如"。

一直"不需要家长担心"的卢瑞弘,在成长过程中也曾发生过被老师"请家长"事件,这也是他从小到大唯一一次被请家长。

姚秀英回忆,卢瑞弘小学二年级的时候,有一次回家支支吾吾地说老师要求家长打电话。

"原来他那段时间经常玩游戏,连续两次考试只考了94分,所以老师要求向家长了解情况。"姚秀英十分庆幸儿子从小到大都能碰上十分负责任的老师,也由于这一次经历,卢瑞弘规划并形成了周一到周四不玩电脑、周五放学后一丢下书包就玩电脑的自律习惯。

卢家伟回忆,初二的时候,卢瑞弘曾代表学校参加全省中学生计算机比赛,因此耽搁了许多作业。回到家后,由于第二天就要上学,卢瑞弘一直赶落下的作业,直到凌晨4时许。

"我们一直跟他说,那就向学校解释一下,但他执意要完成作业。"卢家伟说,这件事之后,他再也不担心儿子的学业。

卢瑞弘是一名品学兼优的学霸,学习成绩一直名列前茅。小升初考试,他以全校第二名的成绩上了当时的重点初中飞厦中学。中考高考,他又取得优异成绩。

在姚秀英看来,卢瑞弘高三这年过得比初三还轻松。在金中住宿,学校规定晚上10点30分熄灯,卢瑞弘从来不"开夜车"学习,坚持在夜自修的时候都会高效率学习,保持充足的睡眠质量。

在高三这一年,很多考生都面临着寒假过春节这个巨大的"诱惑",很多人都是在春节的时候玩疯了,导致开学后难以快速进入学习状态。

而卢瑞弘则合理安排时间,寒假约一个月,前两个星期在学校留宿,按着自己的学习计划,完成作业套题和试卷。后两个星期,则是尽情享受春节带给人们的喜庆氛围。开学后,在很多同学"心浮浮"的时候,卢瑞弘则经常跑图书馆里静心学习。

卢瑞弘也曾经有过"补课"的经历,而且是补体育。卢家伟说,卢瑞弘虽然成绩好,但就是不爱运动,初三中考前一家人商量之后决定补习体育,最终60分的体育考试卢瑞弘考了54分。

学霸也有曾经迷茫的时候。

卢瑞弘告诉记者,由于一直成绩很好,自己也曾"不可一世",初二那年被学校选派参加全省中学生计算机比赛,更是让他内心膨胀。

但那一次比赛卢瑞弘的成绩在团队中垫底,这打破了他一直以来的自傲。"原来我也不是神童,我只是一个普通人,人外有人,天外有天。"卢瑞弘说,那次之后他调整心态,不再居高自傲。

逛书店、睡觉是减压方式

今年,卢瑞弘是金山中学少数几个高考英语口语拿满分的考生。

对英语的爱好起源于什么?

卢瑞弘笑着说,估计是起源于小时候家里台式电脑的键盘。

姚秀英笑着说,卢瑞弘认识东西完全来源于生活道具,喝可乐的吸管也是他记英文字母"L"的道具。

或许就是从那时起,一颗爱好英语的种子悄然在他心里种下。

到了初中,这颗种子开始生根发芽。随着英语语法的难度加大,卢瑞弘觉得学语法略枯燥了点,就渐渐爱上了在早读课大声朗读英语课本的习惯。读得多了,很多语法不用解释,单靠语感就可以做题。

到了高中,卢瑞弘遇到了"对他胃口"的英语老师。英语老师会利用课前十分钟放英语歌曲,5分钟听歌,5分钟讲解英文歌词,课后放有趣的英语视频给学生看,让学生能够充分体会到原声英语的乐趣。

老师独特的英语教学方法,让卢瑞弘越发喜欢英语,他爱听英文歌曲,爱看美剧,经常在校园的某个角落里大声朗读英语。"多听多读多思考,可能就这样慢慢地把英语词汇量积累了起来吧!"卢瑞弘谦虚地说。

平时如何减压?卢瑞弘说,书店在其高中生涯占据了很大的空间,逛书店很快乐,是他的一种放松舒缓的方式。就连班主任张海兵也表示,卢瑞弘"泡馆"的次数让他印象深刻:"几乎我每次去图书馆都能看到他。"

卢瑞弘说,他经常逛书店,也会在网上购书,愣是在当当网上买成了钻石卡会员。卢瑞弘房间的书柜上,积满了许多未开封的图书。上大学前,他再慢慢地把这些书看完。他自认看书类型较杂,语文成绩倒不见得提高,倒是"发白日梦的能力"提高了。

许多人的减压方式是运动,卢瑞弘的减压方式比较特别——睡觉。

"我最喜欢的运动是睡觉,我每天都在努力地睡觉。"卢瑞弘说,周围的同学超级"鸡血",起床铃是6时10分,但很多人5时多就起床,宿舍里面最晚起床的就是他,宿舍门基本都是他锁的。但这么喜欢睡觉的人,却在高考前夜失眠。"没办法,考前还是会紧张。"他说。

"导师制"+"培优班",让优秀的学生更优秀

2018年6月27日,高考放榜两天后,卢瑞弘参加了汕头高三毕业生文明交通志愿服务活动,在早、晚高峰时段协助执勤交警指挥交通。

"卢瑞弘不是只会读书的'书呆子',他还十分积极参加志愿服务活动和学校社团活动。"张海兵介绍,热情开朗的卢瑞弘人缘很好,被同学们称为"宝宝"。

高三以来,卢瑞弘的成绩一直稳定在年级前10名。"他不是天才型的学生,而是非常勤奋好学。"张海兵还记得,

卢瑞弘的成语笔记

在高三第一次大考后，卢瑞弘对自己的成绩不满意，便写了一份考试总结请他指导。6页A4纸上密密麻麻地写满了考试分析，用黑色、红色、蓝色、绿色等颜色的笔做标记，一一列明每一科有哪些失误、是什么原因、接下来应该如何改进的情况。

看到考试总结，张海兵有些惊讶："他的总结非常细致具体，字迹很清秀工整，不知道的都以为是女生的字。"

"作为老师，既要给学生充分的鼓励和信心，也要及时为学生提出建议。"张海兵说。看到卢瑞弘计划用较多时间学习成绩不理想的生物科，他用铅笔标注，建议他将时间安排得更合理，不能放松优势学科数学、语文的学习。经过一段时间的查漏补缺，他在下次考试中考取了年级第一名的好成绩。

"他知道自己的长处，也清楚自己的不足，并不断去调整改进。"张海兵说，在汕头一模中，因为理综"失手"，卢瑞弘考取了高三以来"史上最低"年级第6名的成绩。

张海兵及时与卢瑞弘沟通，针对他理综答题时间分配不合理、小题作答时间过多的问题提出调整意见。

"他的心态非常好,考后注重总结,考前却是'无所谓'的状态。"张海兵说,他很乐呵,"没关系啦、随便啦"是他的口头禅。一模"考砸"之后,他面对二模还是一样淡定,"没关系啦,一模已经那么差了,二模不会再差了。"

"佛性"心态

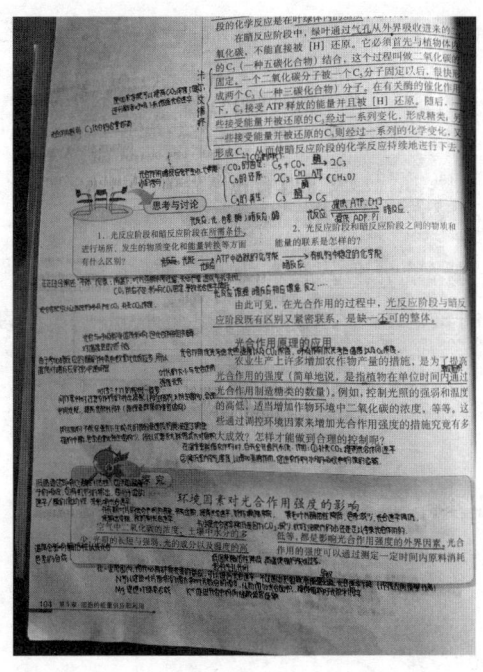

卢瑞弘的生物笔记

的背后是努力的付出,卢瑞弘平时听课、做笔记都非常认真,一遇到不懂的问题便及时和老师讨论。"卢瑞弘很爱思考,经常和我探讨数学题,除了一些常规解法,他也会思考怎么做题更简便。"张海兵说。

和其他学生一样,卢瑞弘在学习上也曾遇到"拦路虎",曾为语文犯难。为了让优秀学生更优秀,金山中学根据尖子生的弱势科目,为理科成绩年级前20名、文科成绩年级前5名的尖子生配备了一对一的导师,每周为他们进行2~3次辅导,卢瑞弘的导师是语文老师许佳玲。

针对自己语文阅读题薄弱的情况,卢瑞弘经常向导师许佳玲请教并强化训练。有时候许佳玲不在办公室,卢瑞弘便向其他语文老师请教,几乎高三的语文任课老师都认识了他。

除了导师制,金山中学还设有培优班,理科成绩年级前20名、文科成绩年级前5名的尖子生可在晚自修期间自由选择到此交流学习。高三备课组长、尖子生导师还会到培优班跟班,方便学生随时提问。

"卢瑞弘非常注重及时解决学习问题,向多位老师请教、向其他尖子生学习,也让他获得了更多的经验。"张海兵说。

学霸秘笈:

好的学习成绩在于"积累"

卢瑞弘

语文:"通情达理"

语文的阅读量比较大而且涉及的文本类型多样,我的体会是,每天要尽量保持一定的时间学习语文,保证每天一定的题量。对于文言文和古诗,我的经验是两天一练,论述文、文学类阅读以及实用类阅读三天左右一练。

此外,在平时的学习过程中也要注意实打实地积累和总结。积累常见的成语释义、病句类型,总结各类题型的答题思路。作文则应该在多积累的同时多动笔修改练习,锤炼自己的文笔。我在刚上高三的时候把一篇作文反复修改了三次,在过程中收获的经验直接把我的作文从混沌中拯救出来。

我的语文老师强调语文就是"通情达理"。上面所写的是如何做到"达理",我认为"通情"也是学好语文不可或缺的部分。平时多读些书,多思考,用自己的眼睛去观察体味生活,从中学会如何去"悟",我认为这也是语文学习的基础。

英语:兴趣和练习

我认为学好英语的一个关键在于兴趣。英语终究是一门语言,它是美的,是与古朴庄严的中国文化不同的另一种美。我认为如果能体味到这种美,学起英语会更加轻松愉快。在平时我认为积累和练习是秘诀。积累平时见到的熟词生义,或者是漂亮的表达等。

至于练习,我的想法也是需要保证每天一定的题量。尤其是完形填空,我个人经验是一天一练,其他的阅读类型也尽量两天一练。平时有时间也需要开口读,慢慢培养起所谓的"语感"。

数学、物理:刷题、分析、消化

这是两门比较典型的理科。我的想法是学习这两科需要足够的题量积累。数学在做完题目之后注重对答案的分析,推敲答案的思路然后将其消化,不能仅仅停留在"刷题",理解消化答案才是重点。

物理的重点在于模型。在做完题后应该对题目中涉及的物理模型再进行分析,尽量做到把题目中模型的每一个物理过程都分析透彻,我认为这才是物理刷题的意义所在。

化学、生物：梳理主线，理解知识点，多看课本

这是两门所谓"偏文科"的理科。主要是因为这两科的知识比较零碎，记起来有点辛苦。我认为学习这两科重点在于梳理和理解。将每门课的主线抓出来，沿着主线梳理各个小知识点，在学习每个小知识点时不能仅仅停留在会运用，应该尽量将这个结论背后的原理理解吃透，这样比起单纯的死记硬背要好记一些。此外，多看课本也是学习这两门课的好方法。平时没事多翻翻课本，正文、旁栏、插图等都看一下，也是加深记忆的好方法。

宋宇星：发现知识漏洞时最开心

学霸名片

姓　　名：宋宇星

毕业学校：汕头市陇田镇仙家小学（小学一年级）、汕头市潮阳实验学校（小学二年级至高三）

高考分数：全省理科前20名

录取院校：北京大学光华管理学院

特长爱好：笛子、二胡、篮球、阅读等

座 右 铭：不以物喜，不以己悲。

2018年6月25日11时51分，宋宇星收到了来自广东省教育考试院的信息，他的高考成绩排位在全省前20名。"有点意外，但很快就平静下来了，也算是实现了自己'吹的牛'。"宋宇星笑着说。

2017年高考，宋宇星的学长、好朋友余江川以699分的成绩考取了广东省理科第一名。在距离高考300天的动员大会上，宋宇星作为学生代表上台发言时曾鼓励同学们："余江川学长

宋宇星

是我们的榜样,考了699分。我相信,我们也潜力无限,一定有人能考700分以上。"

高考放榜,考700分以上的,正是宋宇星自己,他考了理科703分。

拿下高分有何秘诀?宋宇星说,自己在高三时擅长做"加减法"。他用"加法"增加自己掌握的知识点,填补自己的知识漏洞;用"减法"控制自己的笔记本和错题本的题量,真正有针对性地进行复习。

此外,良好的心态是他的"神助攻"。"每次发现自己有尚未掌握的知识点,我都很开心,这意味着我来得及再填补一个新的知识漏洞。"宋宇星笑着说。

10年民乐队经历烙下最深成长印记

得知自己的高考成绩进入广东省理科前20名,宋宇星当天就给远在上海的汪广明打电话分享喜讯。

汪广明是宋宇星在学校民乐队的指导老师。"我身上最深的印记之一,恐怕就是在民乐队度过的10年,特别是汪广明老师对我影响深远。"宋宇星说,小学二年级转学至汕头市潮阳实验学校后,他便成为学校民乐队的一员。直到高三,他偶尔也会在周末跑到民乐室吹笛子,拉二胡。

第一次到民乐室参观，对于宋宇星来说，种种从未见过的乐器都十分新鲜，空气中氤氲的淡淡松香更让他对民乐产生了一种神圣感。

"这种神圣感直到现在都没有变。"宋宇星说，初学乐器时，一些同学会将乐器当成玩具玩耍，每到这时候，汪广明就会严厉批评他们，必须充分尊重乐器。

"尊重乐器，尊重老师，学会合作，这些都是我在民乐队学到的。"宋宇星说，自己参加的是一个合奏团，成员分别演奏笛子、二胡、扬琴、古筝、月琴等乐器，往往是自己先练习，再在汪广明的指挥下把曲谱合奏。汪广明特别重视乐队的团结合作，当有些同学不看指挥，节奏或速度与团体脱离时，他便会厉声批评。

在严厉之余，汪广明也有柔软的一面。在开始参加训练时，心智尚未成熟的宋宇星经常因技艺不佳产生挫败感。但汪广明总是面带和蔼的笑容，耐心指导。渐渐地，宋宇星开始真正能够演奏一两首小曲儿，越发有信心，也越发体会到了民乐的魅力。

宋宇星还记得，民乐室远端有个小侧门，他上初一的时候，汪广明嘱咐他每天训练结束后就把那扇门关好上锁，他便规规矩矩地一天天照做。初二期末的某一天，汪广明突然拉住他，正色说道："你关这个门，看上去是小事，但是能够坚持一天天做，没有一天忘记，这很了不起！将来不管做什么事情，只要把这样的小事一天天做好，必能成大事！"

本来，宋宇星并没有觉察到自己这种平凡的行为的意义。但是从这天以后，他逐渐开始重视做好生活中点点滴滴的"小事"。

民乐队"专注、毅力、志气、科学的方法"的队训对宋宇星影响深远。"能在民乐队遇到汪老师这样一位好老师,聆听他的人生故事和教诲,实在是获益匪浅。"他计划今年8月和几位民乐队的同学一起到上海探望已经退休的汪广明老师。

热爱文学的理科生

宋宇星的兴趣爱好很广泛,除了乐器演奏,打篮球和阅读都是他坚持多年的爱好。

宋宇星的父亲宋建刚是潮阳实验学校的一名体育老师,母亲也是一名体育老师。从宋宇星5岁开始,父亲便带着他练习打篮球。六七岁时,宋宇星已经能熟练掌握运球、上篮等基础动作。

"小时候喜欢篮球是因为觉得打篮球看起来很帅。长大后对篮球这项运动越来越有不同的理解。"宋宇星说,投篮要求人把球精准地投入比自己高的篮筐中,对技术有一定的要求,投中后成就感很高。

"学习也是这样,我喜欢给自己定比较高的目标,并努力去实现,这样很有成就感。就算不能实现目标,至少也会尽全力去接近目标。"宋宇星说。

虽然是理科生,但宋宇星对语文尤其是文学非常感兴趣,自幼便热爱阅读。余秋雨的《文化苦旅》《行者无疆》,龙应台的《孩子,你慢慢来》《目送》,蕾秋·乔伊斯的《一个人的朝圣》……都是宋宇星喜爱的书籍。

即使到高三,在紧张的学习时间里,宋宇星也充分利用零碎时间看完了《平凡的世界》《悲惨世界》等名著。

"我是热爱文学的理科生。"宋宇星说,他在高中有一个遗憾，他十分向往进入学校文学社，却在第三轮面试落选。虽然有些失落，但凭借对文学的热爱，他仍在高一、高二时参加海韵文学社举办的文学创作大赛，并在

宋宇星参加学校的辩论赛并获评最佳辩手

高二时收获一等奖。他一直将这一座小小的玻璃奖杯摆在自己的书架上，勉励自己坚持做热爱的事情。

"宋宇星是学霸，但不是书呆子。"班主任卢飞说，宋宇星多才多艺。

作为学校民乐队的一员，宋宇星多次参加了潮阳区、汕头市、广东省的比赛，拿过团队器乐合奏一等奖等奖项。

作为学校英语角宣传部部长，宋宇星将社团工作做得有声有色。

从初一到高三，宋宇星连任六年班长，成为潮实老班长。

高二时，宋宇星参加学校"东山杯"辩论赛，获得"最佳辩手"称号……

做好"加减法"就能"冲关打怪"

刚上高三时，宋宇星就为自己定下了一个目标——考取北京大学。高考后，他报考了北京大学光华管理学院并顺利被录

取。"我对数学很感兴趣，想学理论化、思维化的专业，所以想报光华管理学院，学习经济、金融等知识。"宋宇星说。

然而在高一时，数学还是宋宇星最为头疼的学科，总分150分的数学，他最差时只考了103分。经过高一下学期到高三总共5个学期的苦下功夫，终于实现了"逆袭"，到高三下学期，他的数学成绩已经稳定在140分左右。

如何苦下功夫？宋宇星说"刷题+善于总结+保持热情"是他的"秘笈"。

宋宇星分享道，在数学题训练量增加后，他做题的"手感"越来越好。"但题海战术不是真正有效的办法，更重要的是总结知识点和答题方法。"宋宇星说，学数学需要有方向性，通过总结完善自己的思想体系，不能光是埋头做题。

"保持对数学的热情，不断挑战、提升自己，这一点非常重要。"宋宇星说，自己在高二下学期将数学成绩提升到120分左右后，觉得自己的努力没有收到预期的效果，培养起来的数学兴趣又渐渐减弱。数学老师黄黎明察觉了他的变化，找他谈心。"世界上不缺少天才，但是很多天才不愿意付出汗水和努力，最后就变得平庸了。"正是黄黎明老师的这句话，让他幡然醒悟，又开始认真研究数学题目，一步步将数学成绩提高到140分左右。

谈起高三的备考经验，宋宇星说，自己的复习方法是"加减法"。

"'加法'主要是填补自己的知识漏洞，增加自己掌握的知识点，增加信心。"高三以来，每次发现自己有尚未掌握的知识点，宋宇星都很开心："这意味着我来得及再填补自己的一个新的知识漏洞。"

在高三时，宋宇星发现自己没有掌握物理选修3-3热学的帕斯卡定理知识点，做题时总是出错。于是他前去请教老师，在老师为他讲解之后，才发现自己对帕斯卡定理的理解一直有误。老师又为他讲解了相关习题，让他强化知识点训练。此后，再遇到帕斯卡定理的相关题目，宋宇星都能轻松"冲关打怪"。

"在高三复习中，如果遇到自己的知识漏洞，千万不要产生消极的情绪，可以经常回顾自己取得的进步。"宋宇星说，要保持平常的心态，在乎重视一点一滴的进步，做好加法。他正是用"加法"在两年的时间克服了一个个难题，才一步步将数学提高了40分。

而"减法"则是在高三时为自己的笔记本和错题本"减负"。宋宇星说，高三时他重新准备了笔记本，将高一、高二笔记当中最精华的部分翻抄了一遍，其他则舍去。"高一、高二时对知识点的把握还不够清晰，到高三很多知识点已经非常熟练了，没有必要再记在笔记本上。"他说。

同时，他裁剪了自己高一、高二的错题本上的确有难度又有代表性的题目，重新贴了一本错题本。"对我而言，笔记和错题本的题量是要控制的，太多的话就没有时间去真正复习、掌握了。"宋宇星说，做"减法"的同时，他又复习了一遍自己没有掌握的知识点、错题，也相当于做了一次"加法"。

重视培养孩子的规则意识

"宇星的规则意识特别强。"宋建刚说，他和妻子一直很注重培养孩子的规则意识，从小要求他养成不乱丢垃圾、回家马上做作业等好习惯。

为此，从宋宇星2岁开始，宋建刚便和他达成了"三次原则"。对于同一个错误，第一次是告知；第二次则是批评；第三次则是小惩罚。

说着，宋建刚笑着回忆起一段趣事。在宋宇星5岁的时候，宋建刚开着摩托车载他到汕头市区华侨公园游玩，出发之前给了他一个棒棒糖。到达华侨公园时，宋建刚才发现宋宇星一路上一直拿着棒棒糖的包装纸，拿了一个多小时，直到下车找到垃圾桶才将包装纸扔进去。"不能乱扔垃圾。" 5岁的宋宇星说。

但这么强的规则意识也给宋宇星带来了"麻烦"。小时候，他跟小朋友一起玩耍时，遇到小朋友乱扔垃圾，就非要对方去捡起来，如果不捡就要拉着他去，急得直哭。"他也不肯去帮乱扔垃圾的小朋友捡起垃圾，坚持'自己的事情必须自己干'。真是让人哭笑不得。"宋建刚笑着说。

"当一个孩子懂得讲规则，他也能明白什么时间该做什么事，形成专注的做事习惯，这对于他的学习、生活都十分有益。"宋建刚说。宋宇星做作业特别专注，效率很高，所以从不用熬夜复习。早睡让他上课从不打瞌睡，专注地紧跟老师的步伐学习，形成良性循环。

宋建刚认为，自己是一个相对细心的父亲，注重培养孩子良好的心态。他从不过多关注孩子的分数，而是引导他反思丢分原因，并给他相关建议。"宋宇星心态特别好，从不为丢分着急，而是把丢分看成查漏补缺的好机会，这一点大概随我。"宋建刚笑着说。

虽然宋宇星心态很好，但是在高三汕头一模遭遇"滑铁卢"之后也有一些失落。细心的宋建刚知道后，问他："你觉得哪项体育运动成绩是最稳定的？"

宋宇星想了很久，没有回答。

宋建刚试着引导他："短跑？""不是。""跳远？""不是。"

"你再想想是什么？"宋建刚问。这一次，宋宇星回答说："长跑。"

"对！长跑赛时很长，只要平时训练到位了，最终的成绩跟训练水平是差不多的，不会像一些赛时很短的比赛，有可能平时训练得特别好，但是比赛的时候因为各种因素导致成绩很差。"宋建刚继续说，"高考和长跑是一样的。"

宋宇星想了想，顿时豁然开朗，消除了失落情绪，继续强化知识漏洞训练。

用启发式的方式引导孩子想通问题，这是宋建刚常用的教育方式。作为学校的德育工作者，宋建刚常把自己工作中所遇到的一些典型案例与宋宇星分享，先问问他的处理方式如何，再告诉他自己的处理方法，然后跟他探讨为何要这样处理，如何处理会更好。经常交流使得两人亲密无间。

自由组合学习小组　优势互补让学生更优秀

"宋宇星在生活上是个多才多艺的男孩子，擅长吹笛子、打篮球，还特别爱看书。

"宋宇星是班长，平时帮我处理班级事务井井有条。班会从策划、找素材到主持大部分都是由他完成。

"宋宇星爱思考、爱质疑、学习很专注。这种专注从他上课时的眼神中就能看到,学习上一有疑惑的地方,他一定会第一时间向老师询问、讨论。"

提起宋宇星,班主任卢飞赞不绝口。

优秀考生如何培养?卢飞认为,对学生的培养是一个长期的过程,需要依靠整个教师团队的力量:"高考不是单科竞赛,更加强调对学生综合能力的考查。"

在每一次大考之后,卢飞都要和所有科任老师碰头,共同分析考试里各个学科暴露出来的问题,再由各科老师针对相应问题加强对学生的辅导。平时有时间,他也会牵头组织各科老师相互交流情况。

"以宋宇星为例,之前他的语文和英语很强,数学和理综就稍微弱一些。通过'碰头会',老师对他各个学科的情况更为了解,也能更有针对性地帮助他查漏补缺。"卢飞说。针对尖子生,各科老师还会将他们每一科里薄弱的环节列出来,重点攻克。

和其他学生一样,"学霸"宋宇星在高三也有考得不理想的时候。"一模的时候他考得不

宋宇星和班主任卢飞的合影

好,有些低落,我鼓励他应该怀着一种庆幸和感激的心态看待所有在高考前暴露出来的问题。"卢飞说,"我一直很重视让学生保持平和的心态。"在高考前,卢飞几乎每次班会都要给

学生们分享励志的视频,让学生们不要过度紧张。

面对偶然考试失误的学生,老师们的鼓励也十分讲究方法,不会专门找学生面谈,而是"随意"地鼓励他们,不给他们太多压力。

宋宇星一模"滑铁卢"后,数学老师伏峥嵘给他写了张小字条;物理老师也仅仅是在课间很"随意"地和他聊聊天。

在卢飞班上,包括宋宇星在内,今年总共有7名学生考上清华、北大。"培养学生,我的思路就是'优势互补',让大家自己挑选同桌和前后桌,自由组合。唯一的要求就是必须相互促进,有所提高。"

宋宇星的理综和数学较弱,就和这几门功课强的同学组成小组,一起进步。"通过这样的优势互补,能营造一种向上的班级氛围,你追我赶,互相学习,共同进步。学生们习惯和优秀的人在一起,就自然地变得更加优秀。"卢飞说。

同时,汕头潮阳实验学校一直采取集体备课的形式,老师们共同探讨、制订教学计划。此外,该校还和其他地区的学校开展交流活动,通过公开课的方式共同进步。

学霸秘笈:

越是弱势科目,越要多下功夫

宋宇星

高考结束,我很幸运取得了一个还不错的成绩,在此与大家分享一些自己高中学习的方法和心得,希望能够对大家有所帮助。

首先讲一些总括性的思想吧。第一，要认清自己。我们的时间精力都有限，应该花在对自己最有用的地方。所谓有用，无非就是扬长避短。我想着重强调一点：越是自己弱势的科目，越要多花时间、多下功夫。当然，由于自己在这些科目上面表现不佳、成效不明显，产生挫败感也是很正常的，但是如果能够挺过去，真的把自己的弱项填补回来，那对于单科以及总体成绩的提高，都是大有裨益的。

其次，要重视基础。老师常说："基础不牢，地动山摇。"试题在考查知识点时并不会机械呆板地有一说一，而是会考查我们对于知识点的理解是否透彻、运用是否灵活。我们要把对基础的掌握从简单的文字内容上升到本质性理解，从而为我们冲击更高的水平搭好台阶。尤其遇到今年这样的高考题，难度普遍偏低，这个时候对基础的把握和准确率的要求就显得尤为重要，分数的高低也很大程度上与此挂钩。

此外，要学会规划。规划不等于严格地规定何时做何事，而是可以有张有弛，松紧与详细程度依据个人情况而定。做规划的最大意义在于使自己的注意力集中于具体事务上，而不是发现无事可做之时再临时脑补做什么以及怎么做等问题，从而更加有条不紊、专注高效。如果一段时期之后未能达到预期的效果，也不必焦虑着急，只要自己的规划是对的，我们仅仅需要给自己更多的时间。

我始终认为，要相信老师。老师身上始终有太多东西值得我们学习，譬如知识、方法、经验、思维习惯、眼界、心态、性格等。多多和老师沟通交流，往往会起到意想不到的效果。

在复习和考试过程中，心态也是十分重要的，很多同学可能觉得自己足够努力，但是结果就是没有达到预期。这样的想法是不合适的。没有人向我们列出了付出多少努力就会有多少收获的对应关系，何况所谓的预期往往是所有条件都处于理想状态下才会有的结果。我们应该着眼于具体的一件一件事，确保自己每天都有收获，每天都在进步，这样看待，便会觉得有无穷的动力与信心。

关于各个学科，我也各讲一点自以为最值得注意的地方。

语文要积累素材，主要是为作文服务，包括名言、佳句、思想观点等，多阅读好的作品实际上也起到了这样的作用。平时有意识地模仿，锤炼自己文章的方方面面。

数学要通过有方向、有限度地刷题，学会总结一般性的方法规律，比如答题思路，常见的切入点等，这样对于提高准确性和速度都非常有效。

英语要试着以翻译的方式去理解文章，每一句话要带有连贯性、完整性去理解它的意思，这样与作者产生共鸣，回答问题时也就十分轻松。

物理要学会归纳情景，把千变万化的题目归为有限个熟悉的模型，找到模型各自的通法，以不变应万变。

化学要以元素为中心，通过种种关联构建知识网络，对各种物质和操作方法等形成足够的熟练度。

生物要足够细致地筛选课本知识，每一个隐藏在角落里的信息都有可能成为试题中决定胜负的节点。

李智宇：打一场铺垫十几年的"大战"

学霸名片：
姓　　名：李智宇
毕业学校：汕头市潮阳实验学校
高考分数：全省理科前20名
录取院校：清华大学经济学专业
特长爱好：阅读、游戏、画画
座 右 铭：不积跬步，无以至千里；不积小流，无以成江海。（荀子）

"还行啦，就这样！"提及今年高考成绩进入全省理科前20名，潮阳实验学校高三（10）班学生李智宇轻松自如。

高考放榜后，北京大学广东招生组老师电话联系李智宇，但令人困惑的是：这位小姑娘执着地选择清华大学经济学专业，不考虑有传统学科优势的北大经济学。

原来，2011年7月，李智宇在湖北石首市"小升初"考试中崭露头角，考取了全市第二名的好成绩。他们一家人又像往年暑假一样，前往首都北京，参观名胜古迹，走进名校校园。

这趟旅行发生的一段小插曲，令一家人记忆犹新：他们计划到北京大学参观校园，但被保安拦在了门口，进不去，而清华大学却敞开大门，他们还在礼堂前、草坪上和几位教授、学生合影。李智宇父亲李元发笑称，这是一家人的"清华情结"的由来。

李智宇

"不全是因为这样啦。"李智宇则笑着说，清华经济学专业，可以开阔眼界，实现文理融合，"我到了清华，可能会经历一个落差，成绩徘徊在底层。但不怕，我可以重点培养与人沟通、前沿研究和知识贯通的能力，培养进入社会具备的全面能力。"

刚结束高考的李智宇，又对清华大学的学习生活充满了忧患感，又充满了期待。

阅读是减少电子产品影响孩子的最好办法

见到李智宇的父亲李元发，他正准备赶往揭阳机场，飞往江西南昌，参加同学聚会。临近出发的李元发，显得有些匆忙，毕竟这是女儿出生18年来，少有的一个人的旅行。

1988年，李元发考上湖北石首师范学校，三年后进入笔架山中学工作，成为一名思想品德老师。而妻子张慧莲是他的大学同学，是文峰中学的一名语文教师。

2000年，李智宇的到来，给家人带来了很多快乐，也改变了李元发一家人的生活节奏和轨迹。"一代人有一代人的使命和责任。"李元发说，他们这一辈人实现了从农村来到城市，从农民成为教师的角色转变，希望下一代能再往前走一步。

因此，李元发、张慧莲夫妻有一个独到的教育理念。

他们认为，唯有家长好好学习，孩子才能天天向上。其实家长就是孩子的第一任教师，家庭是孩子的第一个课堂，从这个意义上说，家长也是教育工作者。教育孩子，仅仅有爱是不够的，身教胜于言传。只有家长好好学习，身体力行，营造良好的家庭学习氛围，孩子才能天天向上，健康成长。

李元发反问说，如果自己都不注重学习，不愿意学习，又怎么能要求孩子好好学习呢？

在他们的引导下，李智宇从牙牙学语开始，就喜爱安静地看画报，偶尔哈哈大笑，还能清晰地记住画报的内容。等大一些，她又非常有兴趣地翻看报纸、图书，一遇到生字，便翻阅字典，自主学习。

"从小我就喜爱读书，这不仅为我十几年来的知识积累开了头，还为我今后学习习惯的养成打了基础。"李智宇回忆说。从童书绘本到大部头的小说文选，她渐渐往书架上同时也是脑海中添加已读篇目，逐渐开阔眼界知道自己与他人的差距，从而对未读的书、未见过的世界更加好奇。

李智宇感叹，虽然也曾因太过沉迷在课堂上"埋头苦读"被老师发现而训斥，不知在老师重点观察的黑名单里躺了多久，但每次她的作文被老师单独提出表扬甚至只是在文尾批上一个简单的优字，都对她有所激励。老师的引导也让她留意厘清课堂学业和课外拓展的关系，从而使知识的获得更加有效率。

"多亏父母启蒙和老师引导，才让我从未熄灭对阅读的兴趣。"李智宇说，在她看来这也是当时自己最好的娱乐方式，同时也是学习手段。等到初、高中阶段，她的阅读更加有的放矢，从拿到就看到有选择性目的性，阅读对学习的作用也更加凸显。无论是应试必读的名著还是能做摘抄的文集，老师都能以不局限于考试的思想讲解，她也都能以不减的热情赏读，功利性就降下去了，而效果也能很显著。

"家庭是人成长的根本，让孩子在一个温暖、积极、向上的家庭环境中潜移默化，这些品质也就会伴随其一生，所以改变孩子首先要改变自己。我们自己不想改变，却希望达到孩子根本的改变是不现实的。"李元发说。

李元发、张慧莲夫妻还有一个共识。

他们在孩子面前要处处体现正能量，"大度、大气、大方"是家庭座右铭。生活中会有一些琐碎的烦恼、工作中会有一些莫名的焦虑，这些都尽量不要当着孩子面去抱怨，要让她始终看到父母在积极地工作、阳光地生活。

李元发说，为了减少电子产品对孩子成长的影响，家长必须找到替代品来填补平时的时间空当，最好的方法就是阅读，所以他家最多的就是书，电视看得很少，从不在孩子面前用手机玩游戏。从小就亲自带着孩子翻着画报记着童话，大点后经常带着她去逛书店，再后来就是一家三口坐在阳台各自阅读，总之一家人都要享受到阅读的乐趣。

小孩在紧张学习之余要感受家庭温馨

潮阳实验学校的师生可以看到：每天早上6时左右，李元发踩着电动单车，送李智宇到学校上学；中午下课铃一响起，接李智宇回家午休；晚修结束铃声一响起，接李智宇回家休息。

李智宇每晚回到家，就可以看到父母准备的一份简单的夜宵、一份拿手的水果拼盘，加起来算是中西套餐。李元发解释说，她在紧张的学习之余，充分感到家庭的温馨，这让她明白她不是一个人在战斗。

"我每天的陪伴与随时的鼓励不仅能让小孩感到父母的爱，还能让她勇敢地面对学习、生活中的难题。"李元发回忆说，从小到大，孩子的功课是每天必须过问但不干涉的。孩子在成长，她的能力还在培养之中，对学习、对生活会有一种与生俱来的恐惧。他们需要家长与他一起度过一些时光。

如同纪伯伦所说：孩子虽是借你而来，却不属于你；你可以给他爱，却不可给他想法，因为他有自己的想法。因此，孩子的精神人格是在父母的爱中成长起来的。

"像很多父母一样，我们与孩子相处也有尴尬之时，爱孩子的信息，孩子不容易接收到；可是不爱孩子的信息，孩子仅凭直觉就完全可以接收到。"李元发说，所以我们必须留下被爱着的证据，使他们确信自己是被爱着的。例如经常给孩子写各种小字条，探讨一些需要指出的问题，结尾直接写上"爱你的老爸"或"爱你的妈妈"，这是最简单又最有效的方法。

李元发认为，别强迫孩子做他不愿做的事。小孩小学时是班上责无旁贷的主持人,每周的班会,每年的六一儿童节,都是由她引领主持,但到了初中,对于那种单独展现自我的机会却并不热衷,对此家长也不强迫。他知道,他的眼睛如果盯在孩子的缺点上,你下个世纪也无法改变他,而是必须让孩子自己找到自我价值、自我完善。

李元发表示,他所说的理解是把孩子行为的原因搞清楚,不是为了表扬或者批评。他应该以放松的心情来与孩子进行交流,以此来消除孩子的恐惧、烦恼和孤独,使他们鼓起学习、改变、成长的勇气和热情。当孩子编织美丽的梦想时,不要用你眼中的现实去纠正他。

陪伴也可以增长阅历。在5岁开始,李元发就带上李智宇,前往不同的目的地。

"每年暑假必有一次的旅行,让她领略了祖国的大好河山,还有大大小小的出游让她在学校的围栏之外感受到了四季的更替和自然的变换。"李智宇说,她能够在攀登长城时想到吟诵将军战士戍边卫国的诗句,能够在野外发现奇异小虫时想到法布尔对它活灵活现的描写,能够在路上偶遇一只大型犬时想到野性的呼唤。对外界的感受不是止于修得无比漂亮的照片,而更多是对自己内在知识的消化和拓展。通过亲身体验和父母的点拨,对书本知识的体会和个人素养的提高才会更有效。如步行走辇路的北大教授罗新所言:"走在深山荒草间,人的视觉、触觉、味觉、听觉与大自然真真切切地发生联系,让我们更深地走向自己的内在。"

李智宇感叹,古人云"读万卷书,行万里路",诚不我欺!

直面自己的缺陷和不足

李智宇从湖北来到汕头,源于父母亲工作的变动。

2012年,母亲张慧莲来到潮阳实验学校初中部工作,担任语文学科带头人。次年,李元发和李智宇也一起来了,很快融入了忙碌的学习生活。回忆起两段不同的学习经历,李智宇并没有感受到太大的变化:"同学们对我很好,我也很快适应了。"

李元发说,"2"是女儿的幸运数字。在石首参加"小升初"之时,她名列全市第二名;在汕头参加中考之时,依然是全市第二名。但他们并不太看重成绩,而是希望她自由快乐地成长。

古灵精怪的李智宇很有游戏天赋。在她的童年,电子游戏不是主流,反而是各类小游戏受周围小伙伴的青睐。

李智宇回忆,下课铃一响,跑得快的总会冲出教室为自己人占位置,圈出一块地后大家哄闹着一起玩集体游戏,没位置的则会待在教室或下棋或叠青蛙,总之不会消停。还记得那时她曾有过放学后跑到谁家下棋下到大晚上的经历,大家都苦练技艺打擂台。这样游戏,她也算是在和同学的不断切磋中磨炼出一股沉稳的性子,之后大大小小的考试都像是童年那场擂台赛的延续,赢了就让赢了的自己稳住,输了就再次挑战,心态也得以保持稳定。可以说游戏中朋友们良性竞争的氛围也是让人进步的催化剂。

而当身边的同学都开始报各种兴趣班时,她也自告奋勇,要学更多东西。

李智宇回忆,当走近摆满乐器的架墙时,她被葫芦丝的形状吸引了，于是从此走上民乐的路。可能因为年纪不大，教她的老师一直对她很包容也很有耐心，进度也做了些调整，经常夸她鼓励她，最后拿了奖也算不负他细致的教导。反复练习一首首曲子时，她惊叹老师在她始终不得要领的地方总能完成得那么流畅，他却让她不用灰心，只是要多练。最后在比赛场上她也能流畅地演奏当初磕磕绊绊的小节，从此明确勤能补拙的道理。

在那之后，她又对画画产生了兴趣，这次没有选择国画，而是学起了素描和水彩。因为是临时起意，她被安插在一个已有基础的班级，由老师和同学共同帮她打基础，但也许是差距太大，刚开始她完成每日作业的时间比别人长得多。随着慢慢适应节奏，她也能和别人一起交上作业了，老师对她的指正也变少了。虽然直到现在她仍感觉自己基本功不扎实，但绘画的乐趣丝毫没受影响，成为学习之余解压的一种方式，周围同学没少看过她乱涂乱画的作品，赢来的坏笑也不少。

李智宇说，学习绘画的经历真的很开心，但也让她意识到自己总有缺陷和不足，重要的是肯直面它们，能改正当然最好，若是这缺陷还是缠得自己头痛，那不妨调整心态，正视自己，不让受到的打击成为心上的阴霾。

确实如此，汕头中考要求考体育，但体育一直是李智宇的短板。中考需要体育考试，她不擅长200米跑步项目，便选择了跳远项目。体育老师很关心她，指导训练，甚至把器材给她，增强训练。最后跳远拿了满分，体育项目接近满分。

"体育要用时间、长度来衡量，就很难受了。"李智宇开玩笑地说，高中同学常说，体能测试，只要能和你一组，我们就放心了。但没关系啊，体育项目可以锻炼身体，这也是选择清华的原因，要"为祖国健康工作五十年"嘛。

优质生源需要量身定做培养方案

"李智宇这学生,与众不同。"潮阳实验学校高三(10)班班主任邹华说,每天一到教室,别的学生赶紧拿起课本,开始努力学习,而李智宇却没有,反而跟同桌说说话,开开玩笑,"热身"好一阵,才开始学习。

2006年从江西老家来到潮阳实验中学工作至今,邹华带出了一批高考高分考生,被同事称为"状元班主任"。

邹华印象深刻,去年8月接手高三(10)班后,他分析了全班学生特点,并制订了详细的备考方案。他先是目标锁定尖子生,看这个学生综合素质是否全面,做难题的能力及稳定性,还要看是否有灵气。高三开学初,经过一个月左右的摸排,他锁定了李智宇为培养高分考生的目标。李智宇各科均衡,综合素质高,特别是做数学难题厉害,有灵性。唯一的缺点就是容易犯低级错误,这个是可以纠正过来的。

对于民办学校来说,有好的生源但没有教师系统、周密、量身定做的培养同样等于零。

邹华揭秘,这里主要针对她的薄弱学科安排老师每周定期辅导以及对她易犯的毛病进行纠正。李智宇语文综合能力强,写作能力也突出,但总是考不到高分,他就安排语文老师每周辅导一节课,作文写得不好必须重写,并且给语文老师下死命令:李智宇的语文高考成绩必须考到125分以上。因为尖子生到了一定程度就是拼语文,语文非常重要,很多尖子生最后都是在语文上吃亏。

邹华表示，虽然李智宇的高考分数被屏蔽了，但她的语文选择题是全对的，她语文至少在125分以上。她之所以总分能考到高分，语文起到非常关键的作用，与自己最初的设想完全吻合。开学初开班科会，邹华就分析，李智宇能否成为高分考生，最后就是看语文。他还分析，李智宇的英语成绩是比较稳定的，英语老师时刻关注，让她不要放松就行了。对于理综和数学，她就易犯低级错误，平时会错一些容易的选择题。科任老师每次考完试都要对她进行面批，帮她纠正这些错误，特别是选择题必须做到全对。经过老师不厌其烦地面批，最后高考，她的数学、理综选择题都是全对的。

"李智宇非常聪明，读书非常轻松，毫无压力。"邹华笑着说，即便到高考前夕，一有大学到学校宣讲，她都会去凑热闹，"没办法，我只能在班会上拐弯抹角，告诉同学们要有的放矢，考清华、北大的同学就没必要浪费时间，听其他高校的宣讲会了。"

学霸秘笈：

牢固基础，功夫在平时

李智宇

一、牢固基础，早做准备，功夫做在平时

我认为高中学习是小学和初中学习的延伸，就是延伸的幅度因人而异。所以先前养成良好的习惯，做好知识的积累，绝对会是保持和提高成绩的先天条件。初时让我们学习各学科的基础知识，我们相对会觉得轻松，这时就要着重培养自己的学习习惯，找到适合自己的学习方法，因为对于知识的掌控大家水平高低影响不会太大。如果能够在学习相对初级的知识时就有意系统性针对性拿出一套学习方案，这对之后的更高阶知识的掌控也会轻松。就如背诵英语单词，小学级别的单词都较短，音调也容易记，可能不少人会用简单的重复记忆法。当然这对初阶单词十分有效，重复次数多了记得也会十分牢固。然而面临更长的词汇，更复杂的音节，更难区分的形近词，这样记忆工作量会越来越大，所以词根法、联想记忆法等纷纷上线。好用程度因人而异，但比简单记忆高效是毋庸置疑的。以此类推，到了高三，功夫不做在前面的人苦于填补知识漏洞，不成体系，许多知识竟像是初次接触，这些人当然会比早有准备，心中早有方针体系的人辛苦吃力得多。再往后引申，胸有成竹之人，学习效率有保障，心态也稳得多，更容易发挥出自己的实力。

二、紧跟学校步伐，将个人计划与学校计划相结合，最大限度地利用身边的资源

硬性资源如学校发的练习题，安排的周考，尤其是老师的讲解一定好好利用，站在前人的肩上视野辽阔得多。利用软性资源就可以将个人作息与学习计划与学校教学计划结合，比如晨读晚练是常见的模式，那就可以顺应安排，而课间的自由时间当然由自己规划，但也一般和学校进度同步，不要出现一科领先而其他科滞后的情况，总体是要循序渐进。学校除了资源的整合和提供，更潜在的影响就是学习氛围。首先老师在班风形成的过程中起很大作用，而同学之间的相处也影响学习与生活的平衡，所以一定要利用甚至创造身边的良好条件。

三、针对不同学科，结合自身实际，采取私人订制式措施

如语文、英语属于厚积薄发类学科，重在一点一滴的积累。少做一道题，或少背几个单词，一时差距根本不明显，但时间长了会让人感到追上其他人比较吃力。所以每日的复习预习和积累必不可少。学习也要有取舍，重点在于最大效率拿分及为数学理综的刷题腾出时间。但是知识储量不是唯一，掌握合适的答题解题技巧和常见套路在备考阶段成效更显著，而这就需要做习题来巩固知识和熟悉套路。数学理综也不是说不重积累，不仅化学、生物也须时常回归课本、不断完备知识体系来解题，数学、物理也需要应对经典题型的逻辑思维方式。同时备考前期需要大量刷题来"见世面"，既要了解往年高考题、常见题，也要接触少见、不常见的，最好能做到在考场上遇常见题提笔就会写，遇陌生题一审就能写。

四、注重心态调整，适当减压，争取保持最佳状态

对那些一直以来都能取得优异成绩的同学，可以说学习方面大的方向不会有问题，于是对小的知识点的掌握和个人发挥的稳定需要上心，学有余力时可选择去跑跑步，做些锻炼；时间少时可以走出教室看看远方，缓解疲劳；我一般还会在草稿纸上乱涂乱写，也算放松一下，重在调整。对于暂时落后的同学，借用我们班主任的话"要相信自己就是那匹黑马"，稳定心态，不过分紧张，但也要有信心有冲劲，平时学到有些疲惫

时可以闭目养养神，思考自己还有哪些漏洞，激励自己奋发前进。对平时成绩不太稳定的同学，看到排名一上一下着实令人心慌，但也说明自己真的没有发挥完全，有很大提升空间，心中焦急时可以选择练练字使自己沉得下心，直面缺点同时努力提高。我相信大家都知道学习不是生活的全部，但是是现阶段很重要的关卡，需要我们以平常心看待起起落落，不骄不躁，用适当的调剂让自己不过分紧张也不过分放松，这样的状态才适合打这一场用十几年铺垫最终一考决胜负的高考大战。

黄潜锷：勤奋把我送到了清华大学

学霸名片

姓　　名：黄潜锷

毕业学校：揭阳市惠来县惠城镇墩南小学、汕头市潮阳实验学校

高考分数：全省理科前20名

录取院校：清华大学经济管理学院

特长爱好：足球、阅读

座　右　铭：只问耕耘，不问收获。

2018年7月17日，黄潜锷收到了广东省教育考试院发来的短信，他已被清华大学录取。黄潜锷很平静，作为广东省理科成绩前20名考生之一，被心仪大学录取在他的意料之中。

勤奋、刻苦，这是父母、同学、老师对黄潜锷的一致评价。高中3年，黄潜锷的成绩实现了从年级80名左右到20名左右，再到高考广东省理科前20名的提升。"我没有比别人聪明，只是比别人勤奋。是勤奋把我送到了清华大学。"黄潜锷说，自己坚信"天道酬勤"，所以在高中3年"只问耕耘，不问

黄潜锷

收获"。

对于黄潜锷而言，时间最为珍贵。每天早上6点半前起床，腾出睡懒觉的时间做更有意义的事情，这是他坚持了十几年的习惯，寒暑假亦是如此。"一个人如果能够坚持早起，那他就不会懒惰。"黄潜锷说，他将继续把早起、勤奋的好习惯带到大学，"我对大学生活充满期待。"

踢4人足球的球迷

高考结束后，暑假对于黄潜锷来说轻松而快乐。和其他球迷一样，他疯狂追了整届世界杯比赛，一场没落下。他还拉了父亲黄振桂一起看。"我爸对世界杯的印象还停留在十几年前，拉他一起看，刷新一下。"黄潜锷笑着说。

4年前的巴西世界杯让黄潜锷爱上了足球这项运动。他从小对战争题材故事很感兴趣，而足球被称为和平年代的战争，让他觉得非常有意思。"我觉得足球这项运动上场比赛的球员比较多，可以踢出战术的感觉。"他说。

黄潜锷爱看足球，也爱踢足球。"但我从来没有踢出战术的感觉,也就4个人踢,哪里来的战术?"他笑着说,因为身边喜欢踢足球的朋友不多,所以踢球也只能"踢着玩玩"。每周,他会在体育课上和其他3名同学一起踢踢足球,放松身心。

4年前的巴西世界杯还让他认识了自己的足球偶像——米洛斯拉夫·克洛泽。克洛泽是德国足球运动员,他进球后的标志性动作"克式空翻"深深地印在了黄潜锷心里。

黄潜锷还记得,2014年巴西世界杯小组赛德国对加纳的比赛中,克洛泽出场仅两分钟就踢入一球,帮助德国2∶2扳平比分,这也是最终的比赛结果。克洛泽兴奋地再次上演了久违的"克氏空翻"。这让电视机前的黄潜锷激动不已:"超帅!"

在黄潜锷看来,克洛泽的魅力不仅在于实力强,更在于球品佳。

2005年,在一场不来梅主场对比勒费尔德的德甲联赛中,克洛泽杀入禁区被对方门将绊倒,主裁判认为后者犯规,判给不来梅队一个点球,并向对方门将出示黄牌。但克洛泽主动找到裁判解释对方门将先扑到球,因此不应判罚点球,也不应吃到黄牌。

2012年意甲拉齐奥对那不勒斯比赛中,克洛泽率先踢入一球,却在裁判无异议的情况下,主动承认自己手球,结果进球无效。

"克洛泽的足球精神让我非常敬佩。"大器晚成的克洛泽创造了个人在世界杯决赛阶段攻入16球的纪录,位列世界杯历史总射手榜榜首。黄潜锷说,他的勤勉和踏实是自己学习的榜样。

在高一时,因"起跑晚",黄潜锷的成绩在年级里并不算特别突出。黄潜锷还记得,高一第一天晚自习,他拿着崭新的教科书准备预习,却发现不少同学已经在做较为后面的单元习题。"当时我真的被吓倒了。果真,这样的起跑点落差,让我在高一的第一次考试中考得并不理想。"他说。

为了追上同学们的步伐,黄潜锷奋发学习。从高一年级排名80名左右进步到高二年级排名20名左右,再到高考广东省理科前20名,黄潜锷靠着自己的勤奋实现了"逆袭"。

读史使他早起

黄潜锷不仅是一位球迷,更是一位书虫。受父亲黄振桂的影响,他从小便喜欢阅读历史方面的书籍,《史记》《曾国藩家书》《蒋介石生平》等都是他的最爱。"别人家的客厅桌子上可能都会放一些水果零食,但我们家放的总是历史书。"黄潜锷笑着说。

"人们常说,读史使人明智。"黄潜锷说,他从历史书中领悟到很多智慧。高一时,自己虽然努力,却找不到合适的学习方法,有些压抑。在阅读史书中,黄潜锷又渐渐调整了心态,"胜败乃兵家常事"。

黄潜锷还记得,调整好心态后,他每天早上早早便到教室,一边啃面包一边学习。

黄潜锷说,他从历史书中领悟到很多智慧

中餐去食堂，10分钟之内迅速吃完后，几乎是跑着回到了寝室开始写作业。当时的他没有睡午觉的习惯，觉得会浪费时间。凭着这样一股韧劲，上了高二，黄潜锷渐渐适应了高中学习生活，跟上老师的节奏，成绩保持在年级前20名。

高三以后，黄潜锷的学习反而比之前"放松"。他开始培养起睡午觉的习惯，更加懂得劳逸结合，每天都会利用午休时间的10分钟看历史小说。"看历史小说是我放松、调整心态的一种方式，到高三也一直坚持看。"他说。

读历史书不仅让黄潜锷保持良好的心态，也启迪他保持良好的作息习惯。黄潜锷说，父亲最喜欢的历史书是《曾国藩家书》。从他幼时，父亲便以该书提到的"早起：黎明即起，醒后勿沾恋"为要求，敦促他每天早起。

十几年过去，黄潜锷一直保持着每天早上6时30分之前就起床的好习惯，寒暑假亦是如此。"早起的鸟儿有虫吃。坚持早起，让我养成了自律、勤奋的好习惯。"黄潜锷说。

再简单的错题都必须抄一遍

"学习上我还是比较'流俗'的。如果非要说和其他人有什么不同，可能是我比较能坚持。"谈及高考取得高分的原因，黄潜锷说，自己并非比他人聪明，只是比别人勤奋。

黄潜锷的母亲曾素玲还记得他"抱书看病"的往事。黄潜锷读初中时，曾因发烧从学校到医院打吊针，生病的他坚持带着书前往，边打吊针边看书。"医生当时一直夸潜锷学习刻苦，还趁机教育了自己的女儿一番。"曾素玲笑着说，黄潜锷学习十分自觉，从不用父母操心。

作为"别人家的孩子"，黄潜锷也曾为物理头痛。高中以来，物理是他最为弱势的科目。高三之前，他七八十分的物理成绩在潮阳实验学校理科重点班中处于倒数的位置。进入高三，黄潜锷便将查漏补缺定为自己高三的学习大方向，尤其是物理。

"电路图我看着就难受，有些题目给一些步骤、画个图，就要求我们设计一些电路。看了半天，其他同学都设计出来了，我就是做不出来，真是尴尬。

"每次考试后，不管我总分成绩考得好不好，舍友总要开玩笑问问我的物理成绩。

"我之前总说，如果我高考考得不好，物理肯定是主要原因。"

黄潜锷"吐槽"道，自己曾经饱受物理的"折磨"。为了打败物理这只"拦路虎"，他从高三开始便重新整理错题本，记录自己做错的物理题，按照知识点归类整理，并一一标注自己具体在哪次考试出错。"就算是很简单、很基础的错误，我也一定会把它记载到错题本上，加强自己的印象，提醒自己

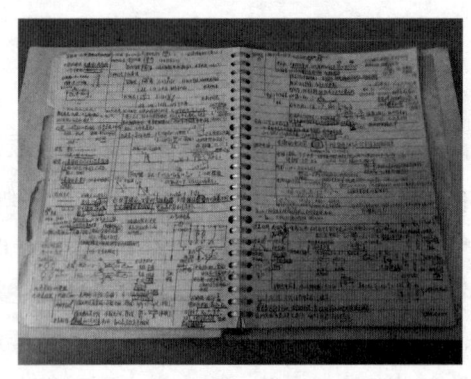

黄潜锷的错题本

千万不能再做错。"黄潜锷说。

经过高三第一学期的积累,黄潜锷的物理成绩已经提升到90分左右。为了进一步巩固学习效果,他在高三寒假又把第一学期的物理错题全部重新做了一遍。"这时候,我已经能清楚掌握自己做题过程中有哪些知识点或步骤容易出错。"黄潜锷又不断找相似的题目进行练习,总结经验和方法。

通过"反思错题+刷题+总结",到高三第二学期末,黄潜锷收获了厚厚的一本错题本,也终于攻克物理难关。"面对弱势科目,更不能去逃避,要积极拿下它。"他说。

黄潜锷在攻克物理上花费了很多时间和精力,但同样没有忽视其他学科的学习。他分享道,高三以来,他将每一学科的知识点细化归类,搭建知识点网格,大大提高了复习效率和效果。

黄潜锷的高三非常充实快乐。他说,面对高三,学习方法和态度很关键,但是心态同样很重要。"我不喜欢给自己定具体的目标,而是平和地看待成绩的起伏。"他说,自己一直牢记"只问耕耘,不问收获"。

以身作则培养孩子的好习惯

虽然正值暑假,但黄潜锷和父亲黄振桂一样,每天早上照旧6时30分之前起床运动。黄振桂不是单方面要求孩子早起,而是言传身教、严于律己为他树立好的榜样。

"每天早起,就能有很多时间做自己想做的事情。从每天的第一秒钟开始勤奋,就不容易懈怠。"黄潜锷说,他把自己的暑假生活安排得满满当当，上午去练车，下午学习弹吉他、吹口琴，晚上则提前学习大学英语、高等数学。

母亲曾素玲说，他们注重培养孩子的好习惯，也会给孩子充分的自主权。"除了要求他早起，其他方面，我们都是依着孩子的兴趣，不会强求他。"曾素玲说，在黄潜锷幼时，他们曾尝试让他学习美术、书法，但他没有兴趣，便也不强求，"我们一直觉得孩子应该拥有快乐的童年，不应该给他太多负担。"

因享有充分的自主权，黄潜锷自幼便有着独立见解。黄潜锷上初中后，父母看到不少初中生都参加了文化课补习班，便问他要不要也去参加。黄潜锷毫不犹豫地拒绝了："好不容易放个假，我想先休息一下。上补习班还不如自己学习，提高自学能力，总靠别人带着也带不了多远。"

"好。那就不去！"父母也爽快答应了。就这样，作为"学霸"的黄潜锷从来没有参加过文化课补习班，周末和寒暑假都是自主安排。"这个暑假，我想学吉他和口琴，也是我自己的兴趣所在，父母从来不会强迫我学什么。"黄潜锷笑着说，父母的信任和尊重给了他自主发展的空间。

黄潜锷浓厚的阅读兴趣源自家庭的引导。曾素玲说，他们注重从小培养孩子良好的阅读习惯，拓宽孩子的视野。在黄潜锷还是一个幼儿园小朋友时，她便买了字卡教他认字。黄潜锷的识字能力很强，在幼儿园时已经认识了很多字，很快就能够自己阅读标注拼音的故事书。

在孩子阅读的过程中，如何把阅读转化为悦读？黄振桂认为，阅读习惯的培养重在引导和诱发兴趣。为此，他经常带着孩子去图书馆并尽量参与到孩子的阅读中。从黄潜锷读三年级开始，黄振桂就逐渐引导他阅读四大名著中的《西游记》《水浒传》和《三国演义》，并结合影视资料为他讲其中的故事，分析人物的性格特点以及作品中的经典情节。

渐渐地，黄潜锷也主动把作品中感兴趣的故事情节与父亲分享。"就是这样一种语言输入输出的活动，让孩子的写作能力有了较大的提高。"黄振桂说。从黄潜锷读五年级开始，黄振桂又开始引导孩子看报纸，让他关注时事新闻，分享社会各个领域每天发生的点点滴滴。十几年来，黄潜锷养成了看书读报的良好习惯，视野越来越开阔、思考问题的能力得到提高。

中学6年，黄潜锷一直是住校生，每周回家一次。每次回家，他都会花一个小时上网。"他比较喜欢上网看一些搞笑的视频，看着看着就哈哈大笑。"曾素玲说，她从来不制止黄潜锷上网，因为他1小时后就会自觉开始学习。"作为家长，不用给孩子施加太多压力。引导孩子养成好的学习习惯、生活习惯，家长也不用那么操心了。"曾素玲笑着说。

"水涨船高"，培养优秀学生

"黄潜锷同学学习非常刻苦。到课室学习都是早来晚走，课间休息时间也经常和老师提问交流。"在班主任、英语老师卢飞的眼里，黄潜锷的好成绩和他的勤奋息息相关。

卢飞介绍，黄潜锷的英语语感很好，成绩也十分优异。对于要求记忆、背诵的英语知识点，他在每次测试都能排在班级前三。即使英语一直稳定在140分左右，黄潜锷在高三英语学习中也没有松懈过。

除了自身的勤奋努力，黄潜锷取得高考佳绩离不开老师们的付出。"我的物理比较薄弱，为了帮助我提高，物理老师下了很大的功夫。"黄潜锷回忆道，每次大考之后，物理老师会和他一起分析失分的原因，帮助他补齐短板。每当他有疑问的时候，老师都会积极地为他解答。

"高三不仅考学生的学习积累，还考学生的心态。"卢飞说，高三以来，为了营造轻松的备考氛围，他在每周班会课上都会播放一些励志类的视频，帮助学生调节心情；总结上周学习情况，表扬进步较大的学生，私下鼓励尚有发展空间的同学。他还定期组织学生进行学习计划、方法、心得的交流，让同学们在取长补短的同时增进友谊。

在平时，各科老师也经常找学生聊天谈心，充分鼓励学生。黄潜锷在汕头一模时考得并不理想，卢飞便找到他聊天，鼓励他："不要有太多的思想包袱，要放开手脚，轻松备考。"黄潜锷很快调整了状态。考前一个月，他非常自信、轻松地准备考试。

在2018年高考中，包括黄潜锷在内，卢飞所带的班级有7名学生考上清华或北大。卢飞认为，学生成绩拔尖离不开班级重视整体管理。"我始终相信'水涨'才能'船高'。对待成绩发展各异的学生要同样地贴心关爱、严格要求。在我的班级，一个都不能少。"因此，在班级管理中，卢飞采取了互助小组的形式，学生自愿组合同桌和小组，在班级里营造良好的学习氛围。正因为如此，后进生的斗志被充分激发，每年高考都会杀出几匹"黑马"。

此外，卢飞也十分重视寝室成员间的和谐相处。"我经常和同学们说，能分到一个寝室是一种缘分，一个宿舍就是一个小家庭，彼此之间应该加强理解，互相帮助。"同样进入高考广东省理科前20名的黄潜锷和宋宇星就是同一个寝室的上下铺兄弟。两人是好哥儿们,吃青椒炒肉这道菜时,黄潜锷只吃肉,而宋宇星只吃青椒。

学霸秘笈:

主动思考必不可少

黄潜锷

高考结束,我很开心自己取得了比较好的成绩,在此与大家分享我高中学习的一些经验。

对我而言,认真的态度是取得好成绩的首要因素。从预习到课堂,再到复习,我都非常认真,注重细节的处理。

预习的时候要通读教材,对教材涉及的旧知识,如果自己掌握不好,要认真查阅和补习;对教材中遇到的难点、重点要在教材上做好记号,等老师讲课的时候重点听。

课堂上,要认真跟着老师的思路学习。上课铃声一响,要马上把注意力集中到老师的一举一动上。老师说的每一句话要用心去听,去分析、理解、记忆。课上最好边听边记,遇到重点难点以及不懂的地方,要在教材旁边标记,课后再来研究记忆。

做课后作业必须认真专注。课后作业是课堂的延续,认真完成作业不仅能够巩固课堂知识,还可以把所学知识加以运用,形成技巧。完成作业后,也可以做一些典型的习题,比如物理自诊断等习题集,巩固所学的知识。

除了认真的态度,主动思考也是必不可少的。高中数理化的学习,填鸭式的方法不可能得高分,不能只是被动地接受知识。只有主动思考,积极与老师、同学互动才是学好高中数理化的关键。

在课堂上要主动思考,保持注意力的高度集中。通过预习,我们已经能了解课堂上的基本内容和重点难点,所以在听老师讲课的时候,要主动思考,看看老师讲课和自己预习的有什么区别,侧重点是否一致。

课后做习题也要主动思考,当遇到自己没有思路的题目的时候,不要轻易放弃,要尝试用不同的方法解题。或者与老师进行交流,当你精心准备问题问老师的时候,一定要跟着老师的思路。在老师解决完问题后,要回过头想一想,这个问题解决不出来的原因,然后尝试做一做类似的题,加深印象,巩固所学的成果。

此外,面对高考的心态也十分重要。平时,我经常到绿化较多的地方呼吸新鲜空气,在一呼一吸中平静心情,让身体充满能量。同时,我结合以往的成功经历,回忆自己在考得很好的过程中具备了哪些考试能力,然后想象自己在考场上可以信心百倍地去面对考试,给自己积极的心理暗示。

越临近高考,考生的焦虑情绪可能越明显。按我的经验,同学们可尝试"头脑整理"法,即把复习高考的所有知识,在自己的头脑中按照高考的考点做一个分类整理。因为进入考场的时候不能带笔记本和平时的试卷,唯一能够带进考场的就是我们的头脑。

考前几天,同学们做练习时,要注重把控做题节奏。比如说语文的两个半小时,数学的两个小时,大概在什么时间做到什么地方,要做到心里有数。如果一张卷子中,你会做的题目能达到

80%以上，就可以保持一种相对稳定的心态了。

高中三年，会遇到各种困难和挑战，面对困惑的时候，要保持乐观自信，积极主动地处理问题，解决问题。

郑康仪：学习不是"做了就好"，而是"做好"

学霸名片

姓　　名：郑康仪
毕业学校：汕头市潮阳实验学校
高考分数：全省文科前20名
录取院校：清华大学法学院
特长爱好：读书、跑步、听音乐
座 右 铭：人生到处何所似，应似飞鸿踏雪泥。

大大的黑色镜框，齐脖短发，清新娟秀的五官，这是许多人对郑康仪的第一印象。

郑康仪是汕头市潮阳实验学校（以下简称"潮阳实验学校"）2018届文科毕业生，在2018年的高考中，其成绩被屏蔽，位列全省文科前20名。

"有想过自己能够取得这么好的成绩吗？"当记者提出这个普遍性问题时，郑康仪笑着说："其实高三的成绩不算特别稳定，高考前是比较自信，但是最终收到这么好的结果还是很惊喜。"

郑康仪的自信，源于其从小至今一直以来的好成绩。但当大家不断地称呼她为"学霸"时，她却有些"不满"："现在常常有一些人去制造一些类似学霸、学渣、学神之类的冲突，其实归根结底只是不同的人学习的方法和效果有所差异而已。所谓的学霸可能是在学业上有更多的投入和更高的专注度，所以学习成绩比较好。"

郑康仪

15年潮实情怀，难忘校园生活

2003年，郑康仪就读潮阳实验幼儿园，彼时潮阳实验学校还未成立高中部。她或许也不曾想过，自己未来的读书生涯，会和潮阳实验紧紧地联系在一起。

"我从小在潮阳实验学校就读，一直是内宿，在一个集体的环境中长大。每天看相似的风景，吃差不多的饭菜，三点一线的生活，平平淡淡稳稳妥妥。"当描述到在潮阳实验学校就读的这15年的体验，郑康仪显得十分淡定，"体验这种东西，向来只有亲历才算数。"

毕业后即将离校，让郑康仪记忆深刻的，除了有节奏的复习,还有与同学们的点滴故事。"高二的运动会,那个时候真的会有集体的感染力,班里的每一个成员都为'大一班'努力着。"大一班是郑康仪班级的简称,她还记得,在那场运动会上,同学们挥洒的汗水和此起彼伏的鼓劲欢呼声。

除此之外,在学校建立起来的深厚友谊,也是郑康仪读书期间不能忘却的珍贵回忆。"我们宿舍的女生经常一起聊天说笑,分享零食和故事,一起吐槽解压相互关心。"郑康仪说,晚自习课间,她经常和好朋友在操场上散步聊天,大家相互安慰鼓励,这是她在高三期间温暖的回忆。

郑康仪

谈到自己的学校,郑康仪表示:"不同学校在管理模式和学习节奏等方面确实有差异,像我们学校就是比较严和紧的。虽然大家日常吐槽,但是仅仅以此就妖魔化学校也是不全面的。潮实的学生也不是只会埋头读书,大家都会有自己的兴趣,像唱歌、街舞、美术、书法各个方面都有很多人才。"

郑康仪说,印象很深刻的是高考前一个星期,全班同学给每科任的老师都买了一个小本子,大家都在本子上写下自己想对老师说的话。"感觉老师收到后都很惊喜,比如数学老师表示'甜蜜蜜的'。最后面的日子其实反倒更加轻松和愉悦,老师都陪着我们复习打气。"她说。

好胜心、追求完美是学习的动力

郑康仪从小到大成绩都在班级前列,但若干次考试中,让她印象最深刻的是小学的一次考试。

"那是人生中第一次考试吧。当时自己还很兴奋地跑去问老师,得到老师欲言又止的'你啊……'才发现很简单的拼音测试别人都是满分或接近满分,而自己只有八十几分,所以印象十分深刻。"郑康仪说,虽然当时只是一年级,并没有太多胜负的概念,但从小听到的赞扬会比较多,所以当时真真切切地感受到一种落差,"觉得很疑惑。"

郑康仪说,她是一个完美主义者,在认识还不是很清晰的时候,确实是好胜心很强。"以为只要跟别人比赢了就是赢了。但是随着自己阅历增长,见过更多的人更大的世界,发现永远会有人比你更厉害,永远会出现输掉的比赛。"当郑康仪看清输赢的本质后,原本的好胜心也慢慢削弱了,但她说她依然追求完美,能够做的事就一定要做好,这也成为她学习的一个动力。

"比如文综的大题,有时候虽然自己的表述也能得分,但是我还是会考虑这个答案是否真的妥当。出现不该犯的错误我会老老实实地写下来并记住教训。"对于其他特别看重成绩的人而言,郑康仪给出了她的建议:先找到努力的方向和方法,比当下盲目地努力重要得多。

在班主任王文彬看来,郑康仪看上去文文静静,但内心强大,意志坚韧,不服输;独立性强,对生活学习有自己独立的见解；文科实力强大，对相对薄弱的数学学科一直不断勤奋钻研，因此在高三阶段成绩稳步提高，最终高考取得优异成绩。

王文彬告诉记者，郑康仪在高考中取得成功的一个重要原因，是她努力弥补不足，使各科均衡发展。她语文成绩很好，但是在高三有几次大考中只有110分左右，分析原因是作文出了问题，审题和表达两个方面需要加强。"每次都会看到她拿着试卷找到语文老师曹锋，认真分析答题的不足，不断修正，而且每次语文辅导课她都主动认真地参加，再到后来二模、三模考试的时候，语文成绩都稳定在130分左右了。"

合理安排复习计划，把学习任务当成"打怪通关"

高三备考阶段，郑康仪一方面跟着老师的步伐复习，另一方面她也合理地安排着自己的复习计划。利用零碎的时间，郑康仪会选择做选择题和简单的填空题，利用早读和晚自习前用来背诵知识点增强记忆，自习的时候就认真完成作业，剩余的时间再根据自己的需要安排。

在有序的备考阶段，郑康仪依然保持着读书、跑步和听音乐的习惯。"我觉得所谓学习和兴趣爱好的冲突点在于时间，也就是说我们应该做的是把时间安排好。"学习和兴趣爱好在郑康仪眼中不存在绝对的冲突，她认为在该学习的时间里高效投入学习，做好该做的事后，剩下的一些时间再去做自己喜欢的事，去放松心情，当作是学习之余的调剂。

郑康仪喜欢看课外书，即使是繁忙的学习中，她也会保证每天一定的阅读量。她一般选择在午休和晚修前的时间看书,当作是自己的放松时间。"学习节奏比较紧的时候也会有过担心影响成绩,但后来发现其实看书本身也是学习,而且这种学习不仅仅是针对某几个知识点,而能够拓宽知识面,并且提高阅读理解和写作等能力,从而让学习变得更加有效。"郑康仪如是说。

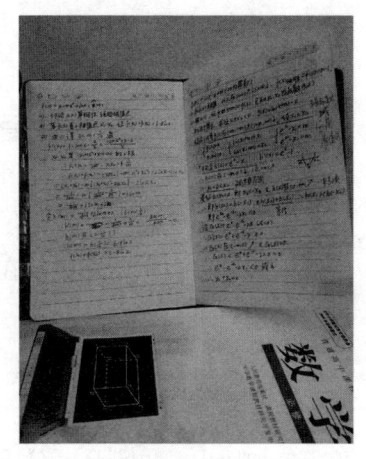

郑康仪的笔记

和其他考生一样,郑康仪在高三阶段也会有低谷期。"复习的课程和大量的作业有时候确实会让人觉得烦闷,有段时间生病落下挺多课程,练习和考试中又常常失误,情绪就会比较焦躁。"面对这样的情况,郑康仪总有办法自我调节。

"我会听自己喜欢的歌,和自己对话,静下心来就好了。"郑康仪告诉记者,当问题出现后,她尽量以最客观的视角去分析问题,最后会发现情况其实很简单——比如生病了就好好吃药好好休息,做好必要的功课就好了;失误不外乎审题错误或者某个环节出现漏洞,那就增加审题的时间,填好漏洞就好;觉得复习枯燥的话,就"苦中作乐"。郑康仪就把完成学习当成"打怪通关",自己有一个通关任务的小本子,每天进行一个小总结,也会设置通关成功的奖励或者失败的惩罚,这样学习就会变得比较有趣。

具体问题具体分析,每每自我思考一番后,郑康仪的坏情绪也跟着抛到九霄云外去。"思考清楚后就会觉得其实问题也很简单,我还是可以做好。"她说。

成长过程，父母的爱从不缺席

因为是内宿生，郑康仪在家的时间相对比较少。她记忆最深的就是一家人坐在一起，一边喝茶吃零食，一边看《憨豆先生》跟《猫和老鼠》。

郑康仪的爸爸妈妈对她的学习一直很重视，但是很少给孩子施加压力，也不会逼孩子学习，甚至有时候她周末在家写作业，郑康仪的爸爸还会让她多休息放松。对于自己的兴趣爱好，爸爸妈妈总是非常鼓励自己去学习。

郑康仪说，留校的周末，爸妈时常会专门来"改善伙食"。"常常是妈妈做的菜，很丰盛。"让郑康仪十分感动的是，爸妈这样的关心持续很久，她后来才知道原来周末是妈妈最忙的日子。"周末其实是休息日，但妈妈会很早出去买菜，然后回家整理食材，炖汤烧饭做菜，忙一天，到傍晚来学校看我。"尽管更多时候在学校生活学习，但郑康仪觉得，在成长过程中父母的爱从来没有缺席过。

郑康仪的家长表示，孩子从幼儿园就开始内宿，自己肯定会有担心，但是觉得更应该培养孩子的独立能力。"而且家里离学校不远，平日有了空闲可以看看孩子，有什么突发状况也可以很快处理。"郑康仪的家长说，在这样的成长环境里，女儿的独立能力培养得很好，对很多事情都有自己的见解，也很愿意和他们分享。

"高三这一年孩子的学习是很忙碌，但是她自己能够把各种事情安排好，基本不用我们操心。作为家长我们关心得更多的是她的身体和情绪。"郑康仪的家长说,有段时间孩子感冒得很严重,她也不想让大人操心,除了出来看医生基本上还是留在学校,让他们既心疼又欣慰。

"高考的几天晚上我们去学校看孩子,课间一起在操场上散散步,孩子也觉得没有什么压力。"郑康仪的家长说,关于孩子的成长,他们是"宏观调控"加"微观自理",小事都放心地交给孩子自己,"我们的调控基本是对成长方向的把控,同时我们也认为即使不是时刻在孩子身边,父母的关爱在孩子的成长中是一定不能缺席的。"

学霸秘笈:

学习是在构筑一座属于自己的知识大厦

郑康仪

喜欢菲茨杰拉德的一句话:"你学过的每一样东西,你遭受的每一次苦难,都会在你一生中的某个时刻派上用场。"学习其实就是在构建一座属于自己的知识大厦,拾得的一砖一瓦,皆为材料;掌握的方法,成为将蓝图变为现实的技能。

构筑之中,需要步步落实,精精细细;一处不慎,便可能有房倒屋倾之患。然而这并不意味着我们在学习中需要战战兢兢、慌慌忙忙。学习的节奏也许紧凑,把握节奏的我们自身应当需要从容的心态。这份从容,往往也来自踏实走好每一步后的自信。

小学、初中、高中这么多年大家不过都在学习，结果不同，是因为过程中的完成度不同。课本上的知识相同，教辅资料大同小异，学习过程也不过上课听讲，下课练习回顾，但每个环节你是"做了就好"还是"做好"，这恐怕是一个根本性的问题。

学习建的是你自己的大厦，必须亲力亲为，也必须适合自己。我说着我的方法，这不过是我作为一个经历者的经验总结罢了，能够派上用场最好，如果不能又何必纠结？这毕竟不是一条能够直接将你送至终点的传送带，只是通往终点的一条曾被证明过的道路，而过程中的你才是探索者。

一张试卷，不外乎两个部分，即选择（填空）题与简答题。选择题讲求速度与正答率，平时要在限定时间内刷足够量的题。简答题因为主观性，表述与答案存在差异是必定的，内在含义要相同即可，学科术语的使用则可使答案更加精准规范。这需要我们能够理解分析材料和合理组织语言。在平时的练习中，要对经典的题目多多思考总结，举一反三，掌握答一类题的逻辑方法。

具体到每一科目上，方法也有所不同。

语文：全国卷的语文题目阅读量相对较大，平时多进行文本阅读训练可以提高阅读速度积累，对语文来讲十分重要，尤其是解答语言运用题和写作。成语、文言常识、古诗词等记忆都要到位，记下来的素材和名言要在适当的时候拿来用。平时阅读美文佳作时，可以多分析文章的脉络和行文逻辑，提高写作能力。

数学：数学是一门要求精细的学科。对完答案后最心疼的不是压轴题扣分，而是还没走到最后就已经倒在选填挖好的坑里。刷题也许就是让你拥有提前具备感知哪里会挖坑的能力。

其次解大题中该有的步骤不要跳，一步出答案看起来酷，分数却一定不会好看。做过的题目整理到错题本上，或者保存好试卷也可以，只要能够记住就好了。但是经典的题目建议归类写在本子上，同类型的题目找三道放在一起基本就得到一般方法。

英语：除了课本的单词，练习中出现的高频词也可以积累下来。同时，单词、短语、语法，都应该在运用中掌握。课外有时间听听英文歌或广播，看一些影视作品也好。有时候在课上学到其中出现过的东西反而会觉得很惊喜，用单词和语法点造一个句子。

文综：文科生经常抱怨临考背书背到脑子抽筋，这是实情；文综试卷写到手抽筋，这也是实情；更可怕的是经常写了一堆字也得不了几分。日常中谈国家大事历史趣闻自然风物大可以天马行空不受拘束，但是试卷上答题没有出现关键术语照例不给分。这说明一个道理，为了自己的身心幸福，文综也需要精准，关键词是最重要的。背书的时候不必整句话原封不动照背，只需要记住关键的词句，再把话连接通顺即可。答大题时紧扣题目，精练地呈现相关术语，多一点"干货"少一点"套路"。当然已经无话可说而还有空白时，用套话填充也许可以捡一点分。还有，字迹工整，好看更佳。

最后，学习中难免有挫折和不顺心，适时休息可以，但放弃和逃避永远无法解决问题。给自己一个动力并且真的去做。你可以决定你房子的高度：1.01的365次方是37.8，1.02的365次方是1377.4。

林洋：高一时数学也曾91分，直到高三才逆袭

学霸名片

姓　　名：林洋

毕业学校：汕头市潮阳实验中学

高考成绩：全省文科前20名

录取院校：北京大学元培学院

特长爱好：弹琴、听摇滚音乐、阅读

座 右 铭：曲折迂回的路才是我想走的路。

　　6月25日晚，林洋还在旅途回家的飞机上。刚刚结束毕业旅行的她并不知道，她的家族微信群已经炸开了锅。同一时刻，林洋的妈妈徐楚璋的手机不断地发出新消息的提示音，点开，是一条条祝贺林洋的消息。

　　林洋是汕头市潮阳实验学校（以下简称"潮实"）2018届文科毕业生。那天晚上，徐楚璋得知，林洋的高考成绩位列全省文科前20名，这让家人们十分激动。

林洋

相比妈妈的激动，林洋显得比较淡定。在高三的下学期的一模、二模中，林洋连续两次取得汕头市文科第一名的好成绩。而高考再次取得全市文科第一名，进入全省文科前二十名，这个成绩，教学经验丰富的班主任王文彬老师感觉是在意料之内的。

不给束缚，做女儿坚强的后盾

说起女儿，徐楚璋笑意满满："这个孩子，从来不用我们操心她的学习。"徐楚璋是一名小学语文老师，教龄26年。当记者询问是否有在学习上对女儿多加指导时，徐楚璋表示，林洋学习上的事情从来都是自己搞定，自己虽然是一名老师，但不会过多地干预女儿的学业。

林洋喜欢看书，徐楚璋就给钱让林洋自己去买，也不干预林洋买什么类型的书，"她自己喜欢看什么就买什么，我不会规定她只能看某种类型的书。"

林洋小学时就展露出了她的天赋。"她小学的表现就出类拔萃，六年级的时候，参加古诗词知识竞赛，还获得了第一名。"虽然女儿展现出一定的文学天赋，但徐楚璋觉得自己也无须给女儿过多的要求，"孩子自己成长就好了，她将来是什么样子就是什么样子，这一点不能强求。"

作为母亲，徐楚璋对林洋的成长也不施予压力，但时时刻刻关注着她的状态，做女儿坚强的后盾。林洋在初三的时候转学到"潮实"，第一次从走读生变成内宿生，这让林洋一时间难以适应。

一开始，林洋经常会给妈妈打电话，说她很想家。徐楚璋心疼她，每次接到林洋的电话，隔天就会专程来到学校接林洋回家休息一下。这一程路要坐45分钟的车，徐楚璋坚持了一整个学期，直到女儿适应新环境。

除了日常的陪伴，徐楚璋还经常给林洋一些学习上的开导。初三一次模拟考试，林洋考砸了，排名掉出了全级前50名，这让她与高中全免学费的机会失之交臂。

林洋哭着给妈妈打电话，得到的却是意料之外的安慰。

"当时我告诉她，不用给自己这么大的压力，这个成绩对她来说可能不理想，但对很多人来说其实很不错了。"在徐楚璋的开导下，林洋慢慢放下考砸的压力，重新点燃斗志，投入紧张的学习之中。

"骂能骂出好成绩吗？"徐楚璋坦言，当时其实她内心是有所担心的，但从女儿这么多年的成长中，她相信女儿能自己处理好考砸的问题。作为女儿的后盾，她要做的，就是提醒孩子"不用给自己太大的压力，她已经很棒了"。

林洋上了高中后，妈妈依旧没有过多干涉她的学习生活。每次回家，徐楚璋都让她放松一下，也不会跟她谈起学习上的事情，甚至连考试成绩都很少过问。

当林洋站在文理分科的十字路口时，徐楚璋也没有告诉她选择哪一条路更适合，只是让她去咨询一下班主任老师。

一切的选择权，徐楚璋都交给女儿。

所以当林洋高考成绩进入全省文科前20名的好消息传开之后，很多人来询问徐楚璋的"育儿经"。徐楚璋的回答总是"顺其自然发展"。林洋说，正是家人一直默默站在她身后支持着她，做她最坚实的后盾，才能让她有今天的好成绩。

兴趣广泛，生活不是只有学习

在很多人的固有印象中，学霸只会每天不停地刷题，似乎生活中只有学习这件事。但如今，许多学霸都以自己的亲身经历，打破了大家的固有偏见，林洋也是其中之一。

林洋的生活是丰富多彩的。她兴趣广泛，直到高三，仍将看书、听音乐、追剧等活动作为假期生活的必备品。

出生于千禧年的林洋从小就与书结下了不解之缘。林洋家里的书柜放满了各种类型的课外书——从故事书到名著，应有尽有。

"家里有好几个大书柜，搬家的时候我们都跟工人说，家里什么都可以缺，就是不能缺书柜。"徐楚璋笑着回忆说。徐

林洋家书柜一角

楚璋是一名小学语文老师,怀着林洋的时候还在教书。同事们都开玩笑说,林洋与书的缘分是在胎儿时期结下的,"可能是这'胎教'做得好,还在妈妈肚子里时就开始听课了。"

徐楚璋说,小时候,林洋每次取得好成绩,让她最满意的奖励就是书。上了初中后,林洋还会留意原版的外国名著,即使没时间阅读,她也觉得这些原版书很有珍藏价值,值得购买收藏。

从小学到高中毕业,书籍是林洋生活中不可或缺的一部分。虽然高中生活十分忙碌,但林洋也会抽出时间,用书本充实自己。在繁忙的高三,林洋也会在固定的时间翻一翻课外书。她说,正是这种阅读的习惯,让她的视野开阔了不少。

看过那么多的书,哪本书给林洋留下了最深的印象?林洋的回答是《月亮与六便士》。

书中,主人公放弃了原本优越的生活,忽略世俗的眼光,选择遵从内心的想法,最终在孤独中实现了灵魂的自由。主人公的做法让林洋备受启发,"他的做法点燃我内心的火焰,人不应该只为了活着,而是听从自己的内心,这本书让我更加清楚心里的想法。"

高一的时候,林洋还参加了学校的汉学社和胡杨诗社,这两个与文学有关的社团给了热爱文学的林洋一个展示自己才华的平台。每年5月,学校的社团会举办一些活动,这些活动也给林洋的高中生活留下了精彩的一章。

除了书籍,音乐也在林洋的生活中增添了一笔亮丽的色彩。小时候,林洋也练过电子琴和钢琴,不过后来由于住校,她没有时间继续学下去。很难想象,外表恬静的林洋,竟然喜欢热情奔放的摇滚乐。"摇滚乐让我热血沸腾,对我来说不失为一种放松的方式。"高考结束后,林洋报了吉他班,重新拾起对音乐的追求。

数学也曾91分,学霸不是一天炼成的

林洋这个名字,对于"潮实"2018届的文科生来说并不陌生。每次考试,同学们总能在成绩排行榜的前几名中看到林洋的名字。两次模拟考试蝉联第一,更是让她成为同学们口中的"大神"。

然而,学霸从来不是一天练成的,成绩优秀的林洋也有过处于低谷的时刻。

林洋深刻地记得自己初三刚转到"潮实"时的处境。转学前,林洋从来没有感受过像"潮实"这样的学习氛围。

"以前的学校学习氛围没有这么浓,周围的同学对学习没有这么大的热情。但'潮实'不一样,每个人都很拼。"虽然在以前的学校,林洋还是那个同学们口中的"万年第一",并且每次都会与第二名拉开几十分的差距,但在"潮实",林洋不敢有半点松懈。

整一年初三,林洋都还在适应期。与之前完全不一样的学习节奏和第一次离家住校的生活给了林洋不小的压力。一开始,林洋隔三岔五就给妈妈打电话,倾诉自己生活中的烦恼和压力,倾诉之后,林洋的状态就好了很多,重新全身心地投入紧张的学习之中。回想起来,林洋特别感谢妈妈的付出和陪伴。

功夫不负有心人。林洋以772分的中考成绩考上了"潮实"的高中部,并且取得了免交学费的资格。

然而进入高中后,林洋也并非一帆风顺。高中的学习难度与初中相比大大增加,学习节奏也更快,这都让林洋难以在短时间内适应。

林洋坦言,在高一的时候,自己的数学并不好,也曾在及格线徘徊过。林洋自己尝试过一些方法,她曾像许多人一样建立自己的错题本,却发现这个办法并不适合自己,不能提高自己的数学成绩。

经过一番摸索,林洋终于找到适合自己的学习方法,她不再记录错题,而是直接把易错的知识点或者容易被忽略的思路记下来,考试之前翻一翻。"这样花的时间就比做错题本少很多。"林洋表示,这种做法对她来说更高效、更有用。

真正实现数学成绩的翻盘,是在高三的时候。高三的一轮复习,对林洋来说尤为重要。在这个阶段,老师们会把学生之前学过的知识重新讲一遍,也是学生巩固知识点的最好时期。林洋抓住了这个机会，紧跟着老师的节奏，将高一落下的知识点悉数补了回来。"一轮复习对提高分数特别有帮助。"林洋强调，这个阶段一定要紧跟着老师走，全面地将知识点复习一次。

每逢学校放假回家，林洋不会将书本习题带回去。"学校学习节奏很快，放假回家就应该好好休息一下。"林洋觉得，在家的休息是为了回学校后有一个稳定的心态，能更加投入地学习。

学霸养成，离不开老师的引导

说起数学成绩的逆袭，林洋十分感谢她的高三数学老师陈斐。林洋对陈斐老师的评价很高，"他是一位很有趣的老师，没有老师的架子，上课总能用一些有趣的肢体动作把我们逗笑。"在数学课较为轻松的气氛中，林洋一直保持着良好的心态。

"得数学者得天下"，这句话在文科生中盛传已久，虽然不一定正确，但也反映了数学成绩在文科中的重要地位。在老师的悉心指导下，林洋找到了自己学数学的方法和思路，数学成绩也有较大的提升。

除了数学老师，班主任王文彬也给林洋的学习带来不少帮助。"他对班级的管理看起来很宽松，尽量维持一个轻松的氛围。"同时，林洋评价道，王老师很有威信，但也给人一种亲和感，不会太严厉。

在管理班级方面，王文彬有他自己的一套。王文彬从高一下学期开始就成为林洋所在的班级的班主任,他深知班级氛围对学生的重要性。"对于班级管理,我的理念是简单生活、快乐学习。"王文彬表示,一个积极向上的班级氛围能让同学们更加享受学习生活,而不是整天愁眉苦脸。

在他的带领下,班级不仅成绩突出,其他方面也被老师们津津乐道。在校运会中,他们还拿过团体总分一等奖。"既活跃又认真,大家都相处得很好,没有什么矛盾。"这是林洋对一班的评价。

王文彬告诉记者,林洋考出好成绩最重要的原因是心态好,自我调适能力强。"高三考试次数多,历次大考林洋都取得优异成绩,但一些小考她的成绩也有起伏。林洋给我的感觉就是她始终面带微笑面对每一天。"王文彬说。

让王文彬印象最深的是,林洋连续在汕头市一模考试、二模考试取得全市第一名的成绩,他问林洋:"压力会不会有点大?"林洋点点头说:"有压力。"但她又坚定地说:"会调整好状态的。"

"正是这种稳定的心态,使得她坦然应对高考,取得全省前20名的好成绩。"王文彬说。

即将离开待了4年的学校,林洋恋恋不舍。即将毕业的时候,他们全班给每一位科任老师写了小纸条。"我写得很普通,也有同学写得很好玩。"林洋回忆说。但不管写得怎么样,在林洋看来,这都是一件非常温暖而令人难忘的事情。

学霸秘笈：

各科重点各不同

林洋

一、语文

要了解语文的各种题目的特点，我认为语言运用题（如病句题、成语题）主要通过做大量题目来培养语感，论述题要反复读文章加以理解，再了解一些常见的错误案例，古诗文在适量做题的同时，重点掌握古文的阅读方法，主观题要及时总结答题角度和经验，作文要写好，得坚持阅读和关注时事。

二、数学

大量做基础题和中档题，从中找出自己易错的点进行总结；适量做稍难的题，主要关注做题的思路。

三、英语

单词是基础，除了背好课内单词之外，也要记一些常见的课外单词，然后每天做一些题保持题感。

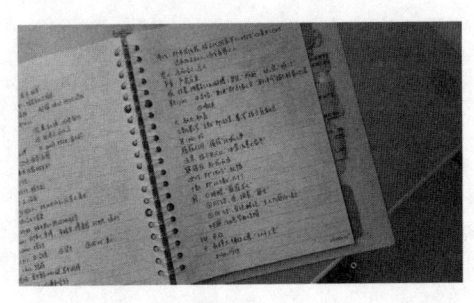

林洋整理的知识点

林洋：高一时数学也曾91分，直到高三才逆袭

四、政治

政治课本需要经常温习，更重要的是理解题目的含义，多做选择题可以积累常见的错误选项，适量做典型的大题（最好是历年高考真题）找到答大题的思路。

五、地理

地理需要理解的知识比需要背诵的知识多，可以采取一边做题一边由题目复习课本知识的方法。

六、历史

多做选择题，熟悉历史选择题的逻辑特点，大题在精不在多，不建议在大题上花费过多时间。

张彤彤：学习要找出最适合自己的组合套路

学霸名片

姓　　名：张彤彤

毕业学校：汕头市潮阳实验中学

高考成绩：全省文科前20名

录取院校：北京大学法学院

特长爱好：弹钢琴、NBA、阅读

座右铭：宁静致远。

张彤彤是汕头市潮阳实验学校（简称"潮实"）2018年高考生，在高考中她的成绩被屏蔽，位列全省文科前20名。对于高考成绩，张彤彤说"既在预期之内也是意料之外"。

"我的成绩不是很稳定，但高考成绩相比模拟考，算是超常发挥吧。"张彤彤并不是典型意义上的学霸，在高三，她的成绩也是起起伏伏。但在班主任王文彬看来，张彤彤的这番说辞是谦虚的说法："她是班级的学习委员，学习成绩

张彤彤

一直很好。"

在不少同学眼中,张彤彤是一个"佛性"的人,学习压力对她来说并不太大。"我一直顺其自然地成长,不会想太多未来的东西,脚踏实地往前走就可以了。"张彤彤觉得,不对自己施加压力、只要求走好脚下路的心态,让她能够在高考中"突围"。

"我们不愿意孩子的弦绷得太紧"

在张彤彤的父母眼中,张彤彤是个自信阳光、独立开朗的孩子,从小到大不管是学习还是练琴,都很少让父母操心。"她是一个做事很有规划的孩子,成绩不错,哪怕有时出现起伏,也能乐观看待。"妈妈蒋妙娴说道。

张彤彤的家庭氛围非常和谐，一家人经常一起在客厅喝茶，彼此分享工作和学习生活的趣事或烦恼，很少有矛盾冲突。在这样的氛围中，张彤彤的父母一直理解、支持着张彤彤，让她能保持相对轻松的状态度过高三。

张彤彤说，她在读幼儿园的时候便与NBA结了缘。一家人的日常消遣爱好，就是坐在电视机前看球赛。慢慢地，张彤彤也被NBA"圈粉"，看球成了她的放松减压方式。蒋妙娴说，有时候张彤彤因为内宿无法看直播，她会打电话告诉女儿哪支队伍取得了胜利。周六回家，她还会让张彤彤看重播，"我们不愿意孩子的弦绷得太紧。"

除了看NBA，蒋妙娴还经常叮嘱张彤彤注意锻炼身体。高三的时候，体育课学太极，父母就建议她认真学习，作为一种放松的方式。后来，张彤彤在课余用太极拳来调整自己的心绪。蒋妙娴认为，张彤彤能在高考中保持平和的心态，可能是因为找到了这一适合自己的调整情绪方式。

在张彤彤的成长轨迹中，父母一直担任在她身边支持她的角色。蒋妙娴是一名老师，但她不会直接去干预张彤彤的学习，而是让她自己去解决学习上的问题。父母带给张彤彤的，一直是理解和支持，这让张彤彤十分感动。

虽然张彤彤高考成绩优异，但在父母看来，最让他们骄傲的并不是女儿的成绩，而是她平日待人处事的方式。"她能熟练地冲功夫茶，端给家里的长辈；电梯间里按着开门键让里面的人先走，这些都让我们感受到孩子的成长。"张彤彤父母觉得，这些小事最能体现一个人的修养，是比成绩更重要的事。

兴趣广泛，经常忙里偷闲

张彤彤是一个兴趣广泛的人，除了从小看到大的NBA，她还练过钢琴。"小学的时候经常练，高中之后住校没有时间练习，只好放下了。"但张彤彤表示，今年暑假她会重新学习钢琴，拾回小时候的爱好。

张彤彤从小就喜欢看书，阅读面非常广。这个爱好，张彤彤一直保持着，没有断过。即使在忙碌的高三，张彤彤也一定会安排一些时间看课外书。"我看的书杂七杂八，什么都有。"张彤彤觉得，高中生活虽然看上去挺忙，但看书的时间还有的。

看书这个习惯让张彤彤在写作文时不必刻意积累素材，在她看来，书看得多了，素材自然就有了。但张彤彤表示，阅读的习惯给她带来更多的是心情的放松，远多于学习上的帮助。

"有的同学会觉得看小说的时间不如拿来学习，我觉得见仁见智吧，可能有人确实适合那种大强度的密集式学习，而我需要时间来调节和放松，对我来说看小说是一种重要的放松方式。"张彤彤说。

张彤彤十分了解自己，她很清楚什么时候学习效率最高，这样她便可以高效地利用时间。她从来不会在课间刷题。在她看来，下课就应该好好放松一下，恢复精力，为下一节课做准备。下课时，她经常和同桌有说有笑，累的时候就小睡一会儿。对张彤彤来说，这也是她的放松方式。

高中三年已经结束，张彤彤回想起来，印象比较深的也是一些忙里偷闲的小事：和要好的朋友在操场散步聊天；和舍友在宿舍开夜谈会；和同桌在课间折纸……这些点点滴滴，就是张彤彤最珍贵的回忆。

按部就班，区分出学习的主次

问起张彤彤复习期间的学习计划，张彤彤的回答是"按部就班"。在复习期间，张彤彤的策略是紧跟老师的步伐，按照复习的节奏来背诵做题。

在上课过程中，不管老师讲的内容她是否已经懂了，张彤彤都会认真听讲，而不是抛开课堂自己做题。在她看来，即使老师讲的内容已经明白了，但老师的经验总比自己多，认真听讲能起到"温故而知新"的效果。

在学习上，

张彤彤被翻旧的课本

张彤彤一直坚信最简单的方法最有效。她认为,课本是整个学习过中最重要的资料,许多题目想不明白、许多知识点一知半解,其实都是因为没有把课本"吃透"。

"我没有什么特别的复习资料,主要就是翻课本。"张彤彤说,"考完试就会总结一下经验,从课本里找到自己薄弱环节,找到尚未完全掌握的知识点。"

在张彤彤看来,"课前预习,课上认真听讲,课后复习"就是过关斩将的利器。她认为,要用好这三步方法,则需要每个人根据自己的学习情况不断总结反思,找出最适合自己的组合套路,并灵活地用于各科学习当中。"适合自己的才是最好的。"张彤彤强调学习方式一定不能照搬照抄,要自己摸索出一套适合自己的学习方法。

"合理安排时间,区分出学习的主次"是张彤彤的另一条经验。她坦言,当学校布置的作业过多时,她会选择性地完成。而这样做的前提是知道自己的强项弱项,这样,时间利用率更高。不过,张彤彤表示,她这样做并不意味着不认真对待题目,"做题最重要的目的就是查漏补缺,完善知识体系,所以有不懂的题目一定要弄明白。"

心态放松,考完数学问NBA比赛结果

张彤彤所在的高三(1)班在今年高考中成绩亮眼,同时出了三个省文科前20名,列全省第一。作为班里的学习委员,张彤彤对此感到非常自豪,"'大一班'取得这样的成绩,和各科老师与每个同学的努力是分不开的。"

在"潮实",生活单调但有规律。在外人看来,这所学校管理十分严格,但在张彤彤看来,她的生活与其他高中生没什么不同。她觉得高三并不可怕,班里的气氛也是和谐轻松,更重要的是,她会在平淡的生活中给自己找点乐趣,丰富学习生活,这样放松的心态让张彤彤在波动的成绩面前不焦虑,也让她自信满满地走进考场。

张彤彤说,高中三年中,她从来不会给自己太大的压力。她很少去想自己以后应该上哪个大学,也不会给自己定下一次考试的目标。她只是认真地度过每一天,掌握好每一节课讲的知识点,一步一脚印地往前走。

高考那天考完数学,张彤彤给家人打电话,第一句话不是谈考试成绩,而是问妈妈NBA中勇士和骑士总决赛第三场哪个队取得了胜利。这个出乎意料的电话让蒋妙娴的心放了下来。她知道,女儿的心态平稳,一定可以正常发挥平时的水平。

在班主任王文彬眼中,张彤彤是个性格开朗的孩子。"她整天开开心心,笑容满面,我想这正是她能在高考中取得优异成绩的关键之所在。"王文彬说,张彤彤的成绩起伏较大,但她都能够坦然应对,"每次她发挥不好,我都会给她信心,并相信她高考一定能够发挥好。"

学霸秘笈：

最简单的学习方法最有效

张彤彤

最简单的学习方法最有效，我一直相信这一点。就像程咬金的三板斧能发挥巨大的功效，学习上的三板斧——课前预习，课上认真听讲，课后复习也是求学之路上过关斩将的利器。

要用好这三步方法，则需要每个人根据自己的学习情况不断总结反思，找出最适合自己的组合套路，并灵活地用于各科学习当中。比如，对我来说，课前预习这一步和后两步相比就不是那么重要，因此我常常选择性忽视第一步，而认真落实后两步。另外，由于各个科目有不同的特点，并且每个人都有强弱项科目，所以在学习的过程中要做到有主有次，不能平均用力。

适合自己的才是最好的，这是我的第二条经验。我不喜欢刷题，不喜欢做错题集，也不喜欢做思维导图、年代总结大事归纳之类的东西，并且经过高中三年的摸索，我发现我的不喜欢是有原因的——做这些事情总是打乱我的学习节奏，容易让我产生焦虑和不安的情绪。相比之下，当我完成课内作业并且仔仔细细阅读课本内容时，我常常能发现新的知识，得到新收获。

心态一定要稳定，尤其是高三这一年。在节奏紧张、考试频繁、气氛沉闷的高三生活中，调整自己的心态至关重要。整个高三,我的成绩大起大落如过山车,但是对我来说,考试不过是检验自己学习成果的渠道,考差了反而能够暴露出我学习的不足之处和知识的短板。

我对自己的学习方法有足够的自信,并不多想高考后的结果,所以我很少出现焦虑紧张的情绪,反而相对放松。学习和生活需要平衡,在平时我依然保持正常的生活节奏,我不喜欢熬夜,经常翻翻杂志小说,看看球赛电影和新闻,打打太极散散步,日常的生活总能给我平静的心情。不必将高三特殊化、妖魔化,高三生活其实并不可怕。

最后,介绍一下我对于各个科目的不同学习方法。

语文:语文本来就是我的优势科目,所以整个高三我都很少刷语文题目,从而腾出时间来学习其他科目。作文方面,我在阅读一篇议论文时,不管是文言文还是现代文,都有分析写作思路的习惯。分析得多了,写作文时思路就自然而然地出来了。阅读方面,当然要尽量确保选择题不失误,事实上高考选择题出题严谨,不会出现模棱两可的答案,只需认真分析文本内容,仔细领会便可以减少错误。

数学:数学是我的弱项,也是我一度放弃挣扎的学科。但是高三频繁的考试和大量的练习拯救了我。我没有课外练习资料,对数学也只能一步一个脚印,跟着老师的节奏,主动思考和钻研。当我在不断的练习中找到同样题型的套路,并以此解决一个一个题目时,我得到了成就感。这种成就感也是激励我不断向下个题型冲刺的动力。

英语:英语学习,词汇量最重要。平时要养成积累生词的习惯,不断扩大自己的词汇量。生词少了阅读速度自然就提上来了。大量积累生词还有一个好处,就是猜词的能力会大大提高。一些同类型词汇不必再反复揣摩结合上下文才能得出答案。平时适当做些题目，保持题感，英语这科也就能拿下了。

政治：政治学习没有特别好的方法，这是我的感觉，尤其是面对全国卷那些"令人发指"的大题。但是只要肯钻研，全国卷政治还是有迹可循。首先政治四大方面的考题各有各侧重。经济政治偏重时政，文化偏重材料，哲学偏重课本。找到这些规律，大题答案脉络自然清晰。另外，政治切忌投机取巧押题，最好不要偏废或着重某个专题的复习，说不定高考就喜欢出其不意考那些所谓的冷门知识呢。

历史：课本一定要熟悉！很多同学会认为课本内容不直接考所以并不重要，但事实上，课本才应该是复习的重点内容，是我们应当常常翻的材料。高考不会直接考历史意义的默写之类的东西，高考的重点内容一直是对历史事件的理解，这些理解从何而来？从对史实的准确把握，也就是对课本的熟悉中来。所谓书读百遍，其义自见。

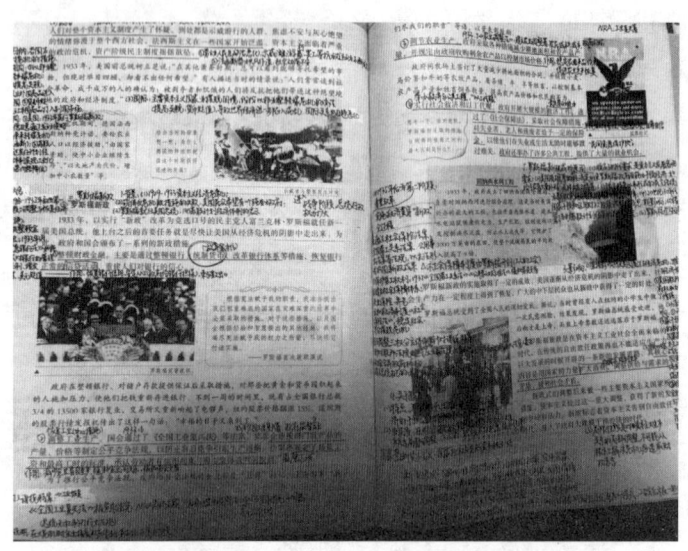

张彤彤的历史课本

地理： 地理看上去都是些零碎的东西，很难形成一个完整的体系，其实不然，体系都是现成的，就在课本里。在题目面前，知识的短板很容易暴露，这决定了我们对地理课本的了解不能点到为止，必须透彻深入。

学习的道路当然不会一帆风顺，需要有耐心和恒心，更需要有坚定的自信。

佛山

王浩宇：阳光大暖男，一路与爱同行

学霸名片

姓　　名：王浩宇

毕业学校：联滘小学、石门实验学校、石门中学

高考分数：全省理科前20名

录取院校：清华大学计算机类

特长爱好：篮球、足球、看书等

座 右 铭：人总在高潮低潮中浮沉，唯有庸碌的人，生活才如死水一样。

"经广东省招生办公室核准，您已被清华大学录取。"2018年7月16日，王浩宇在他的朋友圈晒出了录取通知短信，高兴地写了句："有书读啦。"

一直以来，带着一颗要当"凤头"不断追逐优秀的心，王浩宇脚踏实地，终于叩开了"清华"这扇梦想之门。

在2018年高考中，王浩宇考取了理科省前20名的好成绩。获晓成绩被屏蔽的一刹那，王浩宇说："有一块石头落地的感

觉。""我没什么特别的学习秘笈,就是一个稳扎稳打,水到渠成的过程吧。"王浩宇说。

这个一米八三个头的大男孩,不仅学习成

王浩宇在高考百日冲刺动员大会上发言

绩优异,还是大家公认的"阳光大暖男"。说起他,母亲李俊卿说他是自己的"小棉袄",班主任覃光红说他是贴心课代表,朋友们说他是幽默风趣的"好老友"。一路与爱同行的王浩宇,待人接物始终不忘真诚和感恩。

"自信幽默、阳光温暖、乐于助人、充满正能量,带着这样品质,我相信他的未来一定会有更好的发展。"覃光红说。

从小立志:"为什么我不能做凤头?"

王浩宇说,屏蔽成绩的消息是6月25日放榜前一天晚上9点多得知的,是水到渠成的结果。"心里有块石头落地了。"

谈及学习心得,王浩宇说课上一定要好好听老师讲,"课下40分钟比不上课堂1分钟"。做笔记不是老师说的每个字都要记下来,可以通过预习,遇到不懂的记到课本上面,稳扎稳打,才能水到渠成。

他告诉记者,自己平时上课做做笔记,看看错题,做好学习计划,复习技巧跟别人并没有什么不一样:"会整理属于自己的笔记,看起来比较整洁。"

2000年的初春,王浩宇出生于一个潮汕普通家庭。在读小学二年级之前的7年时间,王浩宇的童年都是在广州度过的。因为亲戚朋友介绍,父母在王浩宇小的时候就带着他到广州打拼,每天起早贪黑经营着自己的便利店,一家三口租住在时任某学校校长助理的房东张女士家里。

据王浩宇的母亲李俊卿回忆,王浩宇7个多月就会叫"爸爸",2岁半上幼儿园就会看报纸,记忆力不错,一些复杂的字不太好认,李俊卿用自己的方式,教几遍他就会了。

"比如'高'和'商'很像,我就写在他的小手心上。多写几次,他马上就能记住了。"李俊卿说,王浩宇非常喜欢看书,经常一坐下来就是两三个钟头不离板凳,从小就有很高的专注力。

2007年,由于广州的生意不太好做。经人介绍,其父母又带着7岁的小浩宇转往大沥读小学,做起了五金生意,因为那里是新五金市场。王浩宇父母共同的想法是:"小孩子长大了,要给他更好的生活。"

不料,2008年一开业,就遇上了金融危机,五金的价格从6000多元/吨降到了3000多元/吨,生意一下子亏损几十万元。

"那时一下子把以前积累的都亏掉了,甚至连租金都赚不回来。"夜里,李俊卿和丈夫辗转反侧,但白天,他们依然面带笑容目送儿子去学校,把愁容全部都收起来。"经济上不要跟他聊太多,会给他压力。"不要对孩子的学习有任何影响,夫妻俩达成一致。

2012年,王浩宇从联滘小学毕业,也犹豫过初中是上普通初中还是去读重点学校,是做鸡头还是凤尾?"为什么我就不能做凤头呢？"出于想要和优秀的人在一起奋斗的心，王浩宇告诉了父母自己的决定。

"好，那就上吧！"王浩宇爸妈同声支持道。

考前插曲：打球摔伤"被照顾"一个月

当记者问："你与父母有哪些温暖瞬间？""数不清。"王浩宇答道。盖被子，半夜发烧大半夜带他去医院这些生活上的小事总能让王浩宇感到温暖，最让他难忘的，是自己去年8月份膝盖受伤那段时间父母对自己无微不至的照顾。

"当时特别不方便，上下楼梯要人搀扶，翻身、洗澡、上厕所都要爸爸扶着。他们很晚过来又要很早回去，风雨无阻。"

据王浩宇回忆，当时住院半个月，在家里休养了半个月，落下一个月的学习，成绩都下滑了。于是，学校特别安排了教学楼6楼一个小房间给他住，并配置空调，由父母晚上来照顾他。

由于白天要忙生意，王浩宇的父母每天要等晚上10点儿子下晚自习才进校园，第二天因为要工作，两人早上7点就又要离开。

在康复的过程中，也少不了舍友的帮助。7个舍友贴心地帮王浩宇制订了一张"排班表"，轮流帮腿脚不便的王浩宇打饭，让他很是感动。在慢慢地调整和各方关怀帮助下，王浩宇伤势逐渐康复，也终于把落下的功课补了回来。

"浩宇是个很坚强的孩子。"李俊卿还清楚地记得，做

在85周年校庆上，王浩宇和好朋友们的合影

手术隔天要挤掉血水，没上麻药，我看到都流眼泪。"妈妈不要看，没事的。"为了不让妈妈担心，王浩宇咬紧牙关，忍住疼。"现在也忘了当时的感觉了。"王浩宇说。

"浩宇从小还特别维护小朋友。"李俊卿记得，王浩宇3岁多的时候，有一次跟小伙伴们在花坛边玩的时候受了伤，肌肉都凹下去了，李俊卿在给他洗澡的时候才发现。但是问起他就说是自己碰到的，也不说是哪个小朋友弄到。"大家关系都特别好，而且又不是故意的，就不想让父母知道吧。"王浩宇说。

"浩宇一直以来带给我们的都是荣誉和快乐，大家一说起他都竖起大拇指。"王浩宇的爸爸王文茂表示，儿子的成绩一直很稳定，名列前茅，全凭自觉，不用家人操心。自己最大的愿望就是希望儿子健康快乐，因为健康、身体好是最重要的。

"现在回过头才发现爸爸妈妈很爱我，就像大伞一样。

回看会觉得他们特别不容易,却一直为我遮风挡雨。"王浩宇说。初中阶段,王浩宇也不忘争气,3年都拿了学校奖学金。

陪伴成长:每一块"璞玉"都须用心雕琢

2018年6月17日是父亲节。临睡前,王浩宇敲敲父亲的房门,递给他一张明信片。打开看到上面写着"爸爸您辛苦了!"王文茂眼睛眯成缝,笑着拍拍已经比自己高半个头的儿子的肩膀。

对父母的感恩,王浩宇一直铭记心里。不管到哪里旅游,王浩宇都不忘给家里人带礼物。例如中考完到上海给妈妈带雪花膏,到青岛旅游给父母带茶叶。母亲节的时候,他还亲手给妈妈折玫瑰花,写卡片。"很感动,很开心,心里甜蜜蜜的。"李俊卿说。

谈及教子经验,李俊卿说,多陪伴孩子,从小注重培养孩子爱读书看书以及专注力等习惯非常重要:"因为每个孩子都是一块璞玉,大人是雕刻刀,想把玉雕刻成什么,一定要一刀一刀去用心雕刻,有付出才有收获。"

这也是房东张女士这名教育工作者经常会跟李俊卿交流谈到的教育经验。对待"璞玉"的雕琢,就是要发现他有哪方面的天赋,就要往哪方面去引导。

在王浩宇的印象中,张阿姨温柔、细心,还常常读故事书给他听,例如一些古代传说故事。为了从小培养孩子的阅读习惯,李俊卿每晚临睡前都会给王浩宇读故事书,一直坚持到他读完小学。

王浩宇用心给父母准备的节日礼物

说起儿子的性格,李俊卿说"能动能静"。小的时候只要王浩宇出去跟小伙伴玩,他"哈哈哈"的笑声,隔几条街都能听见。

在"放养式"的教育下,王浩宇在广州度过了自己无忧无虑的童年生活。

7岁那年,小浩宇离开广州小伙伴搬到佛山生活,开始不太适应。每天晚上,李俊卿吃完饭都会陪他出去散步,坚持给他读成语故事或者放英语录音给他听,帮助他慢慢适应新环境。

"是大厦(shà),不是大厦(xià),妈妈!"随着知识日益增长,小浩宇也开始纠正起妈妈的潮汕式普通话发音。

在王浩宇看来,其成长过程中,父亲和母亲分别扮演了两种不同的角色。"我妈妈温柔、细心,把我照顾得很好,但是她对我管得比较严;相反,爸爸反而管我松一些,从来没有打过我,属于比较理性的一个人。"

对于这一点，王文茂笑笑说："他妈妈已经管得严了，我总得扮演个'红脸'角色吧。"平时王文茂与王浩宇主要交流学校、学习和性格习惯问题，晚上只要王浩宇睡觉了，哪怕自己有再想看的电视，也绝对不会打开电视机，怕影响孩子休息。

在王浩宇18岁成人礼上，他的爸爸妈妈都盛装出席。"孩子人生中重要的时刻，我们不能缺席。"王文茂说。

王浩宇还记得临上高考战场，妈妈鼓励说"不要放心上，不要掉链子，不要压力大""你一定行，轻松上阵！""You are the best! 这句英文还是浩宇教我的。"李俊卿笑着说。

"我真的很感动，也觉得自己很幸运。在我的印象中，我的父母从来没吵过架。我妈妈脾气不好的时候，爸爸就忍让，或者用幽默的方式化解。"王浩宇说。

教学相长："能教他们是我的福气。"

上到高一，因为语文相对薄弱，王浩宇主动提出想担任覃光红老师的语文课代表，一当就是3年。每天早读，总能听到他爽朗的带读声，氛围很好。

此外，王浩宇在学校还积极参加朗诵比赛、徒步运动、唱歌比赛、运动会铅球项目等活动。

"2017年运动场上，浩宇自己的膝盖伤还没痊愈，还去主动扶同学。学品之上更重要的是人品，浩宇很大气，待人真诚，做班干部也没有任何怨言，很愿意帮人，充满正能量，相信他会有很好的发展。"其班主任覃光红如是评价道。

在覃光红看来，一个班集体需要学生自我管理，自治自理，树起正气，积极努力，共同奋进。因此，每天傍晚她都会组织开展"有为视野"分享会，让同学们了解各自感兴趣的相关领域知识，例如天体、神话等。

王浩宇在分享会中介绍的是数学向量的内容。因为酷爱看书，身为语文课代表的王浩宇也经常会把自己写的《基督山伯爵》《百年孤独》等读后感拿出来跟大家分享。他认为，前者通俗中带着个人传奇色彩，表达出对信念的追求对希望的憧憬，后者马尔克斯的魔幻现实主义体现出对人性的思考。

"我经常告诉他们，每个人都是一座宝库，一群人才能走得更远。同时，老师的成长也跟学生有关，这个班同学们的思维非常活跃，教学相长，对我而言也是一种'知识进账'，有一群这么棒的学生也是我的福气。"覃光红说。

王浩宇非常爱妈妈，这个1.83米个头的大男孩，去到哪里都要给妈妈买纪念品。但对"覃妈妈"，王浩宇同样亦师亦母般对待。

说到王浩宇的"暖"，有件事让覃光红一直难以忘怀，如今想来依然忍不住眼眶泛红。

那是2017年的母亲节，覃光红带王浩宇一行人到广大附中参加北大博雅学术能力测试，很晚才回来。"在学校附近陶苑吃晚饭的时候，王浩宇领着一班同学来祝我'母亲节快乐'，还把揣了一天的蜂蜜拿给我，当时特别感动。不管未来怎样，王浩宇在人品上已经成功了。"覃光红说。

除了爱打篮球、踢足球和看书之外，王浩宇也经常关注时事新闻，思考社会热点话题。

在《我不是药神》上映之际，王浩宇专门和同学去看了这部电影。"最让我感动的是程勇第一次去吕受益家里的时候，吕受益带他看自己的儿子说'我看到他的第一眼我就不想死了,我只想听他叫我一声爸爸',还有他在化疗期间,回头望了妻儿一眼的画面。"

在王浩宇看来,社会现实有非常多的矛盾和冲突,很多分歧也非常复杂,不能一概而论。"很多人不能理解为什么这个药要卖这么贵,但是可能这个药本身研发经费投入很大,背后投入了很多精力,经历了千百种药的实验失败。它的价格不合理在于和消费人群存在冲突,这就需要不断完善制度保障体系。这样看,其实政府、制药方、企业和病人都没有错,没有哪方是绝对的善恶。"王浩宇说。

王浩宇从小学就开始参加数学竞赛。为提高语文文字功底,他不仅坚持练笔,还经常写写随笔和日记,提高自己的作文水平。他有一本"心情本",平时会抄写一些名言来调整自己的心情。傅雷所说的"人一辈子都在高潮——低潮中浮沉,唯有庸碌的人,生活才如死水一般",是他最喜欢的一句话。

"现在我的经历还没那么多,成绩起伏比较大的时候,就会用傅雷这句话勉励自己顺境时不要得意,低谷的时候不要气馁。"当记者问他是否曾梦想过上清华,王浩宇称,自己小学的时候就想着要上最好的大学,成为很厉害的人。后来发现那是很遥远的事,要脚踏实地。

"你想去到怎样的高度,认清事实之后,反而目标更加明确。还是做学生的时候比较幸福,以后经历了更多的事,应该会对这句话有新的体会和看法。"对于即将开启的大学生活,王浩宇满是憧憬。

学霸秘笈：

课下40分钟比不上课堂1分钟

王浩宇

平时养成良好习惯

我认为，作息不仅对身体健康很重要，对新的一天的学习状态也非常重要。一方面，平时要保持规律作息；另一方面，早读晚读认真对待。教过我的老师都常称赞我早晚读声音洪亮，我觉得这是我一直以来能够保持的一个很好的学习习惯。

这里特别要提的一点是，认真听课，认真听课，认真听课！重要的事情要说三遍！请记住，老师这么多年的教学，在这个学科上的经验绝对比你丰富得多，有句话说得好，课后40分钟比不上课堂一分钟。认真听课也不是说把老师说的全都用笔记录下来，而是有选择性地记录，如果什么都记，反而有可能什么都没记，重点不突出，对于真正重要的内容反而印象不深。

做好学习规划和总结

学习计划我提倡的是更有弹性的那种计划，因为到了高中可能很多时间不一定属于自己，如果安排得太紧，那很有可能由于老师突然发下来的"今晚完成"的卷子打乱了计划，所以我建议在做计划的时候可以留一些空余时间，或者说在某个时间段安排并不那么紧迫的任务作为备用的时间段。

其实我个人认为写总结要比写计划更重要。几乎每次大考过后我都会写总结，总结过去这个阶段以及在考试中的表现，看看哪些做法需要保持，哪些做法需要改进。总结的形式有很多，比如分各个科目，或者是分成未掌握、已掌握但未熟练、已熟练但仍丢分等，这里只是提供一个参考，对你自己最有效的才是最好的。

注意应试策略与技巧

大家可能都知道，一张卷分为容易题、中等难度题、难题。不同人可能有不同的策略，我的策略是容易题千万别大意，一定要把这些分拿到，而中等难度题心态放稳些，放松些，就当平时练习一样，对于难题来讲必须对自己的水平有清晰的认识，切忌在一道难题上花费太多时间（尤其是理综），尽量把能拿的分数都拿到手中。

关于理综的时间安排，我一般是40分钟左右做完选择题，然后做物理，再做选考的三道题，最后做化学、生物。因为理综前面的时间人的头脑还是比较清醒，所以物理大题更容易找到思路，而选考题一般难度都不会太大，分容易并且应该拿到，所以不应该放在最后做，如果最后时间比较紧，化学、生物写快点还是能够完成的。

数学的时间安排上，我认为不管试题难易，一定要掌控好自己的节奏，我的节奏一般是选择题40分钟，第17、18、19、22题共40分钟，第20、21题共40分钟，简单的题目也不要做得太快，一定要细心，以我的经验来看，如果时间充裕，做完所有题目再回来检查远不如每道题做完就飞速检查一下，比如换一种方法再做或者把答案反代回去。

关于考试心态,有句老话说得好:把平时当高考,把高考当平时。平时的考试要给自己适当的压力,不能太过放松;而高考一定要调整好心态,给自己积极的心理暗示。以我自己为例,高考前的天一大联考六联我考得不是很好,高考那几天的晚上和中午我都没睡好,但是之前考试我也试过这样的情况反而考得更好,于是我告诉自己:高考一定能考好!

梁文杰：厚积薄发，胸有湖海文始壮

学霸名片

姓　　名：梁文杰

毕业学校：横江小学、石门实验学校、石门中学

高考分数：全省理科前20名

录取院校：清华大学计算机类

特长爱好：唱歌、读书、看电影等

座 右 铭：你不面对现实，现实就会面对你。（温斯顿·丘吉尔）

  再过不久，石门中学2018届毕业生梁文杰将与5名高中同班同学一起迈进清华大学校园。"我和好兄弟王浩宇都选择了计算机类专业，希望进清华继续同班！"梁文杰说。

  2018年6月25日是高考放榜日，梁文杰父母收到短信：高考成绩被屏蔽，位列全省理科前20名。

  梁文杰的高考之路也曾出现波折。在高二做出放弃信息学竞赛的决定，全身心备战高考，短短一年时间，凭借扎实的基

梁文杰在石门中学留影

础功底,老师和好友的鼓励与帮助,梁文杰在这个夏季收获甜蜜的果实。

突破学习阻力,全力"闯关",跻身年级前10名

2018年6月24日晚9时,梁文杰父母接到了一通来自北京大学招生组的电话。"那会儿我们还不太确定,文杰正与几个要好的同学在外参加聚会。"梁文杰妈妈冼宇珊说。

没过多久,他们又接到了来自清华大学招生组的电话,再次确认梁文杰成绩被屏蔽,进入全省理科前20名。当天晚上11点多,清华、北大招生老师来到家里。"老师待到次日凌晨1点30分左右才离开,希望文杰考虑就读清华。"梁文杰父亲梁健恒说。

"文杰高考完后和我说:'妈妈留意手机,可能会接到电话。'"谈起这一细节,梁文杰妈妈羞涩地笑着说,为此,她还专门把手机早前设置的防骚扰电话屏蔽功能取消了。

梁文杰的高考"闯关"之路并非一路畅通。"高一、高二的时候，成绩没有太大的突破。每天都很努力，但一直没有太大的效果。"梁文杰说，因为要腾出时间参加计算机竞赛，相比其他同学，他学习、消化新课程的时间少了很多。

参加信息学竞赛期间，梁文杰晚修时间经常一个星期要上2至3个晚上的课，如要参加特训，白天几乎都不在教室参与常规学习。

梁文杰从初中开始参加信息学竞赛，凭借对信息学的热爱与努力取得不错的成绩，比如在全国信息学奥林匹克竞赛分区联赛获一等奖。这也更坚定他希望通过信息学竞赛敲开名牌大学大门的决定。

直至高二下学期，一次竞赛失利，让梁文杰突然醒悟"高考是唯一的出路"，并开始调整状态全力备战。"那段时间，老师主动找我聊天，鼓励我，大约过了一个多月，我慢慢适应紧张的复习生活。"梁文杰说。

追赶是通过观察、借鉴身边优秀同学的学习方法开始的。结合自己的时间合理分配，梁文杰逐步摸索出适合自己的学习方法。"班里的学习氛围很好，同学之间不会有竞争对手的感觉，很多同学主动给予我帮助。"梁文杰说。

在今年高考中，梁文杰的同学王浩宇同样成绩被屏蔽，进入全省理科前20名。他与梁文杰同窗6年，并选择了同一所大学、同一个专业。"有好经验，我们

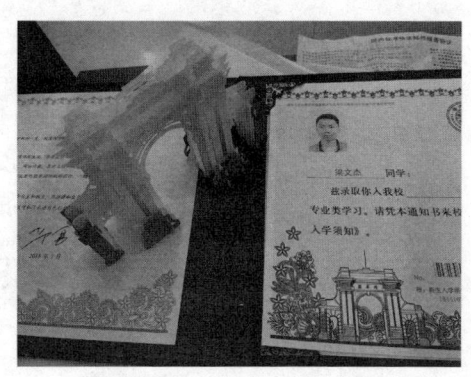

梁文杰收到的清华大学录取通知书

之间会相互分享。"梁文杰说。

虽然信息学竞赛占用了梁文杰学习其他课程的时间，但另一方面，信息学对思维能力的锻炼、解题方法的开拓提供了一定的帮助。

不过，化学仍是梁文杰前进的一大阻力。"在和化学老师沟通后，老师鼓励我不要担心，只是目前积累的时间还不够，只要保持积累的状态，很快就会看到成果。"梁文杰说，老师给我一道一道解析题目的难点，带我扫过一个一个知识点的盲区。

"我的好胜心很强，希望证明自己的能力。"梁文杰很早意识到，依靠他人提醒，以及老师、家长的鼓励是远远不够的，一定要通过自己努力才能取得好成绩。

很快，在老师、同学的鼓励帮助下，梁文杰凭借自身努力和过硬的专业基础，在高三下学期多次考试中进入年级前10，拿下两次班级第一。

注重目标分解，在背诵的基础上理解记忆

"小学、初中不用过分强调排名和成绩，要以培养爱好为主，如果过分'压榨'，高中阶段就会'后劲不足'。"梁文杰说，特别是高三阶段，需要紧抓平时周一至周五的时间来学习，但下课不一定要学习，可以和同学聊聊天，放松放松。

和很多学霸一样，"加班加点"极少出现在梁文杰的生活中。在他看来，早上不要过早起来，晚上也不能太晚睡觉，保证充足的休息时间十分重要。"基本跟着学校的作息时间即

可，如6时20分起床、22时50分睡觉等。"他说。

梁文杰注重学习目标分解的方法，会将周一至周五的早读时间单独分块，对理科生相对弱势的语文进行集中攻关。比如，其中2节用来背古诗文、2节用来翻阅作文素材、1节用来记忆文言文，完成了就打个钩。

和其他人制订计划按照哪个时间段来安排不同，梁文杰会以具体做什么，做什么题型为目标。在他看来，这种方法比较灵活，工作量可以通过小任务来平衡，不会像定时间段因突发情况而耽误开展。

"语文一旦上了台阶，成绩可能会下滑，一定要将基础补强。"梁文杰说，理科生强调积累与背诵的作用，大家都知道要刷题，但一味地刷题会进入瓶颈期。后期需要通过整理和思考，总结、搭建适合自己记忆的知识体系。"这样在考试中，不仅能解决新题、偏题也能顺利解决。"

在合理分配学习时间的基础上，梁文杰还十分注重整理回顾。这也包括多看课本，消化老师发下来的笔记等。"不是盲目、泛泛地看，而是要在背诵的基础上理解记忆。"梁文杰说。

没兴趣的时候如何保持专注状态？"如果觉得老师讲的问题自己已经消化，不妨往更深层次去思考，但一定要知道老师讲的是什么，并用不断地思考来提升专注度，这能在一定程度上提升学习的基础扎实。"梁文杰说。

梁文杰认为，到了复习后期，上课是"难得的放松"："老师的提点、引导是非常重要的。我很信任老师，所有科任老师我都很喜欢。"

在石门中学高三理科有为班班主任覃光红的鼓励下，包括梁文杰在内，大多数学生都会通过适当的体育活动，如跑步、踢足球等，在锻炼身体的同时，释放学习、生活压力。

梁文杰深知增强体魄的重要性。"一般在学校组织的统一跑操后，我会多跑几圈，回宿舍再做几个仰卧起坐。"他说。

在每个周日下午学校统一安排的休息时间，梁文杰会偶尔约上几个好兄弟一起看电影，或是回家与父母团聚。"完成该完成的任务再玩，才能保证学习效率。"

如今，梁文杰已买了一本《高等数学》，以全新的姿态站在了新的起跑线上。

2岁教孩子学咏春，5岁教他看报纸

高考结束当天，梁文杰父母为他献上祝贺的鲜花。在父母眼中，梁文杰是"不怎么需要操心"的类型，"很听话，也很懂事"。

"我2岁教孩子学咏春，5岁教他看报纸。"梁文杰的父亲梁健恒说，孩子从小学习就很自觉，总是做完功课才去玩。虽然自己平时大多数时间放在了企业经营上，但从小就注重培养孩子的阅读习惯。

"我们经常指着报纸问'你看这个是什么字？'"梁健恒表示，梁文杰5岁和爷爷奶奶一起喝早茶的时候就能看懂报纸了，家里文言文版的四大名著除了《红楼梦》外，书都被翻烂了。他认为，阅读打开了孩子的思维和眼界，让孩子更能早一些懂事，建立起自己的认知体系。

梁健恒说，梁文杰的兴趣很广泛，喜欢唱歌、打球，还会咏春。"我在他2岁多就开始教他咏春了,他曾获全国咏春大赛广东赛区二等奖。"梁健恒说,自己平时不仅注重加强孩子的体育锻炼,还会跟他一起玩游戏,"高一那年,他参加学校十大歌手比赛获得第11名的成绩。"

"小学阶段,文杰每次考试前一晚,我们都不会要求他一定要复习,而是让他不要那么紧张,可以玩玩电脑,调节到最放松的状态,可能会考得更好。"梁健恒表示。

梁文杰从小喜爱读书

在父母劳逸结合观念的培养下,梁文杰逐渐养成了良好的学习习惯。

"读小学的时候,文杰考完试会和我开玩笑说:'妈妈,你穿好看一点陪我去拿奖学金。'"梁文杰妈妈冼宇珊说,文杰属于不用怎么担心类型的孩子,不论学打咏春还是击剑、乒乓球,他都会很认真地去练习。

冼宇珊表示,高考前期,每周会带1~2次饭菜和汤水到学校看文杰,带上弟弟和奶奶和他聊聊天,但基本不会过问学习,不希望给他太大的压力。

"00后还是很有自己主见和独立自主性的,我跟他对话都是聊天沟通的态度而不是命令式的,所以我们父子关系挺融洽的,就像和好朋友相处一样。"梁健恒说,我们不会对孩子有太多的干涉,尊重孩子的选择,在孩子的求学路上,做孩子最坚强的后盾。

培养学生既要有"现代感",又不可缺"历史感"

"听到他进入全省前20名的消息并不感到惊讶。"谈及梁文杰在高考中取得的优异成绩,石门中学高三理科有为班班主任覃光红自豪地说。

虽然前期因投入大量的时间学习信息学,但覃光红对梁文杰充满信心。"他的学习品质非常好,自主学习能力非常强,学习效率也很高。"覃光红说,加上班级已形成互帮互助的良好氛围,晚自习、课间有很多同学会主动聚在一起讨论、思考,大家都主动帮助有需要的同学。

在覃光红看来,梁文杰有别于一般的"理科男",文笔细腻、富有情怀。"文杰的文字很有温度,能把丰富的情感通过言辞真切地表达出来。每节课都十分认真听讲,很善于吸收他所需要的知识点,会坐在前排认认真真地做好记录。"覃光红认为,"情怀""温度"对于作文写作来说十分重要。

对于如何培养学生的语文素养,覃光红有自己的一套。"高三每节语文课的上课前5分钟,我们都安排了时事评论环节,通过紧跟时代发展,对社会现象有更深入的思考,同学们不仅可以拓展自己的视野,更有助于批判性思维的形成,形成自己的评价体系。"覃光红说,除了在课堂上分享,也会根据相关热点选题,让同学们写作成稿,并张贴在教室背后的学习园地,提供更多的交流平台。

在"输出"之前,有效的"吸收"必不可少。学校为每个班级订阅了报纸,包括《人民日报》《参考消息》《Vista看天下》等,并允许学生在晚修21时30分后,可以阅读课外书籍,不断拓宽学生的视野。

"学习园地除了集纳同学们撰写的时事评论外,学习委员每周都会从《人民日报》、新华网上,寻找时事热点评论,张贴到学习园地供大家参考。"覃光红说,为了保持学生思维的活跃度,语文科组还建议老师每隔一段时间给学生设置一个思维锻炼题,跳出重复做题的复习阶段,进一步拓宽学生的视野。

除了让学生保持对时事政治的关注外,在名著阅读中提升也是重要的渠道之一。"只有现代感而没有历史感的学生是不全面的,因此,我们从高一开始就引导学生阅读名著,一个月大约开展1~2次课堂上的交流会,让同学们集中展示自己的读书心得。"覃光红说,通过和学生交流,能从他们身上学到很多。

覃光红认为,语文想要拿高分,必须融入学生的独立思考。"常规的写作'套路'虽符合阅读思维,但作文要出彩,需要融入更多自己的思考,将自己的优势展现出来。"覃光红说。

石门中学设立有为班,开展分层教育,在一定程度上让学生学习、复习更有针对性。"不过,不论是针对A层还是B层的学生,我们都会以基础复习为重点,不提速,在强化基础的同时,开展有针对性拓展延伸。"覃光红说。

覃老师教了梁文杰三年。"在老师的悉心教育下,我逐渐成长为关注社会,胸怀天下的青年,特别是有为班的环境下,每个同学对世界、对事物都有自己独到的见解,思想互相交锋碰撞,自然擦出智慧的火花,更锻炼出我的包容并蓄的心态。"梁文杰说,她用言传身教,告诉了我们什么叫作"腹有诗书气自华"的沉稳大度，告诉我们看待世界时刻要冷静客观，更要有心头热血的温度。

学霸秘笈：

千锤百炼，反复咀嚼回味

梁文杰

总体归纳起来是简简单单的八个字：千锤百炼，厚积薄发。

高中学习是一个漫长的过程，绝不可能一蹴而就。特别是对于大多数同学来说，都会有瓶颈期，也就是明明很努力，却丝毫看不到效果，甚至反而会倒退。在你灰心丧气的时候，请记住这句话吧：千锤百炼，厚积薄发。认真思考过的题目，花笨功夫背下的知识，哪怕淡忘，终归有一部分化为自己的"血肉"，构建起自己的知识结构。

对待语文，每个艰涩的成语，每个似是而非的病句，每个精彩的素材，每个绝妙的句子都要用笔记下来；对待生物，每个陌生的知识点都要记录下来；对待英语，则要把每个能在作文中用上的高级词汇和句型记录下来。甚至对待数理化，都要把一些需要记背的公式、知识点抄录下来，反复咀嚼回味。

虽然枯燥，但我认为，这些均是可能成为限制往顶尖高手层级进发的关键。所谓"胸有湖海文始壮"，没有足够积累，很难迈入新的台阶。

从完成任务中寻找成就感

可能有些同学会因久久看不到前路的曙光而选择举手投降,这时候不妨从每天的任务中寻找成就感来支撑枯燥的学习。

我的策略是,对每科每天制订几个具体的小任务,以语文为例:每天一篇文言文、古诗,或每天一篇论述文、语言应用,一星期一篇作文,每天15分钟回顾语文基础知识,每天15分钟作文头脑风暴……

上述所说的可以根据个人情况每周调整一次,关键是既保证六科每项题型的每日训练量,又有根据当日状态与心情调整任务的灵活性,更在完成任务时自信地打钩得到满满的成就感。

针对那些懒于做计划的同学,或者是困惑于固定时间段难以安排的同学,这个小任务法简单易行,又激励容易分心的同学进行高效率地学习,不留下走神的空当。

不要放弃思考提升的机会

最后是时刻不要放弃思考的机会。刷题为什么能提高应试能力?那是因为在刷题的过程中我们进行了有质量的思考:一是开拓了思路,增加一种解题的手法;二是提升了思考的速度。因此刷题时要尽量避免做不须思考的题目,同时遇到难题不加思考,左手练习册,右手答案的做法是很忌讳的。遇到没把握的题目,不能一写下解答就翻答案,然后红笔刷刷地批改,心里懊恼为什么就是想不到:所谓一做就错,一看就会。

因为这种做法，浪费了锻炼感性判断答案正确性的能力，浪费了锻炼直观思维引领解题的能力。

没把握的题目，要尽可能地思考，不限时间，拿到尽可能多的分数。很多时候，考试的时候总会有突发情况，出现自己毫无头绪的题目，高手们的灵感从哪儿来？就从平日对每道难题执着踏实的思考中来。对答案时，则把题目重新仔细回顾，对自己整道题的思维轨迹有所把握。

举个例子，数学的函数题可能是大多数同学的噩梦，批改时跟着答案走一遍，观察每一步思考点，跳不过去的所谓难点、盲点，先思考为什么这么做。思考透彻就继续，思考不透就把手法积累下来，多次积累归纳后形成题感，形成题感后再思考这样做的好处根源在哪儿，比如为什么提出lnx前的x，是因为单独lnx一次求导就变为分式，形式简洁。如此反复思考难点，考试时哪怕不能融会贯通，至少也能知道思考的方向，不至于茫然无措。

黄可韵：安静的理科女，爱学习也爱研究美食

学霸名片

姓　　名：黄可韵

毕业学校：佛山市白燕小学、佛山市实验学校

高考分数：全省理科前20名

录取院校：清华大学

特长爱好：跑步、研究美食等

"初中的时候我的成绩也就班级前十名，到了高中一下子变前三了。"与不少人感觉"女生上了高中成绩就没初中那么好了"不同，黄可韵反而是上高中突然成了"学霸"。她评价自己的性格是比较安静的，她的妈妈和班主任的评价也是这两个字——安静。

与一般的理科美眉不同，黄可韵最关注的是一些严肃研究领域的有趣方向。"比如最近有个物理学家写了一篇挣面的论文，我对美食物理学很感兴趣。"黄可韵对自己的未来规划是

"希望做研究"。

跟死记硬背相比,更喜欢研究

黄可韵对自己的未来规划是"希望做研究"

说起被称为高考"黑马",黄可韵感觉自己这次的确是超常发挥了。"平时我的数学就是考110多分的样子,这次高考感觉超常发挥了。英语才是我的强项。"

而对于高考作文,黄可韵说基本没有意外,就是把平时积累的相近题材改头换面一下。

黄可韵初中的学习成绩不算最为拔尖,"也就是班级前十而已"。到了高中突然就变成前三了。"我感觉高中的物理和化学其实跟初中差不多,不像大学的课程,完全是另一个难度层次。"黄可韵如此评价高中的理化知识难度。

对于为何选择理科,黄可韵说:"跟死记硬背相比,我还是更喜欢研究,所以觉得理科更适合我。"

黄可韵按照学校老师的建议,高考后完全没对过答案。当被问及会不会担心没考好的问题,黄可韵说"完全不担心"。

曾喜欢网游，上高中慢慢戒掉

黄可韵小学在白燕小学就读，初中和高中六年都在佛山实验学校，她是该校第一届初中生。在初中的时候，一般在学校里排前10名，上了高中，成绩还算比较稳定。黄可韵表示，自己很少玩手机，家里也没有电视，平常最多就上电脑看看视频，多数是纪录片。

"很多同学都觉得我比较沉闷，不爱看电影，很安静。"黄可韵说，自己不怎么爱跟别人聊天打哈哈，平常就喜欢跑步。在学校，时间允许的话，她会通过跑步、跳绳、踢毽子的方式解压，时间充足的话会跑3000米。

黄可韵有空就去研究美食。"考完试后，和家里人一起到饭店吃了一顿海鲜大餐，就当作是对高中阶段学业结束的犒劳。"黄可韵还表示，其实她从小就很喜欢打各种游戏。但是到了高中阶段慢慢地就不感兴趣，完全戒掉了，可能是功课比较紧，没时间的原因。

黄可韵（右二）和同学在一起

有明确的目标,有自己一套心理调适秘方

"有一个明确的目标非常重要。"黄可韵表示,她其实在高三刚开始就设定了目标。

关于学习秘诀,黄可韵说自己没有什么特别的,但会花时间去做错题集:"我会分类做错题集。"

"在高中阶段,自己定了明确的方向、目标和计划,这对我的学习非常有帮助。"黄可韵分享自己的学习方法时表示,她把比较多的时间放在复习错题上,分不同类型进行归纳复习,"这个是最重要的,课后就会注重错题训练,有一沓错题本。"

黄可韵有自己的一套心理调适秘方:"高考前我就预想过了一些特殊情况,所以考试的时候比较放松。比如考前我就想到第一门语文考试可能会紧张,考试的时候果然有点紧张,但是这是我预想之内的情况,所以只是小紧张了一下。等到后面其他的科目就基本不紧张了。"

黄可韵感觉高三大家的时间安排其实都差不多,"除了睡觉基本都在学习。"黄可韵介绍,她平时每天基本都是晚上11时睡觉,早上6时起床。但是高三的时候她把起床时间改成了6时30分。"刻意让自己多睡半个钟,我觉得睡眠充足脑子更加清醒。"她说。

在被问及学习任务重不重的时候,黄可韵说感觉还好:"高一、高二其实不算多,尤其我们学校有一些作业我很喜欢,比如小组探讨,或者用PPT的形式展示自己的某项成果,这样的作业形式做着比较有趣,也不会累。"

家长称她是乖乖女,老师评价她很实在

提起自己的女儿,黄可韵的妈妈张女士概括说:"就是比较乖,比较听话。"

黄可韵小学在白燕小学就读,初中和高中六年都在佛山实验学校寄宿。张女士说,黄可韵回到家以后自己也很少玩手机,家里也没有电视,平常最多就上电脑看看视频,多数是看纪录片。

尽管平时没有什么时间玩,但是每年放假黄可韵一家都要出去旅游。"从小就是这样,不是有句话叫读万卷书行万里路吗?我们差不多也走遍大半个中国了。不过国外只去过马尔代夫。"张女士说。

"我们平时对她也没有什么要求。"张女士表示对孩子基本就是放养,她长时间在学校,回家之后就会让她放松放松。不过,在黄可韵从白燕小学毕业后,为了能够顺利考入佛山市实验学校,小学五年级的时候黄可韵专门去外面上了一年的辅导班,主要学习英语。

而在班主任于勇延老师眼中,黄可韵是一个非常冷静、稳重、踏实的学生。于老师介绍,黄可韵的成绩一直没有跌出前

黄可韵和母亲的合影

三，一直很稳。同时她心态很好，不管考好考坏，她都很平静。"她做事很实在，布置了要做的题目，会踏踏实实地做，搞懂了就是搞懂，没搞懂就是没搞懂，会想办法去解决，很实在。"

学霸秘笈：

内心的驱动力是你选择努力与空想的差别

黄可韵

　　自从高考成绩出来以后，不断地有人来问我的学习经验，每一次我都会默默地在心里反问他们，如果你知道了高分的学习方法，你愿意坚持做下去吗？

　　比学习方法更重要的是：找到持之以恒的动力。

　　每一个人都想从考试高分的孩子身上，挖掘出一些学霸的独门秘籍，却又往往不满足得到的答案。当我刚上高三的时候，我也怀着这样的眼光，看遍了高考状元的经验分享，问遍了师兄师姐的学习方法，但还是总觉得不够，这难道就是一个个令人景仰的高分背后的故事吗？

　　无论我们如何不愿意承认，那些所谓的秘宝、诀窍，都是我们早就听了一遍又一遍的东西，无非就是上课要专注认真，下课要合理安排作息，要学会适当刷题，要学会总结和反思，要有明确的计划，要有清晰的目标，要有持久的恒心，要有吃苦的勇气，如果你一定要我分享什么，我说的也无外乎是这些。那到底是什么，造成了成绩的差异？

是内心的驱动力对你有多大的促进作用，是你选择努力与空想的差别。而这一点，其实是没有办法效仿的。因为每个人对生活的领悟都是不同的，自己为什么而学？为什么而坚持？为什么要吃苦？这其中的意义只能自己去探索，如果可以找到持之以恒的动力，那么自然而然地就可以找到正确的方法。

我要到更高的舞台，掌握自己的人生

对于我自己来说，在高一、高二的时候，也从来没有思考过这种问题。那时我算不上懒惰，当然算不上勤奋，只是无风无浪地过了两年。从我小时候开始，我的父母就告诉我，我必须为自己而学习。但是，我为什么为自己而学习？对于大部分的孩子来说，无论出身如何，顺着长辈走过的道路，我们就可以过一种和他们一样的平淡而安稳的生活。

直到有一天，当我躺在床上准备入睡的时候，我的脑海里突然浮现了一种想法，一种非常可怕的想法：难道我要一直过这种一成不变的生活吗？现在我才18岁，如果按照如今中国人的平均寿命，我可以活到70多岁的话，那么，我将近会有60年的时间，过着一种重复、单调的生活。看着我的父母，我就可以预见，我30岁的时候，50岁的时候，70岁的时候，到底在过怎样的一种生活？除了结婚、生子、工作、退休这样的大事情，中间还有无数多个空白的日子，那填充它们的到底是什么？我不知道，我真的不知道。当我想到这一点的时候，我的内心突然陷入了无尽的恐惧当中。如果，我不努力做出改变的话，那么我将陷入周而复始的循环中，一年又一年，或者在悔恨中希望寄托给下一代。

我不想过这样的生活，我必须努力做出改变。我要到更高

的舞台，认识更优秀的人，去过自己可以掌握的人生。这就是我的驱动力。

我们都是一样的，都是为了自己想要的明天，执着而卑微的人。只要找对了自己的人生方向，就不怕路走得远。

东莞

雷雨鑫：有韧劲的女孩运气不会差

学霸名片
姓　　名：雷雨鑫
毕业学校：东莞中学
高考分数：全省文科前20名
录取院校：北京大学法学院
特长爱好：钢琴、音乐、英语等
座 右 铭：要么承担，要么突破，剩余的时间就是对你所经历的一切保持沉默。

外表温柔恬静，一头干净利落的短发加上满脸笑容是她的"标配"；特长是钢琴，爱好是英语，她是大家口中的"乖乖女"和"别人家的孩子"；手握北京大学录取通知书，外人眼里她自带光环，父母眼里她却无异于普通的孩子。她就是来自东莞中学的雷雨鑫。

小学前考过钢琴八级，英语是一门兴趣爱好

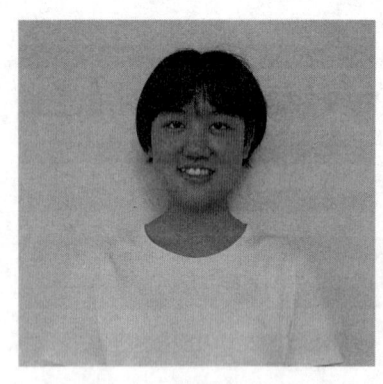

雷雨鑫

从国语到粤语、欧美到日韩，对于音乐雷雨鑫是热爱而不专爱。高三的许多个夜里，常常都是音乐伴着雷雨鑫进入梦乡。她说，听音乐是一个很舒缓的过程，自己享受其中。母亲毛泽燕的印象里，女儿学步很早，对于音乐的喜爱也早早萌芽。

"家里的床很矮，大概在4个月大的时候，雨鑫就会翻滚下来，扶着床开始'跳舞'。这些事可能她自己都不知道。"毛泽燕还记得，幼时的女儿但凡遇到美妙的声音，常常是情不自禁地扭动起小胳膊小腿，忘我地跳起舞来，"后来长大了，人也学会害羞了，才没有再跳。"

但音乐却没有就此离她远去——钢琴来到了她的世界。"每当自己听到好听的钢琴曲，我就会想怎么样才可以弹奏出这个旋律。"雷雨鑫第一次接触钢琴是刚上小学的时候，黑白键下蹦出的音符一下抓住了她幼小的心。每天中午"扒拉"完一碗面，就冲到琴房，在别的小朋友安心午睡的时间，雷雨鑫每天都花上一个小时苦练琴法。一到周末放假，与琴为伴的时间就更多了。在别人看来枯燥乏味的反复练习中，雷雨鑫却享受着从生涩到熟练的进步过程。

兴趣加上努力,从二年级开始学琴的她,小学没毕业就已经考过了钢琴八级。"初中后开始住宿,业余的时间就变得很少,考级也才没有继续。"对于是否还会继续考级,雷雨鑫还没有定论。在她看来,一切兴趣使然,考级已经不再重要了。

对于一些人来说,英语学习或许意味着背不完的单词、难搞懂的语法、考场上的"疑难杂症",正因如此它才常常是课后补习班的热门科目。如果说,在别的孩子眼里英语是一只让人闻风丧胆的"恶犬"。那么在雷雨鑫看来,英语就应该是一只惹人喜爱的"泰迪"——英语,被雷雨鑫视为自己最大的兴趣。

这样的不同还要得益于家人的影响。家住东莞的雷雨鑫生活在一个湖南和湖北结合的家庭中,故而家中常常响起各地不同的方言。但即使都用方言交流,任何两个家庭成员都能毫无障碍地进行沟通。"家里还会常常掀起学习四川话热潮。"雷雨鑫笑着说,善于学习语言的家人为她创造了学习语言的良好环境。

"我会很努力地去模仿地道的英语,想和外国人用英语交流。每当我在背单词的时候就会想什么场合能够用上它们,因为这让我觉得是一件很好玩的事。"东莞市口语大赛一等奖、东莞市英语竞赛一等奖、东莞中学英语书写大赛一等奖……这些年里,雷雨鑫参加了大大小小的英语比赛,收获了很多荣誉。2016年她还参加了东莞市国际友好城市夏令营。对雷雨鑫来说,用英语和外国友人来段对话早已不是一件难事。

说起这一兴趣的由来,

参加夏令营,与外国人交流

雷雨鑫说最初还是跟母亲有关。因为外贸工作的关系，在离开学校多年后，毛泽燕又重新拾起了英语课本。当时女儿正好刚上小学，两人自然地结成了"学伴"。从最简单的"apple""pencil"开始，每天与女儿分享新学的单词，用孩子熟悉的拼音代替音标教学，一问一答练习着简单的对话……那段时光让雷雨鑫感到很快乐，甚至当时一句不经意的表扬都让她记到了今天。"虽然只是一个很短暂的过程，但是对自己的影响却很深远。"今天毛泽燕的英文水平似乎与多年前并无二样，但雷雨鑫却彻底地有了不同。

现在雷雨鑫已经开始着手学习四六级词汇，也刚刚萌生了学习雅思的想法。如果可以的话，她希望未来成为一名国际高校交换生，或者到国外进行深造，走出国门看看世界。

博采众长，吸收各家学习方法

屋外艳阳高照，蝉鸣声此起彼伏，夏天的午后总是让人感到困乏，难以从睡梦中醒来，雷雨鑫也不例外。高三以后，雷雨鑫找到了一个特别特别的法子，"在午休后朗读英语"。在朗读中，让自己完成从困倦的状态中慢慢清醒的过程，雷雨鑫说，这是让自己集中注意力的一个方法。"当然了，朗读英语也可以培养我们的语感。不一定要读课本，如果喜欢英语，或者想找乐趣的同学，可以自己去找一些有意思的文章朗读。"

雷雨鑫说，朗读这个方法并不是她自己独创的，而是来自高三的一位詹姓的语文老师。"詹老师告诉我们，古诗文和优秀作文都是很适合朗读的。朗读一定要慢，让自己大脑运转跟得上语速。"她说,朗读的习惯让她学会去边朗读边思考,比如朗读古诗文,她会将文言实词融入语境中去记忆和理解;朗读优秀作文,则会更多关注结构上起关键作用的节点,在脑海中形成整篇文章的清晰结构。

面对好的学习方法,雷雨鑫都奉行"拿来主义"。同时更重要的是,她善于吸收他人的经验并化为己用。除了朗读以外,雷雨鑫手里还握有老师给的许多"小锦囊"。"我的学习经验就是提前计划、确定目标以及考后分析。像做计划,就是班主任陈老师一直给我们强调的。"每天给自己确定目标,具体到每个时间点具体要做哪些事,雷雨鑫都会将自己的学习安排得妥妥当当,这件事她一直坚持到了高考前。"特别是到了冲刺的阶段,计划上的任务都能完成,复习任务的执行力非常高。"雷雨鑫说,正因如此,在这次高考前她的状态特别好。

"回想我的高中三年,甚至从小学开始的12年,我自认为一直是个努力学习的人。可能不够聪明,但是很有韧劲。"这股韧劲让雷雨鑫学会坚持完成每一件事。一次,大概在小学的时候,开学前一晚雷雨鑫才发现自己忘了一项作业。所剩无几的时间里要将作业进度从零变为百分百,这对一个大概10岁的孩子来说简直是难以完成的任务。父母没有给雷雨鑫压力,但她自己却不因此"放过"自己,挑灯夜战通宵完成了作业。"一晚上边哭边写,第二天去学校报到,交作业时才发现只有我一个人完成了作业。"这样的韧劲让她每每遇到学习上的困难和挑战,总能积极乐观地面对,决不半途而废。

"成功的花/人们只惊羡她现时的明艳/然而当初她的芽儿/浸透了奋斗的泪泉/洒遍了牺牲的血雨。"冰心诗里的话是雷雨鑫所认同的。高考后,雷雨鑫用一篇文章记录了这段时光中得到的感悟,这首诗也被她引用在文中:"没有胆量用这首诗来形容自己，但对那些我们所艳羡的人，这些话是恰当的。"

"一黏上就分不开"的母女

"我们认为小孩不是用来教育的，是用来影响的。"当问到父母的教育观，毛泽燕这样脱口而出，"我们从不会唠叨她，更不会有说教。"不把父母摆在高高在上的位置，平等地同孩子进行交流，像朋友一般地相处，正是这样的观念指导下，才有了雷雨鑫和父母之间的亲密无间。

谈起和雷雨鑫的亲子关系，毛泽燕就一个字，黏。"不是她单方面黏我，而是我们就很'腻'，关系特别亲密。"两人的相处常常让人觉得有一些仪式感：分别时一定要拥抱说再见，每天必煲"电话粥"……

小学的雷雨鑫还是一名走读生，初中开始进入寄宿制学校。起初雷雨鑫一时还不能适应，总喜欢往家里打电话。那

雨鑫和母亲合影

时,学校为了方便管理,不允许学生私带手机,保安亭里的电话机就成了雷雨鑫在校期间和家人直接沟通的唯一途径。去得晚了,电话机前就排起长长的队伍,所以往往是下课铃一响就能看见一个身影,小跑着从教学楼向保安亭冲去。

"每天中午放学、下午放学和晚上休息入睡前这是三个时间点,我的手机铃声都会准时响起。"开心或伤心的事,遇到的困难或委屈,身边发生的任何事情第一时间想到和妈妈分享。电话问候渐渐地成了雷雨鑫的习惯,也成了家人和她之间的默契,一直保持到现在。

"现在即使不看到她,电话里雷雨鑫的情绪有一点点的波动我都能知道。"长期保持着亲密的互动和良好的沟通,让这对无话不说的母女形如姐妹。"有一段时间我晚上的睡眠不是很好,她知道后就说:'妈妈以后我晚上不打了,中午给你打。'所以后来打电话的频次才减少了。"但即使到复习紧张的高三,每日电话沟通基本没有中断过。

高考后,雷雨鑫的出色表现让身边的人都投来惊艳的目光,毛泽燕却很淡然:"别人觉得她身上有光环。其实在我的眼里她就是一个普通的孩子,难受的时候也会哭。"

如果说妈妈是雷雨鑫身边常伴左右的朋友,爸爸则更像是一个"智库专家",为女儿"建言献策",从各种生活细节中给雷雨鑫提出意见或者建议。在雷雨鑫看来,他是一个观察力比较强的人,"就算很小的一件事,他也会给我一些经验或是劝告。我常常从他那里得到许多指导性意见。"从为人处世到餐桌礼仪,每当女儿需要解答,雷爸爸从不缺席。妈妈常常给女儿送夜宵,爸爸则周末陪她放松心情。雷雨鑫说,和父母在一起的时候就是给高三的自己"充电"的时间。

严格塑造好学生的好习惯

许多文科生对数学避之不及。数学也成为拉开文科生成绩的一项分水岭的科目。"它可以帮我们拉开分数，但又需要我们去攻克很多难题，完成大量的作业。"雷雨鑫说高中时自己对于数学比较痴迷，感情上是"又爱又恨"。而在班主任陈楚云老师的严格要求下，雷雨鑫所在的班级高考数学平均成绩高达142分，雷雨鑫直言："我们班应该是个数学实验班。"

陈楚云的严格不仅仅体现在数学教学上。从宿舍环境，到桌面整理，甚至是坐姿，陈楚云从方方面面提醒学生注意学习和生活中的细节。"我认为，如果一个人在生活各个方面都能够打理得井井有条，那么他在学习上也一定能够做好自我管理。"这些建言对雷雨鑫来说十分受用。"虽然很多老师也都提倡，但陈老师能够一直督促我，给我一些提醒。严格塑造了我一个个好的习惯。"她说。

随着高考越近，一向严格的陈楚云也越发温柔细腻，观察学生的情绪波动。在陈楚云老师看来，雷雨鑫是个会学习的学生，成绩一直相对稳定，即使有波动也不太大，"不太让老师操心"。高考前，细心的陈楚云却发现雷雨鑫有些不对劲，便借助一次数学测验找到她谈话。聊天的过程中，雷雨鑫向老师倾诉了自己的焦虑：奔着北大的目标去，但是雷雨鑫始终对自己没有那么自信。用她自己的话来说，有一种飘忽不定的感觉。"高考就是一个水到渠成的事情。顺其自然，不用刻意去想结果，你只管自己做好准备就行。"雷雨鑫说，当时就是这样一句话点醒了自己,所以一直记在心里。

高考前的周测雷雨鑫发挥不稳定,老师却说是件好事,因为这时候出错才能避免高考时犯错。"所以周测成绩好会很高兴,成绩不好也觉得没什么,反正是一个纠错的过程。"陈楚云认为越接近高考,学生越容易有压力,容易胡思乱想。高考前陈楚云与每一个学生进行沟通,及时了解学生的问题,帮助他们缓解压力,做到关心学生的身心健康。

作为一所百年老校,东莞中学拥有丰富的校友资源。为帮助学生全面发展,开阔学生视野,树立学生的榜样力量,学校也积极组织校友回校演讲。"回校的校友身上,你总能看到他们昂扬向上的精神面貌。他们对生活的态度以及对母校的情怀都会感染到我。"雷雨鑫说,校友的感召对自己的影响很大,所以"见贤思齐","我深知榜样的力量巨大,也很乐意成为师兄师姐们一般的指路明灯。"

学霸秘笈:

找到能够说服自己的学习方法

雷雨鑫

首先,我觉得无论是对平时的学习,还是对重要的考试,好的心态都是至关重要的。很多人对自己没信心,经常会说:"感觉自己好虚啊。"虚其实就是没底嘛!如果你对一个科目不熟悉,对你将要参加的这场考试没把握,包括你不知道它要考哪些知识点；你不清楚你对这些知识点的掌握程度如何；你不知道怎么合理安排这场考试的时间等，那么你在考前肯定是慌乱而不自信的。

我觉得大概有两种途径来克服这种不自信心理：一是行动准备，二是心理调节。行动准备就是加强练习。量的积累才能有质的飞跃。只有你平时在薄弱科目上花更多的时间，探索适合自己的学习方法，才能增强你对这一个科目的信心。

除了加强练习，我还建议各位同学制订计划并树立目标。一个细致的学习计划应该包括每个时间点具体该做哪些事。我一般先列出自己要完成的任务，再根据重要程度去分配时间，并且留出一定的机动时间。这段时间可以用来完成今天计划中还没有完成的任务。对于老师布置的任务，不要打折扣，而要用心地去完成，跟着老师的步伐坚持下来。每日计划也包括安排好当天的碎片时间，如早上早来10分钟、中午延迟半小时去吃饭、下午的课提前半小时学习等。这样我们大部分碎片时间都能被合理地安排上学习计划，有时候是背一段内容，有时候是挑战一道题，甚至只是整理一下桌面。除了每天的细致计划，大家还应该有整体观念，尤其是对考前的每一周，你们应该先规划自己应该完成哪些任务，并且为自己的每一次小考大考都制订合理的目标。这个制订计划与确定目标的过程不仅能让我们更循序渐进地进行学习，也能让我们养成今日事今日毕的好习惯，执行能力和自我规划的能力也可以得到提高。

第二种增强信心的途径就是心理调节。首先，我们要正确认识和评价自己。我们的自信来源于对自己正确的认识，有自信的人能正确看待自己的优缺点：既充分肯定自己的长处，又不因此而妄自尊大；既正视自己的不足，又不因此而自怨自艾。要想全面客观地认识自己，就要时常进行自省。我会在每日计划后写一段小结，认真记录一下今天学习情况有哪些不足又有哪些进步，或者单纯地写一句鼓励的话。时常翻看，会发现自己在不断地积累与进步，同时也能更加客观地评价自己。

除了平时的自省，我们在考前或者是考试期间也能做一些心理暗示增强自信心。考试的那天早上洗脸的时候，你们对着镜子，面带笑容或者是在心中默念："我能行，我能正常发挥甚至超常发挥。"在考试时如果遇到难题感到焦虑，可以停下笔、调整坐姿、喝口水，并且给自己积极的心理暗示让自己冷静下来。当我们总是满怀信心，想着自己会成功，那么成功的信念就会变成强大的动力，推动我们以积极的态度、饱满的激情为成功而行动。

其次，我建议大家能养成朗读的好习惯。对于语文来说，古诗文和优秀作文都是很适合朗读的。朗读古文并且慢读，让自己的大脑运转跟得上语速，边朗读边思考。我觉得单独地去记忆文言词汇是费力且低效的，我高三的语文老师詹少云就一直强调朗读的重要性，去朗读整篇文言文，将字词融入文章、语境中去记忆，是有趣并且高效的。朗读作文时不仅要关注语言与表达，更要关注衔接与结构。对于英语来说，我喜欢在午休后朗读。首先它能很好地培养我的语感，丰富我的积累；其次我们在午休后往往感到困乏，朗读是个很好地让自己清醒并集中注意力的过程；并且我本人也很喜欢英语，会有意挑选一些有趣的文章，在朗读中找到乐趣。

再次，我建议大家做好试卷分析及收集错题。一份试卷的价值不仅体现在考试中，对试卷的考后分析同样重要。先把每道题以及题型都归纳到自己的知识体系中，再去分析错题。不是什么错题都要收集的，要看错题有没有收集的价值。比如，如果是一道你从没遇到过的，或有很新奇解题思路、可以开拓思维的题,就可以收集。我建议大家将笔记与错题都书写得尽量整洁,不然你不会有再看一次的勇气。整理完的错题不是丢到一边,而是要经常回顾,甚至自己重新再做几次,你要保证对于相同的题型,你不会再错第二次。

　　我觉得好的学习方法以能够说服自己的意义作为支撑,使你克服倦怠与怀疑,并需要在长期的实践中得到体现,才能最终成为适合自己的好习惯。

陈哲：高考"黑马"是这样炼成的

学霸名片
姓　　名：陈哲
毕业学校：东莞中学
高考分数：全省文科前20名
录取院校：北京大学
特长爱好：足球、绘画等
座 右 铭：我知我志行无疑。

她不是典型"学霸"，高中时曾遭遇成绩"滑铁卢"，心态几近崩溃甚至萌生了复读之念。而今年高考中，她却意外地超常发挥，成为逆袭"黑马"，一举进入广东省文科前20名之列。她是东莞中学的陈哲，一个静能执笔作画，动能球场挥汗的女孩。跌宕起伏的情节背后有着怎样的故事？现实中的陈哲又是一个什么样的人呢？

调整心态是"逆袭"的制胜法宝

中考后,陈哲从镇上考到了东莞中学。每周制订学习计划、频繁布置作业、"花样"执行学习机制……相比过去,陈哲感到了前所未有的"严格"。严管之下,陈哲的学习基础扎实,高一时成绩也稳居前列。不料,到高二她却遭遇到了一次学习上的"滑铁卢"——原本排名三甲的她,名次骤然落到百名之外,数学成绩不及格,这让陈哲感到落差极大。

她试着在自己身上找原因:"一个可能是因为那时候有些松懈,觉得高一已经学得很辛苦了,就给自己松了劲。第二个也是因为自己文理各科比较均衡。高二后进入文科班,对于别人来说是砍掉了短板,对于自己来说是丧失了优势。"

然而这次的影响并不小,很长一段时间里陈哲的成绩波动很大,随之而来的是更多的挫败感、沮丧和不自信。一向乐观开朗的陈哲哭了,甚至冒出了复读的念头。"受挫的时候想要复读,顺利的时候又把这个想法抛弃,在纠结中实际上没有办法安心地学习。"她形容自己像一只鸵鸟,更是一只"惊弓之鸟"。

高三的最后一个学

陈哲在接受采访

期,在父母的支持下,陈哲下定决心准备复读。那一刻转机出现了。她就像负重前行的登山者,终于卸下了沉重的包袱。于是她的学习生活好像一切都变了,变化在于距离高考还有很久,学习是"为下一次高考做准备";变化在于复习无须急求全面攻克,但求能逐个攻破;变化在于能放平心态,留心同学学习的好方法;变化在于虽然成绩依旧波动,却不再充满焦虑……正如生活就像一颗巧克力,你永远不知道下一颗是什么味道,复读的决心却成就了不需要复读的陈哲。

在外人看来,陈哲可能是让人羡慕的"考试型"选手:并非每次考试都拔尖,但每逢大考,陈哲却总能发挥出最高的水平,甚至是超常发挥。"事实上,小学、初中、高中每个学段都经过一段低谷,往往到了最后一学年或最后一学期,成绩进步十分明显。"陈哲回忆道。"关键时候,拿得起,放得下。"陈妈妈认为,正是最后关头的良好心态助她顺利渡过了难关。

多年的求学经历中,还有两件小事让陈哲一直记在心上。第一件,是小学时跟隔壁班主任的一次"赌约":如果陈哲能在大考中进入全年级前十,老师就以图书作为赌注"输"给她。"这个事很好玩,其实他不是我们班老师,只是相互认识。我就说'好啊'。"此前从未进入过前十的陈哲,这回身上不自觉有种不服输的劲儿,一个有意思的赌约似乎激起了她的斗志,那一次考试之后陈哲如愿以偿地抱回了"赌注"。

事后,"赌约"却没有就此结束,老师反而一次又一次地加码,也给陈哲提出了更高的获胜条件:从前十到前三,再到第一。而陈哲也不负所望,一次次挑战,一次次突破。"最后一次就是小升初的期末考,我就真的考了第一!"陈哲看来,小学课堂很有趣,学习本身比较轻松,这个小插曲也让考试更添了一丝玩乐的意味,就像是一阵东风,顺势将自己向前推了一把。《苏菲的世界》《橙子女孩》《纸牌的秘密》《恶之花》《斑羚飞渡》《混血豺王》……小学毕业后,陈哲的书柜里塞满了自己获胜的战利品。

第二件事,则是初中时的一顿"骂"。进入初中后,陈哲的成绩一直保持在中上游水平,学习上不会特别紧张,顶多只是按部就班,甚至偶尔还有些"吊儿郎当"的样子。这样的她和班里的"第一梯队"也始终有一定距离,常常是渐渐靠近又一下被"打回原形"。出于关心,也出于对学生的认可,初二的一堂物理课前,老师和陈哲有了一次简短的谈话,他说,"如果我有能力可以走在老师前面,提前自学"。

然而老师这番鼓励的话却没有如他所希望那般点醒他的学生,陈哲并未在意。"我记得,那是一个晚自修,老师突然找到我,质问为什么我的学习进度还和他讲课的进度一样。当时心里很震惊,觉得这样有什么不好吗?但自那之后我都会主动地超前学习,往往课堂上讲到上一单元,我已经自学到下一单元了。"像这样的外部刺激往往都毫无意外地能调动起她内在的兴奋。

"不会踢足球的画手不是一个合格的淑女"

"想当年,我也有很多条不同颜色的裙子,头扎双马尾,额心点口红,是个小淑女……只是后来走上了一条奔放发展的路。"这篇《失去成为淑女的资格》是陈哲高一时写下的日记,言语之中略带一丝惋惜。那时的她似乎已经和一个或"乖巧"或"安静"的淑女没有太多的联系。

　　高中的体育选课上，陈哲前两年报的是篮球，高三报的是足球。而陈哲对于足球的喜爱却早在高三之前已经萌芽——高二那年，本该在上篮球课的她总是出现在足球班上。在绿茵场上奔跑，无暇顾及汗水打湿头发和衣衫，找寻着最佳的时机传球或射门……爱上这项不太"女生"的运动，也意味着不太容易找到志趣相投的伙伴。

　　很长一段时间里，陈哲心里怀着期待，又往往感到落寞，直到高二的下学期。"偶然的机会我发现，周五或周六的下午，学校里总有一群女生聚在一起踢球。"陈哲说，自己当时感到十分震惊，"我心想，怎么有那么多人，似乎还是一个很庞大的队伍。"高三时陈哲正式报选了足球班，同时加入了每周六的"女足"队伍中。足球也成为她高三期间紧张之余的一味重要的调节剂。"一直到现在，足球可以说是自己最喜欢的一项体育运动。"此外，陈哲的家中留存着的大大小小的奖状，记录下了她对运动的热爱。女子田径项目800米第一名、400米第一名……学校每年的运动会上也常有她的身影，不管是篮球还是跑步，抑或羽毛球、乒乓球，陈哲都饶有兴趣。

　　对于性格的养成，陈哲认为和自己幼时的成长环境密不可分。"小时候的大院里大多都是男孩，想要交到朋友性格就要粗犷一点，这样人家才会和你玩。"陈哲

陈哲获得的奖牌和证书

陈哲在画画

回忆自己的童年时光,总是在放学后就一头扎进男生堆里,打篮球、踢足球、做游戏,哪里都少不了她。"摔伤了委屈了,她不会一直哭。抹了一点药一会儿又能跑去踢球了。"陈妈妈认为她从小就不是个娇气的孩子,陈哲则打趣说是自己内心比较"糙"。高考后,陈哲给自己换了个新造型,"自然卷"成了"黑长直",似乎要重拾往日淑女形象,但爽朗的笑容又往往"出卖"了她。

身边的人对她的印象更多的是开朗活泼、性格外向。如果非得说出个什么例外,大概是绘画时的安静带给身边人的"错觉"。坐在画架前,时不时抬起头来观察,一手拿着画笔,一手托着颜料,看上去十分专注。活泼好动的她,在绘画面前总能自觉地静下来。

陈哲对于绘画的兴趣萌芽从小学开始,至今已逾10年。"接触过国画、水彩等各种画种,现在最喜欢也最擅长的是素描。"2016年到2017年,东莞中学艺术科还连续两年分别收藏了陈哲的两幅美术作品——一幅是校园风光的黑白素描写生,一幅为色彩浓重的静物油画作品。进入大学后,随着课业压力的减小,陈哲说还会将绘画继续捡起来,同时还希望更多涉猎一些乐器演奏。"我对古琴也很有兴趣,但是这类老师一般很难找。现在有学习古筝的想法。"陈哲说。

亦亲、亦师、亦友的亲子关系

陈哲的童年是幸运的，没有枯燥无味的辅导班，也没有上不完的兴趣班，记忆的美好都留给了同一个大院里的玩伴。那些年里，院子里常有陈哲和小伙伴爽朗的欢笑声入耳。每天该休息的点，孩子们才循着父母的呼唤回到家中。

"亦亲、亦师、亦友"或许能够简单概括父母和陈哲的关系。作为一名初中老师，陈妈妈对于陈哲的教育有着自己的一套逻辑。在陈妈妈看来，快乐是孩子小学时光中最重要的："前三年，希望她的老师少布置抄写作业，这样回家20分钟把作业搞定就能出去玩。很幸运的是她的小学生活确实如此。"

不主张额外地练习和辅导，不要求门门功课高分或满分，陈妈妈认为从小培养孩子的良好习惯要比分数来得重要得多。小学时，陈哲的家里曾有过这样一幅景象：桌子面前摆放着一小罐色彩斑斓的豆子，黄的、绿的、红的……一个小女孩小手扒拉着，从混杂的罐里将它们按颜色归类分好。陈妈妈说幼时的陈哲和大多的孩子一般有着许多小毛病，比如注意力不集中，上课爱开小差，天性活泼好动。"我就想着给她改变一下，挑豆子的训练为的就是提高她的专注度。"几个月下来，学校的老师也向家里反映说"陈哲最近安静了不少"。陈妈妈说，能够沉得下心学习，也为小学高年级阶段陈哲的飞速进步打下了一个良好的基础。

问起作为老师在教育孩子方面的优势，陈妈妈认为在于与各种不同的孩子打过交道的经验——因为"见识过太多"，所以更加明白孩子成长中什么在起作用。"天才大多也是两分的智商,加上三分的方法和五分的努力。"

在陈家有个不言自明的规则,那就是不办家庭"一言堂",让孩子自己做主自己的事。"比方说,就兴趣选择上,我们非常尊重陈哲的个人意愿,就是她民主选择的过程。"绘画今天已经成为陈哲的一项特长,据陈妈妈介绍,小学阶段陈哲还陆陆续续接触过小提琴、芭蕾舞等其他的艺术课程,绘画只是其中的一项选择。最终以陈哲的"快乐"作为标准只留下了绘画。

每当心情低落时,陈哲会向他们倾诉自己的苦恼。刚听说陈哲想要复读的时候,父母都没有反对:"我们知道调整情绪去迎接高考需要一定的时间,或许对她来说时间已经不够。"陈哲说,困难时期,父母在精神和行动上给予了自己全力支持:"他们告诉我,学校问好了,钱准备好了,剩下的几个月你就放心学,考不好大不了重新复读。"

看到大大咧咧的外表下一颗不安的内心

"我开始对他们的管理是很严格的,高三最后几个月才慢慢温柔了一些。"陈楚云的严格是众所周知的。从高一起,作为班主任,陈楚云要求班上的所有同学每周做好学习计划,并且定时上交批改。作为数学任课老师,陈楚云的练习收得最勤,潜移默化的影响下,同班里的其他科目老师也效仿陈楚云的做法。

"高一时,别人班可能只是理科作业收得多,大概也只有一周一次的频率。而我们班九科几乎每天都在收作业。"陈哲坦言，高一的自己当时心里还曾暗自琢磨，忙碌如高一的自己，不敢想象未来两年还要怎样高速运转。

从高一到高三，陈哲没离开过陈楚云的班。在陈楚云的印象里，以年级前十的名次考入东莞中学，起初的她学习是比较轻松的，成绩也是十分靠前。"但陈哲有个不好的小毛病，喜欢一边听课一边画画。"学习专注度不高，陈楚云认为其中原因跟陈哲活泼的性格有着一些关联，"不够专注，导致学习和做事不太踏实稳健。这也是影响她后期成绩波动的一个自身原因。"陈楚云甚至还为此曾向陈爸陈妈"投诉"过好几回。

让陈楚云感到欣慰的是，经过老师的指点，陈哲也慢慢开始认识到身上的不良学习习惯，并自觉地做出改变。"从计划本可以看出，陈哲会有计划地去纠正自己的一些毛病，例如有好几个星期，计划上写道：第一不能画画，第二不能吃零食，经常提醒自己要解决的问题是什么。"回忆起陈哲这些可爱的做法，陈楚云忍不住笑了起来。

和王晓阳、雷雨鑫一同作为陈楚云班上的高考高分考生，陈哲是三人之中心态最不好的一个，"每逢考试会特别紧张"。经历过考试成绩"滑铁卢"后，陈哲在高中期间还曾一度陷入情绪的低迷期。

"有一点害怕考试，考得好又没有预期那么好，然后考得差就会很差，经常感觉自己受到打击。"陈楚云偶尔趁讲数学的时候跟陈哲聊一聊，话没说上几句陈哲的眼泪就噼里啪啦地下来。不断地找她谈话，时常给予陈哲心理疏导，陈楚云明白这个学生需要的是心态上的引导。"别看她平时活泼，大大咧咧，内心其实很需要鼓励，需要得到肯定。我经常说你原来考得那么好，现在还有时间，可以慢慢调整过来。"

经历了成绩的起伏和心理波动的过程，进入高三复习后半场，陈楚云觉得陈哲有了变化，最大的变化就在于心理上变得更加成熟了。"后阶段考试紧张的心理少了，学习比较认真，在高考前让自己静了下来。会研究考试大纲，根据大纲要求查缺补漏。"原本学习底子不薄的她，最后阶段一下子从班里后半段冲到了最前方。

陈楚云认为陈哲算是一个很聪明的孩子。"她很容易适应环境，进入大学、走向社会，我都很放心。"对于陈哲未来，陈楚云希望她能大胆追求自己的爱好。

学霸秘笈：

学生成长学习也需要顶层设计

陈哲

要做好中学的学习，掌握正确的方法很重要。

学习无小事。一个国家改革发展需要顶层设计，一个学生成长学习也需要顶层设计。正确的学习方法在我看来就是做好合理的规划并执行。我是在高三下学期才领悟到这个道理的，这对我后期成绩的提高和稳定起了巨大的促进作用。在建筑学里，顶层设计指的是一个总体规划的具体化，这也适用于我们的学习生活。我认为我们应该要做到以下三点。

第一，思考长期目标。长期目标，换句话来说就是人生理想，具体一点可以是理想大学、理想专业，甚至未来的职业规划，人生的价值追求。很少人能够在高中就想清楚这其中的一两点，其中很大一部分原因是高中生阅历浅，再加上信息资源的不对称，大多数同学都是茫然的。如何尽量弥补这样的不足呢？我觉得，在高一和高二的暑假前往自己感兴趣的大学逛一逛，感受一下环境氛围是很棒的选择。我就是在高一的暑假到北京和香港参观了一下北大、清华、人大、港大和香港中文大学。不同城市，不同大学的气质给我留下了深刻的印象。这些经历为高三处于瓶颈期的我提供了莫大的动力。除此之外，与已经上了大学的师兄师姐交流大学和专业的情况，前往学校官方网站了解相关专业的课程和就业前景也是不错的选择。有条件的话，还可以借阅近两年的志愿填报指南。尤其对文科生而言可供选择的专业不多，完全可以通过阅读往年的报考指南大致了解文科专业种类，再挑选一些感兴趣的专业向前辈了解情况或上网查找信息。还可以留意一下相关学校和专业自主招生、特长生的计划。这些工作最好能在高一、高二就做好。

第二，做好中期规划。有了长期目标如同有了方向和动力，而中期规划就是通向理想的梯子。做好中期规划的关键是学会反省。我从高一到高三都保持着考后分析的好习惯。在高三的时候我依照段考将学期分为不同的阶段。考试成绩一出来，我就将我本次考试的成绩与考上理想大学所需要的成绩相对比，算出差值，并思考其中可提高的部分，然后分析失分的原因，到底是知识、技巧、心态有问题还是犯了低级错误？评价上一阶段的复习效果，反思并改进复习方法。总结现阶段的学科弱点，咨询老师和同学解决方案。最后针对上述问题做出下阶段复习重点和方法的调整。反思总结，找出问题，解决问题。

第三，制订短期计划。复习有了重点和方案，还需要落实，制订短期计划可以帮助我们更好地落实学习计划。制订每日计划的方法因人而异，最好能自己摸索出最合适的方式。但作为"过来人"，有几点惨痛的教训还是想与大家分享。首先，计划一定要在一天的开始就制订好，绝对不可以在一天的中间甚至一天结束之后补记，否则，要么会产生"我已经浪费了一上午的时间了，干脆今天就算了"这种懈怠的想法，要么会使得计划变成了流水账。其次，计划一定要详细，时间要精确到几点几分，复习的方式和内容也要明确，比如说"6:00-6:30背第ＸＸ篇英语作文积累""第一节自习课五分钟复习数学笔记，30分钟完成练习册第ＸＸ页，五分钟订正"。千万不可以写"一个小时数学"这种笼统的计划，这样会降低我们执行的效率。再次，每次分配给一科的时间尽量控制在40分钟左右，即使要用大段的时间复习也要安排中间休息。还有，留出一定的机动时间。所谓"计划赶不上变化"，只是计划不够科学罢了。只要学会评估自己的学习能力并为自己留下调整的时间，就可以制订出让你轻松完成，增长自信的计划了。最后，记得在完成的计划后面打上钩，并且用一句话来总结一下今天的学习情况。

功夫在平时。我从前一直不明白什么叫作踏实，后来才慢慢体会到，踏实就是日常的点点滴滴。你有没有欺骗自己的心？常常这样质问自己，才能直面自己的软弱。最后，推荐大家去看一篇文章，王海桐学姐写的《北大是我美丽羞涩的梦》。其中有一句话想和大家分享："其实，几乎所有的人都知道正确的学习方法，可在空谈和实践之间，十天与十年的差距前，每个人做出了不同的选择。"希望在今后学习的路上能与诸位共勉。

王晓阳：人生就是折腾

学霸名片

姓　　名：王晓阳

毕业学校：东莞中学

高考分数：全省文科前20名

录取院校：北京大学经济学院

特长爱好：听音乐

座 右 铭：责己也重以周，待人也轻以约。

高考结束后不久，一封由王晓阳制作的招聘文章通过网络在学生之间传开了，随之而来的，是近40封"应聘信"陆续发往了王晓阳的邮箱。"就在不久前，我们这个团队正式'出道'了。"团队，指的是王晓阳计划在暑假成立的广告团队。7月初，这个外表高高瘦瘦、在别人眼里"高冷"的大男孩大声宣布了这一好消息，脸上不自觉地扬起了微笑。

一如他常说的，不希望若干年后的自己成为终日在公园遛鸟的老大爷。这个来自东莞中学的"学霸"骨子里爱折腾，不甘贫乏无味的生活，热切寻觅着自己人生的意义。

我的人生我做主！

王晓阳

高考完后，高三学子都将迎来自己"求学史"最长的一次暑假，要如何安排近三个月的假期生活？来一次毕业旅行，趁暑假学车考取驾照，还是做人生的第一份兼职或家教？这是许多学生的选择，却不是王晓阳想象中的高三假期。

试着寻找一些"有趣的事"，高考结束后一个大胆的想法钻进了王晓阳的脑子里——组织一个广告团队，为一家经营模式传统的小商家做网络宣传推广。店家原本有一个微信公众号，开通运营后一年内却只发了一篇推文，"可以说是烂尾的网络宣传工程，打算先重新运营起来。"王晓阳这样打算着。

介绍中得知，与他一同"出道"的是来自东莞四所不同高中的应届毕业生。五人各有分工：两人为文字编辑，两人为美术编辑，王晓阳则负责全盘统筹。对于自己亲手选拔的队员素质，王晓阳整体是满意的。"只有一个问题，那就是商业意识稍显缺乏。比如，刚刚经过高考的同学们，写的文字是很漂亮的，甚至可以说有些花哨，但却常常忘记了做广告宣传的要求。"对此,王晓阳并不惊讶,甚至拿出自己三年攒下的奖学金,为这个可能并没有盈利能力的团队支付薪酬。

"我也想过去打工,但即使高考成绩特别高,作为一个劳动者来说,我们也只是一个普通的高中毕业生罢了。"选择去经历这样一个与众不同的假期,王晓阳说这是因为想做一些有意义的事,而不是简单地贩卖自己的廉价劳动力。"中考后也曾经做过一阵子家教,感觉意义也不太大。"王晓阳说。

正如在高三暑假的安排一般,许多事上王晓阳都特别有自己的想法,这也是许多人对他的评价。"就比如高考填报志愿的方法上,道听途说的方法都会被他'屏蔽'。"姐姐王晓琪眼里,他凡事求证后会做出自己的判断。在高三班主任老师陈楚云看来,王晓阳对学习规划清楚、有条理,是个不叫人操心的学生。

许许多多的想法里,有一条还曾经引起了王晓阳和父母间的意见分歧。"我一直想要考到外省去,但父母却始终希望我在省内读书。他们时常会告诉我说,中大不错,这儿那儿都挺好的,我的成绩也合适。"王晓阳说自己是痛苦的,既不想忤逆父母的意见,也不想抛弃自己内心中的真实愿望,思想斗争中有过煎熬。如何才能做到不必强求也无须妥协?王晓阳最后得出的结论是:考出一个"上中大都觉得可惜"的分数。高中学习中这个念头就成为他给自己的一个暗示,一定程度上激励他不断努力。

如今顺利考上北大的他心愿已成。本科期间王晓阳选择了他认为更具实用性的社科类的专业。谈到未来的北大生活,谦逊的他用了"害怕"一词来形容:"考上北大也挺不可思议的,一想到这就做好了一种'爆肝'学习的准备,简单来说觉得自己还配不上北大。"

保持对知识的敬畏感

在外人眼里,高分学霸似乎总有着不同寻常的过人之处。"以前我也是这么觉得的。我想能考清华、北大的人,大概四五岁就已经开始展现自己与众不同之处了。而我活到18岁了还跟别人是差不多的,所以觉得自己没有这个机会。特别是成绩出来以后,我会想这样的人怎么也能考得上。"说着,王晓阳两手一摊,表示自己也十分困惑。

王晓阳的同学里也不乏有人显露出些"天才范",比如做题特别快,学校发了高考六科习题册,王晓阳只做到一半时,有人已经做完6本,又买了6本。"我说没有问题,这就是学霸应该展露出来的。"

上课容易走神,晚自修也会发呆,做题速度慢……在王晓阳看来,自己只是一个普通的学生,身上也存在有很多的不足。没有所谓"天才范"的自己,为何脱颖而出成为高分考生?这个问题同样苦恼着他,得皱起眉头思考好一阵。

"如果非得说什么,大概是性格决定的吧。"王晓阳把学习秘籍总结为两点,一是始终保持对知识的敬畏,二是直面自己的不足。

"比如有道题大家都做错了,我们一起去看答案,一些同学会说

高三学习

'这道题明显出得不严谨、没有水平'，然后决定不理它；而我一定会去看答案怎么解析，告诉自己下一次不能再错。"王晓阳将自己的这份敬畏感归功于一位詹姓老师，"老师对中国古代文学很有研究，自己已经如此博识，却始终认为应该保持对所有文章作者所表原义的尊重，这就是一种对知识的敬畏。"同学间交流常有这样一种情况：随意挑选一个词语中两个字拼起来连读即称为简称，这套说法在王晓阳这里却行不通。"虽然这有点鸡蛋里挑骨头，但是我始终觉得这样的说法有些随便，不够严谨。"

除了严谨对待知识，保有一颗敬畏之心，另一方面王晓阳勇于直面自己的不足。

曾有这么一段时间，当东莞中学每天中午11：40的放学铃声准时响起，同学们纷纷开始离开教室，王晓阳却"赖着不走"，给自己的学习加时到12：25。然而一段时间后，王晓阳心里却出现了一些抗拒情绪，难以坚持继续。"于是我换了一种方式，一下课就去吃饭，午休后继续学习。给自己找一点新鲜感，找一点刺激，其实最终的也达到了学习目的，殊途同归。"

主流观念中，不论是意志力不够坚定或者喜欢寻求新鲜感、刺激感，都是不够好的品质。但王晓阳认为，人的身上总是有一些难以克服的缺点，需要清醒地认识并且敢于承认、直面它，甚至学会利用它。"学妹问我，学习过程中有时候会很烦，怎么鼓励自己坚持下去？仅仅依靠意志力的作用吗？这是圣人的境界，我达不到，那我就换一种方式学习。"他说道。

高三（12）班的教室里，面向讲台从左往右第五列，末排的位置是属于王晓阳的。进入夏季后，火烧云时常在黄昏时光顾东莞的天空。数不清有多少个傍晚王晓阳从窗子向外呆望着,被自然写意的晚霞景色吸引。他说那是自己的一点"小资情调",看到美丽景色就会忘记了作业,忘记了高考,忘记了压力。

面对压力山大的高考,听歌、跑步、放声大喊……历届考生想出了各种奇招以释放压力。偶尔地走神,看上去似乎是王晓阳独特的"减压方法"。"或许这起到了减压的作用,但事实上我并不是为了减压,因为我认为分散注意力只是在逃避,当你再次直面问题时压力还会卷土重来。"王晓阳说。

"我认为,压力是释放不了的,唯一解脱的办法就是把手头上的事解决了。"王晓阳说,自己并没有所谓的"减压秘籍"。如果非要做一个总结,那么就是两个字:务实。在招聘广告团队的过程中,为了选拔合适的队员,王晓阳要拟定考核标准进行人员筛选。"但是我一直有点拖延,越临近填报志愿的时间,越感觉到身上的压力,可以说是'寝食难安'了。那能怎么办?就干活呗!"他说道。

想方设法让孩子爱上学习

"教育是老师的强项,我自知不如。"王晓阳的父亲王国新说,作为父母自己从不怀疑学校的方式方法,总是积极配合学校的各项工作。虽然不是专业的老师,但爸爸也会动动脑筋,想方设法引导儿子爱上学习,例如,让孩子感受自己"广式普通话"带来的笑料,用"学渣"的英文发音制造滑稽的对话等。"读书不只是为考试。我觉得,孩子都希望见到自己学有所成,学以致用,这样学习才有源动力。为此,我要不经意地制造这些'成'和'用'。"

王国新还会常常结合日常遇到的一些状况,向王晓阳发出紧急"求救"。"比如,问他为什么我老记不住中国的朝代顺序,求方法,顺便听一下各朝各代有什么'网红';又比如,问他往文章里多搁些成语、典故、古诗词,是不是就得高分;还比如,问他为什么我写的环循语句一上机,电脑就会死机。"王国新认为,只要能聊起来,无论问题是否无厘头,也不管孩子答对与否,都会给孩子留下一种感受——知识随时都用得上的,再多再广也不为过。这样也就达到了自己的最初的目的。"我们家很少有激励措施。考得好,一起吃个麦当当雪糕庆祝一下;考得不好,也一起吃个麦当当雪糕,'吹吹水'就过去了。"

课堂外的教育上,王国新说自己最关心孩子的安全意识培养。"干啥都先注意安全,爱好随意。"担心孩子怕自己啰啰嗦嗦地说教,王国新就在平时不经意地讲些安全方面的事情或知识。初中时,虽然学校不允许带手机,但父母还是悄悄地让王晓阳带上,为的就是遇到紧急情况时孩子可以马上联系家人。"有一次学校宿舍受雷击,电表箱冒起浓烟。晓阳他担心电视新闻可能会报道,怕我不明就里,猜我一定会赶去学校。当时他就发短信回家说明情况,还

王晓阳在接受采访

叫我们不用担心。"

王晓阳是一个有主见的人,但主见有时也可以与"犟"画上等号。一些事件中双方产生过意见的分歧,面对文理分科、大学抉择也有过不同的考虑。面对孩子的个性,王国新说沟通时会特别注意心平气和、实事求是,不啰嗦,不强求。"人无完人,有时明知他有些观点和做法不如人意,有些观念过于理想化,我们也要坚持慢慢疏导。"王国新认为,人都是在磕磕碰碰中成长起来的,只要不出大错,趁年轻多磕碰也可以多受益。

"谁都想孩子身怀十八般武艺,琴棋书画语数英,还有德智体美。量力而为,投其所好就算了。"对王晓阳的未来,爸爸的期待很朴实,说只希望他"念书时,把书念好;工作时把活干好"。

摸清学生个性因材施教

"他非常清楚自己想干什么。"这是高三班主任陈楚云对王晓阳评价的第一句话,在交谈过程中她也一再提到学生的这一特点。桌面干净整洁,书箱、柜子整齐,陈楚云平日里反复叮嘱学生的事项,在王晓阳那里都无须提醒。在陈楚云老师眼里,王晓阳是一个文静的孩子,在学习上,自己很有计划、有条理,心态也非常好。如果非要说上一点缺点,就是"不爱主动和老师交流"。

作为班主任,陈楚云的带班经验很丰富,会去主动了解每一个学生独特的个性,针对不同的学生采取不同的沟通策略:

"对于晓阳来说,不需要唠唠叨叨,在关键的地方进行提点就可以。如果他这段时间很愿意跟你聊,说明他需要缓解。"

高三的第一个学期,陈楚云发现这个瘦弱的男生开始有些上课打瞌睡的迹象,本来肤色就白的他看上去脸色更加苍白。"一般来说,如果不是熬夜看书学习,那么很可能是身体上出现了一些健康问题。所以有些担心,不知道他身体上能不能坚持到最后。"从那时起,陈楚云有意识地告诉他要锻炼身体,也和他的家人保持沟通联络。每天课后,王晓阳都会出现在学校400米的跑道上跑上两三圈。配合医生开的中药进行身体调理,王晓阳的瞌睡的现象慢慢有了好转。

出于关心学生的个体情况,陈楚云会经常与班上的学生谈心。但陈楚云认为,聊天谈心要适可而止,聊太久学生反而会敏感,也会感觉到厌烦。要解决什么问题,传达出老师的关心,几分钟即可。"不必啰嗦,也不一定要聊出什么问题来。有时候你觉得一个同学有什么问题也不要刻意找他来聊问题,这样他们会很紧张。"陈楚云说。

对于学生的培养目标,陈楚云希望他们"现阶段能够德智体美劳全面发展,未来能成为对社会有贡献的人"。除了日常教学,陈楚云在培养学生上也想了很多法子,比如她的班上班干部由学生轮流担任,让每个学生都能在组织管理能力上得到锻炼。"晓阳在这方面表现就不错,会学习也能做事。"

不爱说闲话,只管闷头干事,不熟悉王晓阳的人总认为这是个高冷的男孩。但班主任陈老师知道,他只是性格内敛,不喜欢表露自己的感情。毕业典礼上,王晓阳专门为陈老师准备了一束鲜花,打电话说"楚楚老师你在哪里,怎么整天找不到你"。王妈妈鼓励他拥抱一下班主任致谢,害羞的他又忙说"不用了不用了"。"对他的希望,就是今后多参与交际,多展示自己内心丰富而热情的一面。"陈楚云说。

学霸秘笈:

形成"发现问题—分析问题—解决问题"的机制

王晓阳

经过高考前后这么些天,我没有大喜大悲的起落,更没有大彻大悟的感慨。回望过去,倒是"回首向来萧瑟处,也无风雨也无晴"的感触油然而生。但正如苏子吟啸徐行也难免被雨点沾湿衣襟,12年磨一剑的寒窗苦读总要为生命打下烙印。学习带给我的心得体会,最重要的,当属"发现问题—分析问题—解决问题"这一机制的形成。

问题是一个通俗的词语,有问题没问题,更多地表达着一种生活状态是否接近人的心理预期。对于求学道路上的学生们问题可能是诸如"学不好""不想学"一类的心理阻力,这些问题是没有答案的,或者说,其答案组成过于蒙眬浩大而难以捉摸。可以说,觉察现实与理想之间距离的存在是对问题的一种发现,而将其拆分解构为可着手解决的问题,则是一种对问题的再发现。唯有发现问题,我们才能为前进留有足够的空间与余地。

不是每一个问题都可以并值得被解决。一个问题是否需要解决,需要通过分析个人主体和问题主体相互影响程度来判断。若一个问题没有成为我们前进的阻碍，又何必执意解决？若一个问题我们无力解决，又何必庸人自扰？不如顺其自然。除此之外，我们还要分析解决问题的次序，按照其紧迫程度和重要程度，理清次序，分清主次，方能事半功倍。

如果说发现问题、分析问题都停留在认知的层面，那么解决问题就是最后认知转化为行动的表现。既然问题已经得到了很好的拆分和解构，整个学习生活的压力被拆解为一个个知识点，一道道习题，那么其解决方法也就变得显而易见。沿着正确的道路，做出内外两个方面的努力。对外，创造合适的外部环境，合理借助外部的力量；对内，投入时间与精力，集结突破险阻的勇气，涵养向前进取的生命能量，在问题的不断解决中实现对自我的发展和超越。

条条大路通罗马，各种具体的学习方法更是千差万别。不同的人有不同的学习方法，同一个人在不同的阶段也会用到不同的学习方法，不同的问题更需要不同的方法解决。但万变不离其宗，与其分享一些过于个性化的具体方法，不如分享探索学习方法的原则。在应试教育的特殊阶段中，学生面临的问题被成绩、题目可视化，这一认识—分析—解决问题的机制，显得尤为关键且有效。而这一机制的形成，更赋予12年的学习生活超越一纸录取通知书的意义——人独立面对未来的起点和奠基点。

即使高考结束，这种应对问题的思考方式仍然在学习以外的生活中发挥着效用。也许是凭借12年学习经历，便妄言生活哲理过于荒唐，明白这一应对问题的机制远不能消释人生中所有的无奈。穷尽一生无法解决面临的问题，固然有缺憾，但如果忘记了发现问题的存在，沉湎于歌舞升平中，这样的人，终生演绎的只能是圆满的悲剧吧。

黄泽宇：在"一快一慢"中找感觉

学霸名片

姓　　名：黄泽宇

毕业学校：清溪镇中心小学、东莞光明中学

高考分数：全省文科前20名

录取院校：清华大学 人文社科学院

特长爱好：篮球、跑步、乒乓球、读书

座　右　铭：木受绳则直，金就砺则利。

六月的东莞，阳光透过天空中的乌云泛着金光。这是东莞夏天的颜色。

今年高考后的第四天，东莞刚下过一场雨，空气中夹杂着水汽与尘土混合的味道，黄泽宇站在光明中学毕业典礼的讲台上，作为学生代表发言。

"进入高三，一天天的学习，一次次的考试，我们在低头挥洒汗水时无暇顾及时间，只见得黑板旁的高考倒计时由百位变成十位，再由个位变成0……"

半个月后，黄泽宇高考成绩被屏蔽，进入全省文科前20名。

陪伴这个文科学霸度过高三时光的，不只是一本又一本的教材，还有洒满球场上的汗水，耳边安静舒缓的音乐和充满喜怒哀乐的小说世界。

涉猎广泛，谈论古今

高一的政治课本里谈到了一些关于经济学的知识，"国家宏观调控""市场经济""通货膨胀"……这些概念打开了黄泽宇的好奇心。

他也是从这个时候起开始对经济学产生兴趣的。课后，他也好几次跟老师探讨经济学原理，自己也看了很多有关经济学的书。

黄泽宇

"经济学可以应用到各个领域，无论是从政还是参与社会活动都离不开经济学""经济基础决定上层建筑，可以打开各个门道……"黄泽宇滔滔不绝地说着。

也是因为这种热爱，让他的心里种下一个清华经管梦。

他还记得当时班主任搬了一块白板贴在教室前面，上面写着"我的理想大学"六个字，让他们每个人在上面写自己的理想大学和一句座右铭。

当时，黄泽宇毫不犹豫地写下：黄泽宇，我的理想大学是清华大学，我的座右铭是"木受绳则直，金就砺则利"。

这个目标也一直激励着他不断向前。

读书对他来说是闲暇时用来消遣的活动。高考后，他在看曼昆的微观经济学和宏观经济学——两本很厚的书。

黄泽宇说，自己幼儿园的时候就看过《格林童话》《一千零一夜》《伊索寓言》，小学的时候喜欢读四大名著，初中看高尔基的"童年三部曲"。

"当时我们老师很鼓励我们看课外书，我有时候会买好几本回来看。"黄泽宇回忆，"虽然也不一定都看懂了，但是当时就是觉得很好玩"。

《三体》《活着》《兄弟》《看天下》《青年文摘》……这些课外书陪伴黄泽宇度过了高中生活的课余时光。

《历代经济变革得失》《社会契约论》《古代地理》……这类书籍，黄泽宇则把它们定义为"课内书籍"。

对他来说，这些书是对课内知识的延伸，有时候看课本只是简单告诉你发生这样一件事，但是很想知道整个事件前因后果，就会阅读相关书籍。

"《历代经济变革得失》这本书以时间为主线讲述了从管仲变法、到王安石变法、到明代的张居正变法，再到现代的邓小平改革开放政策。读完这些历史事件后，我发现历史是有巧合的……"谈起这本历史经济学的书籍时，黄泽宇眼里泛着光。

劳逸结合很重要

"运动和音乐,这一快一慢的节奏让我保持良好的心态,找到自己的感觉。"黄泽宇说。

每天下午5时10分,学校篮球场上总能看到黄泽宇的影子。

黄泽宇打篮球

"我的时间有一部分是分给运动的,我喜欢打球、跑步等,每天都会花40分钟运动一下,下午5时10分开始运动,如果你坚持下来,会明显感到运动完后再学习,注意力特别集中,心情更平静。"

擅长多项运动的黄泽宇在初中时竟然是"体育菜鸟"。

"我初中的第一次体育课成绩特别差,而且当时也只会跟同学一起玩丢沙包这种'幼稚'的游戏。"回忆起自己这段"黑历史"时他笑了。

因为在学校有了一群热爱运动、热爱篮球的玩伴,他也开始喜欢上了运动。他越来越享受在场上获得的快乐,进了球快乐会加倍,输了也不会觉得难过。

在运动的时候速度与力量的抗衡能让人把心里的压力释

放出来。当运动结束，回到学习的时候，他便切换成"静音模式"。

每天下课铃声一响，身边很多同学都会急匆匆跑去饭堂，快速吃完饭回来继续学习。而黄泽宇则总是慢慢走着，耳朵里塞着耳机，听着音乐，保持自己的节奏，丝毫不受影响，在周围这种紧张的氛围中保持着自己的步调。

有时候学习时他也会放点纯音乐。"当他坐下来学习的时候没有人能叫得动他，除非他自己起来。"许俊说。

说起音乐，黄泽宇还自己玩起了吉他。

高二那年，他拥有了一把吉他。每次回家他都会拿起来自弹自唱。他很不好意思地说："我弹得不是很好，只是乱弹。"

当心态平稳了，才能提高自己的学习效率。

多问问题是黄泽宇的另外一个学习"秘笈"。

"我是一个超级喜欢问老师问题的人，每次老师都会被我问到饭都没得吃。但是不管有什么问题，不管问多少遍，老师们都会耐心解答。"

教师办公室，可能是很多人在学生时代最怕的一个地方，但这里对黄泽宇来说，是他最常来的地方。中学六年时间里，他给年级老师留下的印象就是一个十足的"好奇宝宝"。他不断地思考着，然后带着问题跟老师探讨。

黄泽宇说，自己的好成绩是综合因素促成的，"很庆幸我遇到了好老师。"还要感谢父母和同学，"父母给了很大的鼓励，而同学之间也形成了互相探讨和学习的好氛围，这对我而言非常重要。"

让孩子从小养成好习惯

"什么是教育？简单一句话，就是要养成习惯。"这句话出自中国著名教育家叶圣陶老先生。他曾说，对中学生来说，善于独立思考，能够科学利用时间，正确处理学习与娱乐的关系等，都是应当养成的良好习惯。而这样的教育理念正好与黄泽宇父母的教育理念不谋而合。

小学阶段，妈妈是黄泽宇最好的辅导老师。

黄泽宇的父母是汕头人。在东莞，外地户籍学生就读公办学校的学位相对紧张，学生需要更加努力才能上更好的学校。正是这种压力让许俊意识到培养孩子学习好习惯的重要性。从孩子上小学起，父母没有选择让黄泽宇上辅导班，而是自己亲力亲为，耐心地给孩子讲题。"一道题不会我就让他自己先思考，再给他讲明白。讲完后再让他刷题，一遍、两遍，做到会为止。"

六年时间过去，黄泽宇已经成长为一个独立照顾自己的男孩。初中起，黄泽宇到离家将近一个小时车程的地方上学，在这里开始中学六年的住校生活。

对黄泽宇来说，已经学会自己解决问题，不再需要她辅导作业了。不再过问孩子的学习成绩，不给孩子任何压力，妈妈总是站在身旁给予他鼓励。周末回家，给他做一桌好吃的饭菜，听他讲在学校一周发生的故事。"孩子考不好他自己会找原因，我们也只是鼓励他。"许俊说。

即使是上了高中，父母也不插手学习上的事情。

黄泽宇常常和妈妈聊自己的人生理想。"他很小的时候心里种下了一个清华梦,说想要上清华。"默默守候在身边的许俊也鼓励他,有理想就要付诸行动。

而在成长的每个阶段,黄泽宇都会给自己定一个小目标,然后一个一个地达成。有句话说:"当你知道自己想要什么时,整个世界将为之让路。"在目标的指引下,他努力刻苦学习,即使考试考差了也会自己找原因,然后改正错误。

黄泽宇总能在"动"与"静"间切换自己的状态。当他运动或者和别人交谈的时候,他会变得活泼开朗,阳光外向;当他埋头苦读,沉浸在书海中的时候,他便很安静。他每天总能抽出时间运动,也从未对自己的学习有任何影响,这得益于他自己的时间管理意识。"他总是知道自己什么时间该干什么事。"妈妈许俊说。他有自己的学习方法,这使得他能够高效地学习。

"做人要孝顺""待人要真诚",这是黄泽宇父母教他做人的最重要的两个原则。

一天,一个陌生人送来的生日蛋糕让许俊感到惊讶。高三那年,妈妈生日那天,不能回家陪妈妈过生日的黄泽宇偷偷打电话订了一个生日蛋糕送到家里。说起这件事,许俊欣慰地笑了。

和朋友去外面玩,黄泽宇会把好吃的东西带回家给家里人分享。"他心里总是惦记着家里的爸爸妈妈和爷爷奶奶。"许俊笑着说。

老师扮演着一个引导者的角色

班主任邓继群一边看着泽宇,一边用手指细数着眼前这个孩子的优点:

他喜欢历史、经济学,喜欢运动,喜欢篮球、乒乓球;他的字特别漂亮……

从黄泽宇高一开始,邓继群一直担任他的历史科任老师。在他眼里,黄泽宇是个心理素质特别好的孩子。虽然他也像其他孩子一样会遇到考试成绩波动的情况,但是他总能自己调整好状态,继续前行。

邓继群经常鼓励黄泽宇要树立在各个学科超过老师的

黄泽宇向老师请教

目标。

东莞一模文科综合考试结束时,邓继群和黄泽宇一起对历史科选择题的答案,当时一共有3个答案对不上。

邓继群回忆说,最后参考答案出来了,老师对了2个,黄泽宇对了1个。当时邓继群对黄泽宇说:"泽宇你还没超过老师。" 2018年4月24日广州二模的文科综合考试结束,邓继群又和黄泽宇对了一次历史科选择题。这一次他们各错了一个。邓继群对黄泽宇说:"泽宇,你马上就要超过老师了。"

"泽宇到了高考的时候,文科综合分数很高,历史选择题全部拿下了。"邓继群脸上露出了欣慰的笑容。

邓继群带的班级今年有38人参加高考,其中一人获得东莞市文科第一名,还有一人预录取清华大学,600分以上共19人,优先投档36人。

在邓继群看来,学习不是生活的全部,除了学习成绩以外,心理和身体的健康也很重要。他觉得老师扮演着一个引导者的角色,默默关注着学生,在他们需要的时候给予他们鼓励和支持,其他的事情不过多去干预。

"我们班有一个孩子进入高三最后一个学期的时候,心理压力很大,甚至申请在家休养。"邓继群当时每天给这名学生打电话,鼓励他不要把成绩太放在心上,学习只要开心就可以了。后来这名学生渐渐恢复了正常的学习生活,也在最后的高考中取得了不错的成绩。

邓继群在心理辅导方面还有自己独特的方法,他要求每个学生每周都写一篇周记,把自己心里的感受,甚至是一些不愿意跟爸妈说的事情写下来。邓继群认为文字交流很重要,这种方法有利于老师掌握学生的思想动态,在此基础上有针对性地做思想工作。"有个孩子在周记里写到自己想考清华、北大,但是当时学生的成绩还达不到这个水平。"邓继群回忆说当时在周记里写道："即使你现在达不到，老师也相信你有这样的实力。"

黄泽宇和班上其他同学一样，手中都有这样3个本子：一本错题本，经常要回头去看自己做错的题目；一本好题本，把历年的高考题做透，文科的试卷要做到90分以上；一本难题本，做到追根溯源。"难题之所以难，是因为这些题涉及的知识跨度大，因此学生要把涉及的知识理解透彻，才能把难题攻克下来。"邓继群解释让学生做这三个本子的意义。

在谈话最后，邓继群拿出手机，给我们看了一个小视频。视频里是他们班高考文综考试前，邓继群和一名同学带领全班一起喊出："高三（3）班，拿下文综！"每位即将踏上考场的"小战士"士气满满地踏上了征途。"有个孩子从考场出来的时候对我说：'老师，我拿下文综了。'"邓继群回忆说，"我希望他们在气势上不能输，一定要自信地走向考场。"

学霸秘笈：

调整好"时间""知识""心态"三大板块

黄泽宇

正确的时间分工

都说人算不如天算，参加完2018年的高考我才真正体会到学科时间分工的重要性。不合理的时间安排会很容易把人引入歧途的！曾经我也会在一道数学题前卡住好久好久，但仍然不想放弃算出正确答案的机会，于是只好在无奈地与题目对视中消耗了大量的时间。作为过来人，在这里要给大家一个建议：要合理地分配各个学科的学习时间。因为在高考中，每一科的难度都是相对均衡的，并不会因为学科属性不同而被赋予天壤之别的难度，而且，高考每年的格局都在不断变化。拿今年的数学试卷为例，相信不少学弟学妹们已经可以做到140分甚至满分吧，但在高考前，许多同学没有意识到高考难度变化的趋势，把自己的时间蛋糕分了好大一块给数学，结果高考考完后才发现自己其实没有必要去硬啃数学，这样真的浪费了好多时间，万一学到的没有考到，会让人很无奈。高考应试应与平时的学习策略相吻合，重视均衡发展，减少短板，这就需要把时间分配安排得更加合理。

所以具体操作是怎样的呢？我建议把晚修时间划分成几个学科单元，把文科学科（语文、英语、政治历史）以及偏理科（数学、地理）的学科合在一起，比如第一节晚修7点到8点20分，可以做一点文再做一点理，这样既可以减少长期埋在文综里的枯燥，又可以使各科的时间相对均衡。切忌过度沉迷于某学科。当然具体的时间分配一定要量身定制，力求适合自己的规律。

融会贯通

对学文科的同学来说，这个方法真的再熟不过了。拿文综为例，无论是政治历史还是地理题目，材料都是我们"赖以生存"的支柱——所以，要想提高文综的成绩，材料分析能力必不可少！所谓融会贯通，就是要在材料的基础上迁移五花八门的知识，越多越好。

再举个例子，我们去看了《复仇者联盟3》，嗯，这部电影你能想到什么？钢铁侠的纳米战甲好厉害，哦，科学技术果真是第一生产力，可是灭霸还是捅破了他的盔甲——我们得用全面的观点，一分为二的观点看问题，再厉害的东西也有些自己的缺陷；还有，灭霸的手套只有在无限宝石集齐时才会有最大的力量——整体统率部分，有着部分没有的功能……这是在政治学科的演绎，通过这种方式，你能够把学过的知识与最新的电影结合起来，是不是变得有趣又更好记忆了呢？

考前心态调整

高考确实很重要，但它还没有重要到决定我们一生的程度。不少人会在高考前出现紧张感，这是十分正常的，与其说是紧张，不如说是兴奋，这种感觉反倒可以提高我们的能力。但是，仍然有些同学是真的陷入了泥潭，在考前就担心高考考差了，从而出现一系列失去斗志的行为。对于这种现象，要想改善心态，就应该从对待高考的态度开始改变。考前不必一味地埋头学习，要注重生活作息的调节，多去锻炼，比如跑步或者打球。考试时也不用给自己过度心理暗示，因为在高考考场，保持心情平静才能有好的发挥。

以上几点是我平时总结出来的，希望能够给学弟学妹一些帮助吧。

秦子达：理科学霸原来是"红楼迷"

学霸名片

姓　　名：秦子达
毕业学校：东莞市翰林学校、东华高级中学
高考分数：全省理科前20名
录取院校：清华大学电子信息大类
特长爱好：读书
座 右 铭：切不可自惰，切不可自欺。

"鲁迅先生说《红楼梦》是中国小说的巅峰，且《红楼梦》是为小人物著书立传。它打破了传统的思想和写法。而刘姥姥这样一个小人物形象正好论证了鲁迅先生的说法……"这是16岁的秦子达参加东莞市《红楼梦》知识竞赛时写下的答案。

在这个比赛中，他获得了全市唯一的特等奖。

眼前这个戴着黑色边框眼镜，穿着一件红色T恤的理科学霸，已经把《红楼梦》完整地读了三遍。他初读《红楼梦》，是在初中暑假与家人看老版《红楼梦》电视剧时，引起的阅读兴趣。

高中一年级，他和一位"红学迷"同学一起参加了《红楼梦》知识竞赛。为了准备比赛，他又仔细读了两遍《红楼梦》，几乎把所有的故事情节都记了下来。

秦子达

"我觉得，看红学家解读《红楼梦》更有意思。"他已经熟读红学大家周汝昌、刘心武的著作，这使得他对这部文学作品的理解更加深刻。

这部伟大的文学作品打开了秦子达的思路，他发现，阅读有深度的文学作品是一次有意思的探索。

"我最喜欢贾宝玉，从这个人物身上看到了自由、平等、博爱的人生价值观。"秦子达说，他喜欢读书，涉猎范围广，从文史哲到社会科学都感兴趣。

《红楼梦》知识竞赛荣誉证书

越过山丘,发现更美的风景在等候

回望高中三年,秦子达一路过关斩将,他曾经在跟随主流做法和坚持自己想法中徘徊,最终,他选择了坚持自己的想法,独自探索前行。在越过了一个又一个山丘后,发现有更美的风景在等候。

文学功底好、文笔优美、字迹工整,秦子达手中拿着几张足以称霸文科天下的王牌。但他在综合考虑未来的发展方向后,毅然选择理科。

当时他有两块短板,一个是数学,另一个是理科综合。

"高一数学成绩不理想,当时把精力都放在数学上结果还是不见起色。"秦子达回忆说,真正改变自己面临的这种困境的是自己参加了全国高中数学联赛。

高二这一年,他每天除了学习课内的知识,还花了大量的时间和精力研究竞赛题。他已经不记得有多少个夜晚自己开着小夜灯看竞赛书,"当时经常午夜12点多才睡觉"。

那年暑假,他和小伙伴一起到南昌参加竞赛培训。这次培训彻底改变了秦子达对数学的认识。"当时我觉得自己是真正意义上学到了数学知识,领略到了数学美好的地方。"说起这次经历,他的眼睛里仿佛有星星在闪烁。

竞赛结束后,他开始高三备考。"当我回过头来看课本知识的时候,我发现它们变得很简单。"

在克服理综这块短板的路上,他也花费了许多力气。他看了很多学习方法的书籍,但最终发现不能照搬别人的方法,必须和自身情况相结合。秦子达后来发现，建立思维导图，不断地去拓展知识点，对题型和知识点进行及时总结，非常有用。

此外，在理科生的世界里，刷题是夺取高分的必经之路；而秦子达认为，思考比刷题更重要。

与其他学霸一样，他曾经也有一个大大的箱子用来装各种辅导书、题册，后来为了精简，他把多余的资料扔了，只留下这些快被他翻得发皱的书本。周围的同学都在刷题，而秦子达买的厚厚一沓题册，大都保持着崭新的模样。

三四本常用的笔记本、几本用来记笔记的辅导书、几本课本、几套老师发的试卷、几支常用的笔，这是高三时期秦子达书桌里摆放的所有东西。

精神上的勤奋更重要

"切不可自惰，切不可自欺。"这句话记在秦子达的笔记本上。

秦子达认为勤奋有两种：一种是精神上的勤奋，另一种是表现上的勤奋，只是埋头苦干，精神上不加思考。

"其实后一种是偷懒的做法。"他说，他是个精神上勤奋的人。如果有一道题解不出来，会冥思苦想很久。这是他勤奋的一面，但是不会刷题。

秦子达爱总结，喜欢自己发现规律。

当老师让学生多刷题的时候，他不喜欢。他刷题量不够，在考试时遇到一些没做过的题就会出现做题慢的问题，在这方面没有优势。在高三下学期的时候有几次考得不好，爸爸秦志强认为有他心态的原因也有刷题少的原因,这个问题让他感到苦恼。

最后事实证明,刷题不是最重要的,拥有自己的一套科学的学习方法才是最重要的。

"我不刷题,学习成绩就上不来,结果别人考得都比我好。"秦子达当时处于一种彷徨、焦虑的状态。

"如果你确确实实不愿意做题,你就要相信自己,没有必要关注别人的做法。"他的父亲说。

在秦子达读高中的阶段遇到了无数的困难,而在这条路上,一直得到来自父母的安慰。他爸妈的手机24小时开机,有什么事,随时电话联系。

高考前几天,他突然告诉秦志强:"老爸我顿悟了!原来过去归纳的东西是要复习的,我以前以为归纳整理完就行了,没想到一复习就有新收获。"

因此,考生不必惶恐,不必盲从,要找到喜欢的学习方法,家长要鼓励孩子发挥他的优势。

孩子需要引导和鼓励

今年东莞6名进入全省前20名的高考考生中,秦子达是唯一一位理科生。面对媒体许多重复的问题,他都耐心、认真地回答,没有一点不耐烦的表情或语气。

秦子达的谦逊有礼,与父母重视孩子品行培养有关。秦志强认为做人要低调,要有修养。他坦言:"我不能容忍孩子没有修养。"

孩子在成长过程中慢慢地塑造"三观",周围同学和社会上一些观点都可能有所影响。

当孩子们在家里讨论班上发生的事情时,秦志强都极力地引导孩子不要过多地去评论别人,别人做得好的,要向他学习,做得不好的,要多自省。

他希望自己的孩子不要带感情色彩地去评价一个人。"有时候一个人表达出来的语言和他心里想的东西是不一样的。"因此他常常教育孩子要学会客观地去评价。

秦志强认为应该让孩子积极乐观地面对生活,在他们年纪比较小的时候就树立正确的人生观和价值观。让他们相信真善美。等到孩子大了,进入社会,自己去理解社会。

开放而民主的家庭氛围,让秦子达善于思考,敢于表达自己的观点。

秦志强曾和秦子达讨论过"聪明是否是获得良好的学习成绩的主要因素"这个问题。他认为孩子的天赋是最重要的,就尖子生来说,勤奋是每个人的常态,而最后脱颖而出的是那些天赋比较好的孩子;而秦子达则认为,聪明与否不是最重要的,关键要看一个人是否有良好的学习习惯和适合自己的学习方法。

中考填报志愿时,秦子达执意选择东华。而父母更希望孩子留在自己身边,可以给他更舒适的环境。父子俩也为这件事争论了很长一段时间。

"老爸,我知道你是为我好,我知道你们是为我好。你们

秦子达与父母合影

现在可以给我资源让我上高中,那么上了大学呢?我早晚要自己出去闯,我想要早点锻炼我自己的自理能力,总有一天我要去开拓我的生活,而不是一直在你们的庇护下成长。"

眼前瘦弱的秦子达睁大了眼睛,面对面说出这句话的时候,秦志强感受到了一种男孩子敢作敢当的力量。这时的秦子达便埋下了一个清华梦。

要问父母是高中老师是一种什么样的体验?秦子达会说:"他们带高三的经验丰富,很清楚在什么阶段要调整心态。"

在秦子达准备参加数学竞赛期间,秦志强常常跟儿子一起探讨数学问题。他有时候觉得孩子的认识比他还要深刻,在这种时候都会给他表扬,增强他学习的自信。

每周日下午2时到6时是学校留给学生的自由活动时间,可以由学生自由安排。而这段时间成了秦子达每周和爸爸妈妈一起聊天、吃饭的时间,爸妈一次也没有缺席。秦子达会向爸妈倾诉自己的烦恼,讲讲自己学习上的收获和体会。

父母的这种陪伴,对秦子达熬过高三起了很大的作用。

高三第二学期的成绩,是他高中三年里波动最大的。"可能是高处不胜寒吧,有些目标实现不了,他会表现得有点着急。"秦志强说,每当这个时候父母除了给予他学习上的建议,更多的是鼓励他,增强他的自信心。

6月6日,高考前一天,秦子达打电话给爸爸:

"老爸,我发烧了。"

接到儿子电话后,夫妻俩马上赶到学校,带秦子达去附近的医院打点滴。一边打着点滴,一边和秦子达聊天,帮助他调整好心态。

第二天,秦子达没有因为身体不适而出现心理波动,而是带着自信走进考场。

虽说父母都是高中老师，但是秦子达的学习基本都是靠自己摸索，父母更多是在精神上和心理上给他鼓励和安慰。

而最后的结果也证明了，长期的付出会给予回报。

在秦志强看来，秦子达在高考中属于正常发挥。如果说他为什么比别的孩子考得好，他认为与秦子达在考场上心更安静，受外界干扰更少有关。

人生定位比分数更重要

"沉稳""内敛"这两个词是班主任曹英姿对秦子达印象的评价。

"他这样的孩子非常少见。"文学功底扎实、文理兼修的秦子达在教学经验丰富的曹英姿看来非常难得。

带了秦子达整整三年，他的学习情况曹英姿都看在眼里。作为生物老师，她也清楚生物这门学科是秦子达的短板。有段时间秦子达生物科的成绩排在班级中间位置，即便下了很大的功夫还是没能考好。

曹英姿很清楚这个孩子思维比较活跃，想法过偏导致和命题者的出题意向有偏差。因此，曹英姿特地给他找来专项训练，让他当面做，并当面给他批改讲解。

曹英姿认为，一个人自己做题和给别人讲题不是一回事。给别人讲题更能摸清解题的思路，想法也会更周到、全面。因此，生物课上，秦子达常常是那个给大家讲题的学生。即使那道题做错了，老师也让他讲讲自己解题的思路。通过这样的训练，秦子达慢慢克服了自己的心理障碍，渐渐理清了做生物题的思路。

"得理综者得天下",这句话在理科生的江湖中广为流传。

曹英姿认为,理综很重要,要拿下理综,需要适当地刷题,在刷题中提高速度和准确度。理科综合的老师们也不要强调单科成绩,而应讲求总分最大化。同样,语文成绩好可以在理科生中拉开很大的差距。秦子达就是一个很好的例子,他在语文上一直保持着绝对的优势。

高考题的材料题,很多源于大学教材,考试的内容会在原来课本基础上有所拔高。而这也恰好是竞赛中会接触到的内容。

曹英姿认为,竞赛让学生跳出教材体系,一方面提高了学生的学习兴趣,另一方面拓展了学生的知识面,为他们在大学继续深造打下了良好的基础。竞赛不仅是为了名次,更重要的是锻炼理性思维,学习解题的思维方式。

在高考备考过程中,每个孩子多少会有压力。适当的压力能让学生化压力为动力。但是如果压力过大,容易转化为焦虑。

秦子达在高三的时候成绩起伏比较大。身材比较瘦小的秦子达有时候会出现身体不适的情况,影响了考试发挥。曹英姿经常鼓励学生进行体育锻炼,强健体魄。

"分数高低不是最重要的。在秦子达班上,与他实力相当的孩子至少有五个。"曹英姿认为,在一个人成长过程中,心态和人生目标的定位更重要。秦子达身上有一种家国情怀,远大抱负,他吃得了苦,有信心有动力,愿意为自然科学研究献身,这才是他最可贵的地方。

学霸秘笈：

三步走找到适合自己的学习方法

秦子达

一、我这样学习

高三一年我总体上遵循了学习与思考、实践与做题、提高考试能力三步走的顺序。

学习与思考。理解概念之后，我会建立知识体系，把知识串联起来，在大脑中形成一个思维导图。我在高三时把物理、化学、生物三科的知识点都做了思维导图。这个过程也是我理解与纠偏的过程。

实践与做题。为提高解题能力，我会做一定量的题再进行归纳总结，最后开始针对性刷题。在整理错题时我分为四类：概念理解错误、没思路、模型不熟、易错点出错。

对于经常摸不清套路的题，我会单独拿出来专题攻克，并把成果做成思维导图或者直接文字叙述出来，方便复习。做这项工作前，我会先找找有没有讲解到位的参考书，如果找到了可以直接在书上做笔记，一来省事，二来可以与书中观点取长补短。

对于一些经常出现的模型，我会刻意记忆。但是做题时切忌有熟题感，如果要运用模型，就要注意条件性。

另外我会培养自己的应变能力。在高三我看了波利亚写的《怎样解题》，觉得很有收获。一旦遇到有挑战性有新意的题目，我就会提醒自己跳出套路，运用解题方法，并且充分调动大脑。

提高考试能力。首先是阅读能力。我一般遵循先略读再精读的顺序。略读就是先扫一遍，力求找到题目大意和关键点。

其次是适应考试，不反其道而行之。比如，语文作文看审题、立意、结构、语言、材料、书写六大块，如果审题已经很困难了（如任务非常多的任务驱动型作文），就没有必要把主要精力放在立意的深刻与语言的精美。

我还会注重运算能力。对于大数运算，我会放慢速度，一遍过。对于比较复杂的运算过程，如移项中的正负号、开根与平方，我会对常见错误进行整理。

最后我会把握时间分配。我有个最大输出的意识，保证在一段时间内能拿最多的分，比如理综选择题我定了30分钟，剩余的时间再去做有难度的题。

二、我这样调整心态

高三一年起起落落是正常的，但我并没有过多关注成绩，而是把主要精力放在寻找漏洞上。漏洞是从考试过程中找的。在考试过程中，如果在哪个地方卡住了，或者感觉知识不熟，就一定要留个心，考完及时补上。

遇到没考好的情况，我会找客观的原因，保持信心。我坚信只有高考才能真正反映实力。

我还会保持谦虚的心态。放低姿态去做题，见了题就尽力去做，把考试时百分之百的精力放在题目上。

三、我这样取得进步

我认为取得进步应当同时做到三点:学习、思考与总结、实践。这正契合我学习的顺序。

所谓学习，关键在于寻找外界资源，而不是自己硬琢磨。我曾经把自己想的东西写成笔记本，虽然看起来非常有成就感，但是最终发现效率太低，不如看辅导书或者问老师。

而很多同学欠缺的可能是思考与总结，认为提高成绩的唯一方法就是刷题仅仅是"外在"的勤奋，我认为还需要有精神上的勤奋，也就是多思考多总结。我会把每天想到的经验记录在日记本上。在适当的时候，回顾以往的随想，就能有所得。

不仅把学习与思考付诸头脑与纸端，还要随时可以输出。在课堂上我会紧跟老师的节奏，一旦遇到自己不熟练的知识点和题型，就迅速复习笔记。

其实学习方法是因人而异的。但是我认为大家只要把握好这三点，就一定可以找到适合自己的学习方法，取得理想的成绩。

白宏源：保持平稳心境前行，也期待波澜生活

学霸名片

姓　　名：白宏源

毕业学校：光大新亚外国语学校、东华初级中学、东华高级中学

高考分数：全省文科前20名

录取院校：北京大学法律专业

特长爱好：足球、读书

座　右　铭：野夫路见不平处，磨损胸中万骨刀。

白宏源像一个空的容器。

他不是那种会被周围的紧张气氛影响的人，恰恰相反，他一直保持着平稳的心境前行着。

初次见他时，他脸颊红红的，但你不会从他的话语中感觉到一丝紧张，他总是从容地表达自己的观点。

不断尝试新东西是他前进的动力，对不感兴趣的东西他不愿花太多工夫。

白宏源

理解这一点,就能明白为什么他会在填报志愿的时候没有任何的纠结,毫不犹豫地选择了北京大学法律专业。他戏称自己是个"法盲","法律"对他来说是一片未知的领域,而他渴望去探索这未知的世界。

理解这一点,就能明白为什么他会在高三上学期,周围同学都开始进入快节奏的复习阶段的时候,他依然利用课余时间读杂书。因为他"喜欢把自己的身体和心理调适在最佳状态"。

那段时间成绩起伏比较大,班主任常常找他谈话,希望他再努力一把,节奏再加快一点。尽管看出老师有点"恨铁不成钢"的意思,他也没有立刻改变自己的节奏,而是顺着自己的感觉过渡到备考状态。

阅读是一场内心世界的旅行

童话故事和校园小说,丰富了他童年时的精神世界。

现在回忆起《马小跳》《皮皮鲁》这些启蒙读物,他有很深的体会:"这些书对我的帮助很大,它们传达的真善美塑造了我的三观。"而带他走进这个纸上世界的,是身边互相分享读物的同学们。

2006年9月,白宏源进入私立小学就读,6岁的他开始了住校生活,在老师和同学的陪伴下逐渐成长,而成绩也一直名列前茅。

2012年,父母给他报了东华初级中学的小升初入学考试,他最终凭借超常发挥的成绩被公办班录取,这让父母感到非常惊讶。

他的爸爸白志钦说:"当时虽然对孩子很有信心,但是也没想到他能发挥得这么好,比分数线高出了这么多。"

进入初中,全新的环境让他无所适从。这时"没什么事干就学习"的白宏源,开始一门心思搞学习。每天从教室去饭堂的路上,他的脑子里一直在思考学习上的问题。

这段时期一直沉迷于学习的白宏源看的书也比较少。真正喜欢上看书是在高中阶段。2015年,由于在校学习成绩优异,他顺利升入东华高中部就读。

高中的这段求学时光里,白宏源成绩一直很稳定。文理分科的时候,他毫不犹豫地选择了文科,"因为觉得自己比较感性,更适合文科"。

高中开放的学习氛围打开了白宏源遨游书海的大门。

他回忆，高中的第一节语文课，老师要求他们每天要保持一定的阅读量。高一分班以后，当时的语文老师引导他们读诗，并要求每位同学轮流在课前分享自己喜欢的一首诗。借此机会，白宏源读了大量的诗歌作品。

清晨，教室里坐着几个同学拿着题狂刷，看着手表估摸着还有十几分钟才早读，他便从书桌下掏出一本《海子诗集》。高一那段时间，他最喜欢的诗人是海子，因为"海子的生命力比较顽强，他的诗里散发着蓬勃的生命气息"。

读诗的日子里，情感总是丰富的。

连着几天上晚自修，写完作业没事干的白宏源，偷偷从书桌底下拿出一本《活着》，翻到上次做了标记的位置，开始读了起来。他几乎把余华的作品全都读了个遍。

"世界上只有一种真正的英雄主义，那就是在认识生活的真相后依然热爱生活。"他在余华作品里看到了人生的力量，而这种力量感让他有一种说不上来的喜欢。

周末，图书馆里的人比以往多了，白宏源和这座城市许多爱书的人一样，喜欢在这个和陌生人保持着恰到好处的空间里，读上一本挑选了许久的书。他总是一个人在那里坐上一整天。

书里有灵魂的似曾相识，也有无穷的未知世界。除了读书，他还想学古典音乐、想学网球……因为"人对有价值的东西都应该尝试"。

"我也期待波澜的生活。"白宏源沉浸在自己筑造的内心世界里，让人觉得他的学习态度很"佛系"。而事实是，这个18岁男孩儿也像其他学霸一样有好胜心。

在高三冲刺阶段，发生了这样一段小插曲。

成绩一直名列前茅的白宏源，原本很有希望获得北京大学

"博雅人才培养计划"的入选资格。10到60分的降分,对每个心中有名校梦的考生来说,无疑是一颗定心丸。

落选时的郁闷心情,他至今印象深刻。

把身心调整到最佳状态

"白宏源这个人虽然懒,但学习方法是很多的。"这是白宏源身边同学对他的评价。

当然,这里的"懒"是相对其他学霸的勤奋来讲的。班主任王建平说:"白宏源学习比较放松,不属于特别刻苦的孩子。"他总是一边玩一边学,考试成绩不好不会对他有太大的影响,不会产生很大的压力。王建平认为白宏源是个爱动脑筋的孩子,他不像其他同学,一有问题就问老师。每当他有问题的时候总是喜欢自己先解决,解决不了才会问老师。

在王建平看来,白宏源跟2015届的陈金浩有点相似。"陈金浩这个孩子高一、高二的时候天天忙着他的街舞社团,忙着各种表演,到了高三才一步一步走到前面,最后在高考中进入文科全省前10名。"白宏源则是高一、高二喜欢看书,没有全情投入到学习上。

白宏源的学习秘诀之一就是心态好。

即使时间特别紧,他也懂得如何去调节自己。他总是按照自己的身体节奏和心态节奏来调整自己

高三埋头学习

的学习。他会自己去找一种舒服的学习方式，并选择在自己学习效率最高的时间段集中精力学习。在无法集中精力学习的时候，他会选择去球场踢一下球放松自己。

找到各个学科的学习方法也很重要。

他会有意识地去拓宽考点外面的知识。比如大家都预测"改革开放"在今年会是个重要的考点，很多同学只会在原地打转，而他会主动去找有关的内容来看，拓展课外知识。

高三有段时间，白宏源文科综合方面遇到了困难。这个时候班主任鼓励他去找科任老师聊一聊。后来，在与科任老师聊天的过程中他也找到了自己的问题。"因为文科是没有固定答案的，只有跟老师沟通交流，把自己的思路讲出来，老师才能给学生指导。"

除了心态和学习方法以外，大量的阅读让他在应对高考这种类型的考试十分有利。而他自己也十分清楚，像高考这样的考试，不会单纯地考查课本知识，而是会涉及很多更高层面的东西。

在广泛阅读的基础上，他的知识面比其他同学要广，也就更具优势。对文科考生而言，广泛的阅读能够提高人的思想高度和深度，这一点是让他能在这样大型的考试中脱颖而出的重要原因。

家长要让孩子自由伸展

安静，是白宏源的底色，也是他生长的家庭的底色。

还没等到钟表里的指针走到40分，白志钦拿起桌上的钥匙准备出门接孩子。每到孩子回家这天，他总是提前来到学校门口等孩子放学："一分钟也好，我们从来不让孩子等。"

白宏源的父母是福建人，年轻时来到东莞打拼。

他们那一代人能获得的教育资源有限，也没有很强的学习意识。随着信息时代、全民学习时代的到来，慢慢地他们也意识到当前的社会对孩子的要求越来越高，"我们这一代教育不行，所以我和妈妈都希望下一代教育更好一点。"

出于这样的考虑，一年级开始，白宏源进入私立学校就读，开始了住校生活。虽然孩子已经取得了东莞本地户口，选择公办学校可以交较低的学费，但为了给孩子更好的学习资源，他们毅然选择了学费较高的私立学校就读。

"一方面是我们自己不会教，怕教不好；另一方面是我们对学校、对老师有信心。"白志钦也一直对培养过白宏源的老师们表示感谢，"这个孩子很幸运，遇到很多好的老师才走到了今天。"

白志钦坚信环境对一个人的影响，他说："跟优秀的人在一起会变得更优秀。孩子能养成读书的好习惯是在学校环境中耳濡目染的结果。"

"印象中我从来没有打过他。"在白志钦眼里，白宏源从小是个懂事、沉稳的孩子。他比其他同龄的孩子更成熟，从来不用他们操心，也没犯过什么错。

一年级就开始住校的白宏源没像其他孩子一样吵闹，哭喊着回家。白志钦回忆说，从来没有见到他像其他孩子一样大喊大叫，他总是很安静，让父母很放心。

别人家的孩子大都有一段叛逆期，而在白志钦看来，白宏源几乎没有出现过叛逆的现象。"他什么事情都自己安排得很好，从来没有出现过作业没完成的现象。"白志钦说。

由于白宏源从小就开始住校，只有在周末和父母有短暂的相处时间。生活中，他们的亲子话题很少谈及学习成绩，更多的是讨论一些生活方面的东西。在白志钦看来，生活自理能力对白宏源这样从小开始住校的孩子来说很重要，"孩子上学不是成绩好就可以了，更重要的是以后出了社会要靠自己"，所以他更注重培养孩子的独立的能力。

课余时间的白宏源

高一分班的时候，白宏源文理科的成绩不相上下，白志钦虽然自己内心认为理科可能更好找工作，但是他也克制住了自己的想法，选择尊重孩子的意愿。

高考填志愿的时候，白宏源选择了北京大学法学专业，尽管父母心里觉得经管类更有前途，但他们依然不做干涉，尊重孩子的选择。"人一辈子还是要选择自己喜欢的事情去做，不然也没什么意思。"

关于成绩，他们很少过问。

白宏源也说过，他从来没有从父母那里受到任何学习上的压力。在采访中，白志钦坦言："我们只是嘴上说不在意考多少分，其实心里还是和很多家长一样是很在意的，只是我们怕给他带来压力，所以选择沉默。"

高二那年，白宏源常常买一堆书放在家里，周末回家大部分时间都在看书。看着儿子天天看杂书，白志钦心里有些着急。但是考虑到这些书籍对他也会有帮助，还是忍住没有说。

在这样平淡、安逸的家庭氛围的影响下,父母给予了足够的自由度的环境,这使得白宏源逐渐筑造起一个平稳而丰富的内心世界。

白志钦说,白宏源从来不会因为紧张而睡不着觉。正是这种淡定从容的心态,让他在高考这种特别考验心理素质的考试中能够发挥出自己的正常水平。

父母的教育方式要综合家庭环境与孩子自身特点来调整,这是白志钦的教育理念。

白宏源还有个妹妹,今年读初二。

尽管父母正按照同样的教育方式培养着妹妹,但是两个孩子的性格截然不同,他们也意识到教育方式要根据孩子的不同做相应的改变。

用快乐与激情影响学生

"我们老王可以称得上是名师了。"白宏源口中的"老王",就是班主任王建平,从高一开始一直带着。

2015年广东高考文科前10名东莞东华高级中学占5人。而这5名同学正来自王建平和其他几位科任老师曾带过的2015届文科精英班。而同年9月,王建平开始带白宏源所在的班级,2015年学生取得的好成绩,使得"学生们特别信任我们,平时都是跟着我们的节奏,一起玩,一起学,一起成长"。

"哈哈哈!球进了!"足球场上穿着校服的少年们用背、用头玩弄着足球,这是属于他们的"快乐足球"踢法。少年中间,有个"大孩子",王建平正和班上的男生一起踢球。

看着这些平日里坐在教室里刷题、背书的男孩儿在场上欢笑着,王建平也和他们一起笑了起来。

王建平经常鼓励学生多运动,多到户外散散心。在高考前20多天,他们班还组织了一次爬山活动,"像爬山这样的户外运动可以让他们释放压力,缓解他们的紧张情绪"。

在王建平看来,他们班上学生的特点是学习效率比较高。他们会在课上消化课本知识,然后在课外去进行更多的拓展提升的活动。在各种文艺活动、竞赛活动、创新大赛上经常可以见到他们的身影。参加这些课外活动不仅有利于学生提升综合素质,还有利于他们在展示自己才能过程中提高自信心。对他们的心理产生很大的帮助,是一种很好的心理暗示。

心理调节能力对每个高考考生来说非常重要。

王建平说,有心理波动是很正常的,如果是一些比较小的波动,学生自己要学会调节,学会从中积累经验。如果学生出现严重焦虑的情况,老师会请家长配合,一起安抚学生情绪。在这方面,学校在每个年级都安排了一位心理老师进行辅导,由心理老师每个星期给学生上心理辅导课,带着学生一起做游戏,看视频,缓解压力。

在文科生中,流传着一句话:得数学者得文科天下。

这话虽有些绝对,但确实非常有合理性。有多年数学教学经验的王建平介绍说,学校从学生高一、高二起就非常重视学生的数学功底的培养,学生在前期拿下基本功,到了高三再进行拓展提升,对试卷的难题进行总结分析,让学生形成解难题的思路。

由于今年高考数学的难度稍为降低,王建平认为他们班学生的优势还没有完全展现出来,全班的数学成绩总体在140分以上。

东华在培养学生方面有自己独特的方法。

在学生高一、高二阶段会进行多次模拟考试，各科科任老师通过这些模拟考试来分析每个同学的优势和劣势。以此为依据对学生打造个性化的辅导方案。针对每个学生的劣势，对相关知识点和相关模块进行讲解分析。

不仅如此，在做题上也有个性化的体现。老师会针对不同学生的特点让学生做不同的题型，为学生总结题型的做法和答题思路。

学霸秘笈：

打好基础，尊重学习规律

白宏源

我时常头痛于学习方法之类的问题，因为在我看来，在根基没有打牢的情况下，过度地追求机巧的学习方法是舍本逐末的。提升成绩的方法自不待言，每一个学生和家长心里其实都十分清楚。课前主动预习，上课认真听讲，课后配套练习，这一套流程似乎已经是过时的老偏方，但其药效不仅没有流失，反倒愈加鲜明，只是被人们有意无意地忽视，如今成了被冷落的角色。我想说的是，任何科目的学习都有其自然规律，发挥主观能动性的前提便是尊重规律。

我并没有太多生僻的学习方法，如果一定要提一点，便是合适的课外拓展。举例来说，2018年正值改革开放四十周年，改革开放大事记自然成为历史学科的备考热门，我们都知道有很大概率会在这方面出题,但在平时应该做何准备?我想,不必局限于课本知识,对历史的宏观感受和广博的史实积累是做出正确历史解释的基础。但是课本是无法面面俱到的,单纯利用课本的知识往往无法解释一些选择题的选项。我选择去看一些关于改革开放的专业书籍和论文,比如吴晓波先生的《激荡三十年》,我觉得是很有帮助的。历史选择题向来让无数学生头疼不已,我们往往进入一种困境:我可以利用自己的一套逻辑解释我做的错误选项,从逻辑上,我的解释是没有问题的。这便是我们对历史环境的感受有限导致的。

合适的课外拓展往往在不经意间给你帮助。在对自己的高考成绩进行估算后,我发现语文的高分发挥了至关重要的作用,而其中作文更是重中之重。今年广东作文以新时代为主题,我没有选择最常规的议论文,而是以赌博的心态写了一篇抒情散文。这时,平日读的诗歌和散文集就发挥作用了。

我还想谈谈心态。我在高三的心态大概可以用"佛系"二字概括。这样的心态自然有利有弊,一方面这让我无法保持饱满的学习热情,无法以一腔热血进行高三的冲刺;另一方面却让我足够平和,心境不会有太大的波动。我不知道这值不值得效仿,但它或许能说明一点:高三,稳定压倒一切,不必给自己太大压力,只要在每一天都认真完成任务,就能带来很大进步。

对每个备考的同学来说,区分爱好与责任十分重要。敢于承担责任是英雄的品质。每一天的学习,是对未来负责,对师长负责,对社会负责。没有责任的高三一文不值。自由散漫的日子并不能代表个性的彰显,它只属于精神的懦夫。

多说无益,只须遇山修路,遇水搭桥,发现属于你的火炬,也别忘了把它高高举起。

中山

李思羽：学习是一部励志史，需要一步一个脚印

学霸名片

姓　　名：李思羽

毕业学校：杨仙逸小学、中山纪念中学

高考分数：全省文科前20名

录取院校：北京大学中文系

特长爱好：看散文书籍、拉二胡、跳中国舞

座　右　铭：莫问收获，但问耕耘。

在中山纪念中学里，有这么一对双胞胎姐妹花，一样的相貌，一样的着装。

这让学校的李金华老师有点头疼："她们姐妹俩长得一模一样，我经常认不出来谁是姐姐，谁是妹妹，想不印象深刻都难啊。"

李金华所说的双胞胎姐妹，正是该校两名高三学生：姐姐李思竹，妹妹李思羽。

2018年6月25日,凌晨0时25分左右,一个北京大学招生办老师的电话打到了两姐妹家里。随后,还在睡梦中的李思羽被接听电话的妈妈一句话叫醒:"你考进全省前20了!"

李思羽、李思竹姐妹

高考考进全省文科前20名,成绩被屏蔽,这让李思羽本人感到很意外。

此后,亲朋好友的道贺、媒体记者的采访,就这么纷至沓来,让李思羽2018年的这个暑假变得十分难忘。

自认求学是部励志史,一步一个脚印成就成绩节节高

2000年3月21日,李思竹、李思羽姐妹俩出生于中山市。

2017年,思羽刚升上高三时,为了让老师、同学们尽快认识自己,她写了篇个人小传。

小传一开头,她便用了这么一句话总结自己的成长历程:"从出生到现在的将近17年里,我的成长历程应该说是风平浪静的,没有经历过什么大起大落的惊涛骇浪,只是像大多数人一样,一步一个脚印地走到了今天。"

在李思羽看来,她的求学经历虽没有过于夸张的负箧曳屣

的艰苦，但也算是一部励志史。

在杨仙逸小学读书时，为了备战小升初考试，她三年级就开始上奥数课。"虽然大部分时候听老师上课如闻鸟语，但还是硬着头皮坚持了下来。"李思羽认为，这场长达三年的"噩梦"终是得到了回报，她凭着自己的努力跨进了中山纪念中学初中部的校门，开启了纪中学习之旅。

她的初中比起小学过得相对"安逸"，没有轰轰烈烈的奋斗，有的是步步不落的坚持。

上了高中之后，李思羽担心高中部高手如云，百舸争流，她会淹没在洪流中，直到高一下学期，她才开始认真思考起自己的人生："我的能力是否不止于我所以为的层次，我是否应该有所作为而不是随波逐流。"

"求学之路道阻重重，路途凶险，非有志之士绝难以到达彼岸，而如今的我已做好了准备，此后的旅途中将不畏艰险，迎难而上，向着更广阔的境界前进。"李思羽的内心，铆足了劲。

于是，在李思羽真正认真学习后，她的成绩亦是芝麻开花节节高，稳步上升：

高一时，成绩基本上排在全校前100名内；

高二时，学习有所进步，基本排在全校前50名内；

高三时，成绩排名基本稳定在全校文科前20名的她，倘若高考能考上中山大学，便已经心满意足了。

她解释说，自己高三考得最好的一次排名，是全级第六名，这次高考能拿到这么优异的成绩，确实给了她一次意外之喜。

知晓高考成绩的当天，李思羽发了一条朋友圈，感慨地说：这意料之外的成绩就像梦一场。"高考最终不过是一串数字，不论结果是好是坏，不久的将来我们都要一切归零，重新启程。"

高考就像一场没有硝烟的战争,寒窗苦读的学子们正如战场上的千军万马,争先恐后地去叩开高等学府的"城门"。

最好的一次成绩是全校第六名,高考却勇夺全校第一,成为省文科前20名的佼佼者,也许在很多人看来,李思羽是在这千军万马中杀出的"一匹黑马",但在班主任老师李金华看来,却不尽然。

李金华说:"她的悟性很高,学习自觉性很强,学习成绩一直很稳定,我不觉得她是一匹黑马,恰恰相反,我觉得这是意料之中的事情。"

李思羽认为,自己此次高考确实是超常发挥,但没有一定的学习积累亦不可能一蹴而就。"我只知道按部就班地完成目前的学习任务,一步一个脚印地去踏实学习,才能有所收获。学习成绩,从来都不是靠一次两次考试就能完成飞跃的。"她说。

"我们姐妹是交情甚好的两个独立个体"

6月25日凌晨北大招生办打来的电话,在带给李思羽喜讯的同时,也让思羽的双胞胎姐姐思竹备感失落。

李思竹也在纪中就读高三的文科班,此前成绩一直比妹妹好,经常考进全级前10名。这次高考李思竹却是小"失手",考了623分,省排名680名,被中山大学中文系录取。

放榜的当天,李思竹和同学一块儿去看《超人总动员2》,一部好好的动画片,李思竹却是边看边落泪,根本无心观看。原先两姐妹上同一所大学的约定，也成为一件不可能的事情。

当日19时4分，思竹在朋友圈@妹妹李思羽："不能跟你一起做北大姐妹花了，很遗憾，但最后一年里我明白自己已经尽力了，所以就算结果不那么好，我也问心无愧，姐姐将遥隔千里祝福你。"

20时33分，妹妹李思羽回复该朋友圈："多远都要在一起。"

这两个18岁的小姑娘之间，有着令人艳羡的姐妹之情。因为双胞胎这个名词，她们俩的生活从小就似乎比别人多了一抹不一样的色彩。

小时候"双胞胎"之于李思羽的意义，大概就是在家总有人同她嬉戏玩耍，同时也多了一个会跟自己抢衣服玩具的人。另外，就是出门吸睛率极高，常有陌生人指着她们叫："呀，双胞胎！"然后对方再冲上去与她们两人亲热交谈一番。

随着年龄的增长，这种"双胞胎意识"在李思羽的脑海中反而越来越淡，更多的时候思羽觉得她们其实是交情甚好的两个独立个体，而不是捆绑在一起的存在。

李思羽说，此前她从心底里希望和姐姐上同一所大学："我们从小到大一直互相扶持，如果可以继续在一起的话相信也会对彼此有很大帮助。"

当问及她们的求学经历中，谁是自己最想感谢的人时，两人都不约而同地转头看向对方，笑着说道："不就是她咯。"

李思羽说："我们两个在学习上经常互相交流，我们的班级也就在隔壁，下课时间我们经常在走廊上聊天，有什么压力或者不开心的事情都会跟对方说，在学习上给对方的帮助都很大。"

说话的同时，李思羽抱着姐姐李思竹的手臂，把头靠了上去，笑得极为腼腆，俨然一副撒娇的模样。这样的动作，在以前她们两人的合照里，亦是一模一样地发生过，这似乎成了李思羽向姐姐撒娇的标准动作。

平日里，姐妹俩都喜欢看书，尤其是散文之类的书籍。

李思羽比较喜欢看余秋雨、余光中等作家的书。她总结了自己的三点学习方法，希望能给学弟学妹们一些启发：

上课要跟着老师步伐走，最重要的是要听懂老师的教学内容。

不提倡题海战术，题不在多而在精，只要掌握关键点和记忆点，注意整理错题，避免在同一个地方出错便足够了。

要学会释放压力，她高三期间就很喜欢跑步，适当地放松自己。

目前，李思羽已经被北京大学中文系录取。这个暑期，她已经去了一趟重庆旅游。姐妹俩正在学车考驾照。对于大学生活，她们期待能多参加社团生活，想弥补高中三年内没有充分参加社团活动的遗憾。

最好的学区房就是自己家的书房

能教育出这样的学霸姐妹花，很多人都想知道她们的父母到底有什么样的"教育秘诀"。

事实上，中国传媒大学毕业的爸爸李春涌，华南师范大学毕业的妈妈郑丽君，确实有着自己的一套教育方法。

"最好的学区房就是自己家的书房，最好的老师就是自己

李思羽家的书柜

的父母。"在郑丽君看来,要想孩子学习成绩优秀,家长们就必须言传身教,尤其在孩子小的时候,家长能否以身作则显得非常重要。

"在孩子们还小的时候,我们夫妻俩其实很少看电视,当时手机没那么流行,网络也没这么发达,我们平时主要的活动就是读书。耳濡目染下,她们从小也自然而然地很喜欢读书。这个习惯的养成可能对她们的帮助也挺大。从此她们对读书也就形成了一种天然的兴趣。"郑丽君说。

小时候的李思竹和李思羽,其实没有太多的玩具,更多的是与书本做伴。

进入她们家，映入眼帘的首先是一个可放3层书籍的大书柜。这种书柜，除了大厅里有，她们俩的房间里也各有一个。

郑丽君说："家里的氛围是比较重要的，在家里，我们都会很安静地看书，做自己的事情。我们也没有强求孩子一定要看名著，她们看自己喜欢看的就可以了。她们的爸爸博览群书，涉猎很广，虽然是学理科的，但对语文、历史等方面都懂得挺多。在学习上她们有什么问题爸爸都会给她们引导。"

"她们学习的时候很专注，记忆力也比较好，上课的时候听得比较认真，老师讲的内容课堂上她们基本都可以吸收。"也正因为从小就培养孩子们形成良好的读书习惯，除了孩子们上小学时，郑丽君因为孩子们做事拖拉需要催促外，基本上就没有为她们的学习操过心。

其实，在姐妹俩小的时候，郑丽君也焦虑过。

两个孩子3岁时，郑丽君就让她们去学中国舞，希望孩子们能有艺术上的一技之长。

当时姐妹俩年纪小，对于压腿、下腰这些较为辛苦的动作确实很抵触，不愿学，但在郑丽君的坚持下，她们小学毕业时就已经考过了中国舞八级。

原本有抵触心理的姐妹俩在学了6年舞蹈后，反而想要继续坚持学舞，不怕苦不怕累。但孩子上初中后，郑丽君怕孩子太辛苦，担心对孩子身体造成不好的影响，终是决定不让孩子继续练舞了。

她们姐妹俩所在的小学——杨仙逸小学的特色教育就是民乐，当时李思羽选了二胡，李思竹选了笛子，在学校进行培训学习。此外，郑丽君还专门找了老师一对一地教她们民乐。

郑丽君说："那时候每个星期都要催她们去学，去练，但她们就是不愿意,那段时间,我跟孩子们总是闹得很僵。后来我就想开了,孩子们不想学那就算了,一家人和和气气的才是最美满的。"令人哭笑不得的是,长大了的李思竹和李思羽,却觉得当时没坚持学下去有些可惜,仍然希望能有属于自己的优秀的才艺。

在李思羽看来,她为自己有这样的父母感到幸福和自豪。

"我的父母很开明。他们经常给我和姐姐买书,引导我们阅读。他们从来都不会给我们压力,不会拿我们去跟别人家的小孩对比。"李思羽说,每次自己考试取得不错的成绩后,她的父母不会像其他人的父母一样,给予过多的奖励,只会鼓励她继续加油;一旦考试考砸了,父母也只是让她总结失败的教训,不会去过多地批评。

但万事无绝对,孩子跟家长的沟通不总是一帆风顺的。

郑丽君说,一旦姐妹俩跟他们夫妻的意见相左,大家就会坐下来心平气和地讨论,谁说得有道理就按谁的意见来做,平等地探讨问题。

"我们也是第一次做父母,并不是一下子就知道该怎么去教育小孩,跟小孩沟通。我也曾经跟孩子闹僵过,那个时候的我觉得自己已经是'黔驴技穷'了。后来我便学会了反思,思考自己哪里做得不好。"在郑丽君看来,现在很多家长对子女的教育问题充满了焦虑。很多家长抱着"明明我是为你好,你却总是和我对着干"的心态,去教育孩子,到头来却把关系弄得很僵。

"没有小孩天生就是父母的克星,父母要先学会自己反思,再给孩子一个台阶下,才能真正处理好亲子关系。"郑丽君说,姐姐李思竹做事很爽快,很干练,妹妹李思羽则很斯文,很内敛。用她自己的话说便是:"乖巧的姐姐,傻傻的妹妹。"这次高考,成绩好的思羽不骄不躁,成绩没有达到自己理想的思竹也很快调整了状态,这让妈妈郑丽君十分欣慰。

如今,时光轮回,两姐妹一个被北京大学录取,一个被中山大学录取,即将远赴她们父母当年读书的城市,开启属于她们自己的大学生涯。

老师是学习者、引领者,然后才是教育者

班主任李金华用一个"慢"字来形容他印象中的李思羽。

"她讲话很慢,做什么事情感觉都比较慢。今年5月,临近高考,偏偏她的手在这个时候受伤了。她的妈妈着急带她去检查,可李思羽却不急不躁,一点也不焦虑,心态很好。"李金华说,李思羽的历史老师经常夸她,说她悟性高,老师课上讲的内容基本能消化。

在学校里,如果学习上遇到难题,李思羽一般会跟姐姐李思竹或者其他同学探讨解决,因此找老师沟通的时间倒是不多。李思羽和李思竹,分别在10班和9班,两人的班级近在咫尺,李金华经常能看到她们姐妹下课后在走廊上聊天。

李金华也曾经教过李思竹语文课。此次高考放榜结果出来后,他还一度误以为进入省前20名,成绩被屏蔽的人是李思竹,而不是李思羽,毕竟平时的成绩李思竹要表现得更为出色些。

高考放榜的当天,凌晨2时多,李思羽的妈妈还专门发了短信给李金华,感谢他平日里对李思羽的悉心教导。

高三是一场马拉松,学会解压也是一堂必修课。平日里,

李金华经常建议学生在下午5时多下课后去慢跑,李思羽便听从了老师的建议,在校期间,基本上每天都能坚持慢跑。

在学习上,李金华对学生并没有太多的限制。"就像思羽,尽管有时候她作业没有完成,但只要我在课堂上提问她,她能回答得上来,我就觉得足够了,没有非得强制她按部就班地完成作业。"李金华更希望学生在学习上能保持自律,从心底里爱阅读、爱学习。

"我认为,老师首先是个学习者、引领者,然后才是个教育者。在课堂我也会和学生为了某个问题而'争辩'得面红耳赤,但这本身就是互相学习的过程。"李金华坦言,他十分热爱他所从事的教育工作。

他也会苦口婆心地"调侃"自己的学生:"你们在教室的时间要是能跟我在办公室的时间一样多,你们高考肯定能考好。"

事实上,李金华这话并非全然"调侃"。他每天7时到校,晚上11时才离校,周日学生放假回家,他也经常在办公室工作。很少对学生说教的他,更喜欢用行动来帮助这些孩子取得学习上的进步。

李思羽、李思竹姐妹都是学霸

自2012年开始,李金华经常在《我们是这样走过来的》微信公众号上发表自己的教学心得,记录生活的点滴,至今已写了168篇原创文章。

今年6月2日,高考前夕,他在微

信公众号上发表的《绚烂之极,归于平淡——寄一群平平淡淡地参加高考的学子》一文中写道:"整个考试,希望所有的同学都平平稳稳地考完,没有意外,没有遗憾,这就是圆满,这就是成功。任何时候都要有自己感兴趣的事情,尽量喜欢自己的职业,有一两件自己坚持的事情,有让自己'心安'的地方,然后开开心心、平平安安地度过每一天。"

学霸秘笈:

学习是老师和学生合力共同完成的事情

李思羽

我认为学习是一件需要老师和学生形成合力共同去完成的事情,高三一年既要紧跟老师的步伐,又应根据老师的课程安排做好自己的学习计划,做到跟着老师跑而不是被老师拖着走。对于学习我坚持的态度一直是:学习是自己的事情,我们学习是因为自己想要学而不是为了老师而学,因此不要应付式地完成老师布置的作业与任务,在做老师布置的作业或者是自己买的习题之前都要清楚地告诉自己:我做这些题不是为了交作业和刷题而做,而是真的想从里面学到有用的东西,应付式的刷题浪费了时间也花费了精力,但最终只会事倍功半。这就要求我们养成自主学习的习惯,并经常性地在课后或是做完题后进行思考,其中善于归纳整理知识与总结适用自己的方法是十分重要的。

下面我来讲讲我在学习过程中自己总结的一些学习方法和心得。

语文：通过做题熟悉题型，练字+规范答题很重要

语文的题目做得多了，也自然会熟悉不同题型中的一些套路，且印象会比死记硬背来得深刻。同时题目也是语文零散知识（如成语、病句、语言得体、文言字词等）的重要来源，在做题过程中做好积累，对提高语文素养十分有效。其次，卷面是影响语文分数的重要因素。我想说：练字什么时候都不嫌晚！字不一定要好看，但求整洁。同时大题最好采取序号左对齐的答题排版，这样清晰整齐、一目了然，在高考"秒评"的改卷中会为你的答题加分。

数学：题一定要多刷，但不提倡盲目地刷题

多刷题的道理相信大家都懂，因为在数学中只有题型见得够多、对套路够熟悉、计算足够准确熟练、速度够快，数学才能拿高分。但是或许许多同学(包括我自己)在学习数学的过程中都会遇到一个问题，就是虽然题刷了很多，但是成绩仍然不见提升。我想这大概是"不善于做总结"的祸。很多时候我们做完了一套题就习惯把它"踌躇满志"地扔到一边，而不去思考与总结这道题背后考点是什么。我有没有遇到过同类型的题目呢？我到底是只是记住了还是真正理解了方法背后的思路？这种方法是否具有可迁移的价值？如果不多加总结，我们对题目的理解可能只会流于表面，下次同样的题目稍微一换，我们就又不会做了。因此，不能盲目刷题，一定要多总结归纳！

英语：摆正态度，享受过程，多背单词，多做积累

首先对于英语这样一门相对简单的学科，在态度上不能轻视，要肯花时间，乐在其中。其次，因为高考英语卷考的不外乎是文段理解与语法掌握，所以我认为一定的词汇量和语法积累（包括固定搭配、单词变形等）是英语考高分的基础。我的方法很简单，就是准备两本本子：一本是单词本，用来摘录平时做阅读遇到的课外生词；另一本是积累本，主要写下在完形填空、语法填空、短文改错中遇到的语法知识，还有一些自己总结的做题方法。

地理：熟记地图+积累答题模板

脑中有地图是我们做好选择题与大题的前提，所以世界地图、中国地图，板块图，气候图，作物图等都应反复记忆。而答题模板不仅能防止我们答大题时漏点，而且久而久之能成为我们思考问题的思路，对地理素养的提升十分有用。模板主要来源于老师上课内容和教辅资料，同时也会参考模拟题答案不断补充，使之不断完善。当然记在笔记本上之后还要反复翻看，使它变成自己的东西。

政治：脑中有课本的框架+错句入库+多见高考题

政治选择题是文综三科中相对简单的，所以要想达到全对或者错一道的水平，对选择题中常见错句就要十分敏感。对此，我的方法就是分成必修一到必修四四个板块来积累平时做

题遇到的易错句，并在考前复习以提高敏感度。而政治大题的要求就是源于课本而高于课本。所以我建议一方面要做到在脑海中建立起政治课本的清晰的框架，并熟练背诵关键句；另一方面要多看多做高考题，熟悉全国卷风格，并挖掘答案组织背后的逻辑链条。

徐一：当不后悔成为衡量标准，人生未免少了很多乐趣

学霸名片

姓　　名：徐一
毕业学校：中港英文学校、中山市第一中学
高考分数：全省文科前20名
录取院校：北京大学元培学院
特长爱好：看书、弹古筝、打乒乓球等
座 右 铭：人当自助。

见到徐一，是在2018年6月25日高考放榜的日子。

当时，她是众多媒体追逐的焦点，频频被追问有何"学习秘笈"。这个刚满18岁的小姑娘，穿着一件简单的黑色T恤、一条蓝色牛仔裤，对着镜头，十分淡定，对答如流。

这就是中山市第一中学高三（151）班的徐一。她是众多学弟学妹的学霸偶像：今年高考成绩被屏蔽，位列全省文科前20名。

徐一

很多家长和学生都想知道,学霸到底有什么"学习秘笈"?

"不同的学科有不同的特点,要针对不同学科制订不一样的学习计划。"徐一笑着说,她每天都会给自己制订一个学习计划表,每天要做什么,什么时候做,都要有合理的计划。这样学习才能高效,才能有所进步。

获北大自主招生和博雅计划降分录取

时间回到2018年6月8日17时,铃声响起,高考结束。

当所有考生都沉浸在"解放"的喜悦中时,徐一却在紧张地收拾东西,准备赶当天中山站19时30分发往北京的动车,前去参加另一场考试。

当天,徐一差点赶不上动车了,幸好动车晚点,20时10分才缓缓启动。

为何高考一结束就匆忙赶往北京?原来她要参加的是6月10日北京大学自主招生考试和博雅计划考试。

"我在动车上,实在太困了,直接就睡着了。"徐一笑着回忆,高三这一年里,徐一不仅要备考高考,还要参加北大自主招生和博雅计划的考试训练,时间更紧,任务更重。

但令身边同学惊讶的是,徐一一点都不患得患失:"能考上很开心，没考上也没关系，我还有高考呢。这两个考试成绩不会对我有太大的影响。"

保持好心态，关键在于实力。

高三多次考试后，同学不再惊讶徐一的"淡定"。因为她成绩一直名列前茅，很少有考试发挥失常的情况，在不少同学眼中，徐一堪称"考神"。

就在高考成绩放榜前，徐一的好消息就已经陆续传来。

"老师，收到通知啦！我获得北大自主招生降50分录取。"6月22日中午11点多，徐一便发送了微信消息给班主任孔圆圆。同一天，北大博雅计划发布了结果，孔圆圆再次收到徐一的好消息，获降10分录取。

在孔圆圆的印象里，徐一是中山市第一中学办学多年来，文科学生第一个获得博雅计划降分的学生。

6月25日，高考放榜，徐一得知成绩被屏蔽，并没有感到很意外。

就算没有"自主招生降分50分+博雅计划降分10分"的光环加持，徐一凭着高考"裸分分数"，一样顺利进入了全省文科前20名，被北京大学录取。

对于常人而言，想在这三个重量级考试中任何一个脱颖而出，均是十分困难的事情。而这位小姑娘，却将它们全部一举拿下，成为众多学弟学妹眼中名副其实的"考神"。

跟着老师步伐调整学习规划

徐一为什么能从容应对高考，又有什么"学习秘笈"呢？

"不同的学科有不同的特点,要针对不同学科制订不一样的学习计划。"徐一还真有一套不同的学习方法。

比如,语文要注重素材积累,才能写好作文;英语则可以利用早读、午休等零碎时间去记忆单词;数学需要花费较多时间去刷题,可以利用晚修等相对较长、较完整的时间去完成。

高三这一年里,徐一的作息很规律,既没有"拼命榨干自己的时间去学习",也没有浪费不该浪费的学习时间。

同大多数同学一样,早上徐一听着学校的铃声起床、洗漱、去食堂吃早餐、参加早读、然后就上课;午休时间,必须午睡。在她看来,良好的午休时间可以让她有更充足的精力去继续下午的学习,不至于上课打瞌睡;而晚修的时间,徐一会刷刷题,调整自己的学习计划,还会复习基础知识,整理错题笔记。

徐一建议,不要在晚上宿舍熄灯之后,打开小台灯挑灯苦读,因为"这种学习方式十分低效,学习应该注重劳逸结合"。

同时,考生每天要给自己制订一个学习计划表,每天要做什么,什么时候做,要具体到几时几分,完成多少道题,读多少个单词。这些都要有合理的计划,这样学习才能高效,才能有所进步。

每周日的晚修时间,班主任孔圆圆一般会利用一小时的时间跟班上学生讲述这周的整体教学计划、教学进度,学生们再根据老师的教学计划去制订自己的学习计划表。徐一便经常跑去跟老师沟通,询问学习计划制订得是否合理,还有没有什么知识点是需要加强的。

徐一说,跟着老师的教学步伐去调整自己的学习计划,可以更系统更全面地学习。这也是她的"学习秘笈"之一。

走进徐一的卧室,书架上放着许多书,其中有一本《苏菲的世界》,是徐一很喜欢的。她对哲学的喜欢,是从接触这本书慢慢开始的。目前徐一已被北京大学元培学院录取,她有意以后选择哲学系就读,不过她也坦言自己目前对哲学的了解仅限"皮毛"。

家庭读书氛围浓,妈妈爱作水墨画

孩子的名字,往往寄托了父母对孩子的期望。一般人听到徐一这个名字,都会认为徐一的父母希望她永远都是第一。

其实不然。徐一的爸爸徐春斌说,当时考虑到名字要易写易记,在跟徐一的妈妈牟元英商量孩子名字时顺口提了下建议,说取"一"字最简单。没想到,牟元英同意了。

"我们不需要她事事都争第一,在我们看来她就是我们的唯一。"徐春斌对记者自豪地说。

尽管取名初衷并非要事事争第一,但徐一大抵就是家长们口中的"别人家的小孩"。从小到大,徐一的成绩一直名列前茅,她还学习过古筝、笛子、吉他、大提琴,其中古筝早在初中就考过了十级。这并非家长"逼迫"的结果,而是徐一自己兴趣使然主动提出要学乐器的。

就在高考前夕,喜欢看电影的徐一还抽空去看了《复仇者联盟III》。暑假期

阅读中的徐一

间,还去看了最近热映的电影《我不是药神》。

高考成绩出来后,并未有太多的家长为求教育经验向徐一的爸爸、妈妈"取经"。这似乎不太符合常理,却又恰恰证明了两点:徐一的学习能力已在同学和同学家长中"美名远播";徐一的爸爸、妈妈与多位家长常常联系交流,家长们对徐一取得这样优异的高考成绩可谓意料之中。

牟元英说:"很多学生家长都住在学校附近,我们经常相约去金钟水库散步,偶尔也会就孩子的学习情况聊聊天,相处得很融洽。"

20世纪80年代,徐春斌、牟元英是武汉测绘科技大学的同班同学,由此相识相恋。2000年,武汉测绘科技大学和武汉大学、武汉水利电力大学、湖北医科大学合并组建成为新的武汉大学。

不难看出,在那个年代,徐一的爸爸、妈妈也是当之无愧的学霸。不过,学霸父母的教育方法并没有常人想象的那么高深莫测。

小时候,徐一父母工作忙,便经常把她放在单位附近的图书馆里看书。图书馆偶尔还会放映电影,小小的徐一便看得津津有味。

"在图书馆里相对安全,我比较放心,每次下班后我再去接一一。"牟元英说,在家里,他们夫妻俩也时常引导孩子看书,帮助她养成爱读书的好习惯。

刚进徐一家门口,记者便看到门口的书架摆放了许多有关美术的书籍。在徐一的家里,随处可见牟元英画的水墨画作品。这些看来颇为优秀的画作,只是牟元英的业余爱好之作。

徐一的房间里,放置了许多她喜欢的课外读物。大抵是从小耳濡目染,徐一跟着父母看了许多书。在徐一父母看来,不必专门挑名著给孩子读,只要是正规出版社出版的,哪怕是漫画书,只要徐一感兴趣,他们都支持。

当然,家长和孩子之间不可能永远都能持统一意见。牟元英回忆,孩子从小到大,家庭意见相左的

书柜一角

时候,都会坐下来好好沟通,互相听听对方的想法。尤其是涉及徐一自己的事情,夫妻俩都会充分尊重她的意见。

而高考结束后,很多亲朋好友在看到媒体此前的报道后都知道徐一想报考哲学系,出于哲学专业冷门、就业面窄等方面的考虑,纷纷提出让父母劝劝徐一。

牟元英也有这样的担忧,她更希望徐一能选择历史系,认为读史可以明智。但在跟徐一交流后,牟元英还是选择尊重徐一的意见。

"她既然喜欢哲学,那我们也会无条件地支持她。只要徐一好好学习,不浪费大学4年的学习时光,学有所成就好。"牟元英说。

在徐一看来,父母平时不会对她的成绩有过多的要求,总是鼓励支持她,从来不会给她造成太大的压力。提及父母,徐一总是笑得特别灿烂。

在徐一上初中前,牟元英还专门给了她四句寄语:"好书筑思想家园,诗词伴精彩人生。自古读书无遗力,绝知此事须躬行。德智体美多兴趣,择事业而非谋生。天下为公扬博爱,

不忘生在名人城。"

也正因为有这样的家庭氛围,从徐一上初中以后,徐一父母基本上就不用在孩子的学习上过于操心。

"不用我们督促,她自己就喜欢看书,爱学习,自觉做好功课。我们都很放心。"徐春斌说。

老师与学生互相学习共同进步

徐一的学习自主性在班主任老师孔圆圆这里得到了印证。

孔圆圆自2007年大学毕业后便进入中山市第一中学高中部任地理教师,至今已带过六届高三学生。

今年高考,孔圆圆带领的高三文科(151)班共41人,有6人进入省文科前70名。除了徐一,还有两个女生分别考了省21名、省30名,被北京大学录取。

在孔圆圆看来,让他印象最深刻的是徐一这个孩子的"斤斤计较"。

"她对地理这个学科的较劲是你难以想象的,她的学习态度真是精益求精。"孔圆圆说,有时候在一些题目上,老师会犯经验主义的错误,凭自己的教学经验解题,一对答案也确实没有错。很多学生也是如此,只要题做对了就不再花心思在上面。"但徐一不同,她就是会咬文嚼字地跟你'犟',跟我说发现某个题目题干有问题,这样解答不严谨。偏偏我还因为这样的事曾被她揪住过两次,这让我印象十分深刻。"

不同于某些同学找老师沟通是为了"发发学习的牢骚",徐一找老师不是为了解某道题的惑,就是向老师询问自己这周的学习计划是否合适。"她问的问题很有深度,我很喜欢。有时候我还需要认真思考才能给她解答。"孔圆圆说。

高二时,徐一曾因演讲失利而在学校的"十杰学子"评选中落选。到了高三,为了鼓励徐一,孔圆圆提出让她去给初中部的中考学生做演讲,也借此鼓舞师弟师妹。

不承想,徐一周末回家用了一个晚上的时间便写了一篇近4000字的演讲稿。在演讲中,徐一跟初三学生分享了她的5个学习小故事和学习经验。

值得一提的是,后来初中部的老师找到了孔圆圆,告诉他,徐一当时演讲完,演讲稿就被现场的家长拿走了,可见徐一演讲的魅力有多大。

作为有着11年教学经验的地理老师,孔圆圆也有着自己独特的教学方式。

光是地理学科的统计本,高三一年里徐一她们班就写满了8本。孔圆圆说,他们班有这么一个"特色",老师先把统计本发下去在班上传阅,同学们错了哪道题,就在上面画一横,而统计本的下方,是同学们自己的错题解析思路。这样统计本收上来,老师一目了然,知道哪道题学生错得最多,学生为什么错,能更加高效地解答学生疑问。每个科目都是如此。

孔圆圆解释,通过统计本大致了解学生错在哪里后,他比较喜欢在课堂上让同学们互相分析对方的解题思路,在这个过程中,很多时候他们自己就可以解决有关错题的疑问,对错题的印象也更加深刻,不再只是通过老师的讲解去理解错题。

若说错题统计是孔圆圆所带班级的特色教育方式,那么分小组学习,则是中山市第一中学的常见"学习手段"。

孔圆圆介绍,班级里大概每4~6个人为一组。平日里学校布置的作业,小组内成员便可以互相检查;遇到难题也可以成员间讨论解决，互相交流学习心得，实在解决不了再寻求老师帮助。分小组学习，既减轻了老师的教学负担，也提高了同学学习效率，增强了同学之间的情谊，小组间还可以形成良性的学习竞争，可谓一举四得。

而今，中山市第一中学高三（151）班集体毕业了。一本名为《初见》的书被送到了班上每一位学生和老师的手中，上面写着老师们的寄语以及班上41位学生的读书心得。

"当不后悔成为是否要做一件事情的衡量标准，人生未免少了很多乐趣。"采访结束时，徐一再次向记者提及自己坚定地选择哲学专业的原因。

她也表明了她的人生态度："人总是要在不断试错中成长，现在想做什么就一定要及时去做，而不是在他人的意见海洋里浮沉，摇摆不定。人生那么长，就算你的决定最后被证明是错的，也总有你改正的机会。"

学霸秘笈：

制定明确目标，合理规划时间

徐一

合理规划时间

高三的时间其实很紧张，制订一个系统的复习计划十分关键，把高考前你想要复习的内容合理分配到每个月、每个周，这样有利于让所学知识形成体系，复习的内容形成一个整体，从而提高学习效率。对于每天而言，也要给自己制订计划，并对每个事项的完成限时。设定时间限制，不仅能提高学习的专注度，而且有利于规划把握考场时间，避免时间不够答不完题的情况。

制定明确的目标

到了高三上学期的末尾，成绩一般来说已经相对稳定了。这时应该理性评估自己的进步空间，给每科设定一个跳一跳能够够得着的分数目标。然后再在这个目标下去反思一下自己的失分空间，即一套卷子下来，有哪个地方我也许会失分，哪个地方我绝对不能丢分。从而在接下来的考试中按照目标严格要求自己，如果失分超过了预估值，应该反思哪个地方是本来可以拿分的，哪个地方还有进步的空间，真正做到分分必争。不要让梦想永远只是梦想，目标只停留在目标，而是要努力向目标靠近，不断缩小与它的差距。

做好知识的积累

在高三剩下的时间里，你也许会做许多套题以及专项练习。对待这些套题和专项练习应该从中学习出题的模式和答题的套路。高考归根结底是一场考试，对待考试需要应试。对于任何一科的一套试卷，每道题考查的内容和题型是相对固定的。所以在做题时，可以有意识地积累常用答题模板和语言。在考场上可以节省组织语言的时间，最后标准规范的答题模式也有利于在改卷上取得优势。

保持良好的心态

高三考试会比较密集，大家应该做好充分的准备。每一次考试成绩有可能会有一定的起伏，这都是正常的。这说明也许上一阶段的学习出现了一些问题，或者说在考场上的发挥出现了问题。而高三的一大任务就是解决问题，弥补知识的漏洞。所以如果考差了，需要做的是分析原因。冷静想想错的题为什么会错。是思维惯性导致粗心，还是这个知识点完全没有复习到？然后在下一阶段的学习中调整方法，弥补不足。对于成绩的暂时下降不要太过担忧，不要让它变成一种心理负担，总是担心万一下一次还考不好怎么办。对待下一次考试应该抱有一种积极的心态，把它看作是检验上一次考试后所做的调整和努力是否有效的工具。不要让一次考试的成绩太过影响心情，或者怀疑自己的能力。要对自己有充分的信心。

注意劳逸结合

高三是需要拼尽全力的。但在努力学习的时候也要注意休息和锻炼身体。应该睡觉的时间就好好休息，不要开夜车打手电学习。通过挤占休息时间来增加学习时间是一件很低效的事情。只有保证了充足的睡眠，学习状态才能好。另外，在放学以后可以去操场锻炼一下身体，跑跑步之类的。有一个健康的身体才能让你们撑过高三的努力学习的生活。而且跑步是缓解压力的一个很好的方法。跑到累的时候，精神就会很放松，心情也会变好一点。

湛江

李欣怡：理科转文科的"传奇学霸"

学霸名片

姓　　名：李欣怡
毕业学校：湛江第一中学
高考分数：全省文科前20名
录取院校：清华大学经济、金融与管理类
特长爱好：古筝
座 右 铭：交友带侠气，做人存素心。

文静，腼腆，轻声细语，身材娇小。这是湛江市第一中学学生李欣怡给记者的第一印象。

李欣怡的"学霸"之路可以说充满传奇色彩。在高二下学期开始时，她还是一位在理科重点班位居前列的理科考生；后来，她毅然"弃理从文"，迅速自学了此前没学过的政治、历史、地理共9本教材，在高二下学期期末考中高分完成了文科综合"首秀"。

在两个小时的采访过程中，李欣怡与母亲的互动给记者留

李欣怡

下了深刻的印象。母亲的温婉、独立、自信深深地影响了这个女孩,这从侧面佐证了两个观点:父母是孩子最好的老师,优秀是一种可培养的习惯。

来自母亲的"善意谎言"

有一个现象值得注意:2018年广东高考中,湛江市3位高分考生的父母中都有教师。李欣怡的母亲冯雅就是一位初中英语老师。

"欣怡小时候胆子可小了。刚上幼儿园小班的时候,头一两个月不敢说'老师好'。我就告诉她,老师也很喜欢你，很想听你问一声好。"冯雅说，后来有一次，李欣怡在幼儿园的沙池里面玩，走到小铁索桥上面的时候非常害怕，她在桥下鼓励女儿大胆走过去。"她就先轻轻地踩上去，然后大力地踩了几下，蹦跳着走过去了，后来又往返走了几个来回，就不怕了。"

冯雅回忆，当天晚上，女儿兴奋地给小姑、小姨等亲戚打电话，说自己"不怕啦，可以过铁索桥了，很高兴"。后来，女儿慢慢敢开口说"老师好"了，到幼儿园毕业的时候更是勇敢地站上舞台当小主持人。

身为老师，冯雅非常注重培养女儿尊师重教的意识。

李欣怡在读小学的时候，曾经换过几任数学老师，每次冯雅都会对女儿说，新老师上课很有趣，带出很多优秀的学生。"小学的生源不是很整齐，我能体谅当小学老师的不易。如果学生都不信任老师，不喜欢老师，那就不可能有很好的课堂效果。"

谈起"教女经"，冯雅说自己一直以来对女儿只有两点要求：第一是要快乐学习，让她明白学习是开心的事，是很有成就感的事；第二是努力学习，专注过程，不问结果。

为此，她特别买了很多小贴纸，当女儿取得一些进步或成绩的时候就奖励一张，贴在家里的墙上，慢慢贴成了一条很好看的"小河"。这些进步可能是很小的事，比如帮妈妈洗菜、做家务、对人有礼貌、学习成绩有提高等，每周基本能奖励两三次。

到了小学6年级，李欣怡的作业开始多起来，有时候要做到晚上10时才能休息，冯雅看在眼里觉得心疼，但女儿却认为自己并不辛苦。

女儿的学习动力来自妈妈的言传身教。

冯雅回忆,当年她曾负责一个课题研究,因为白天工作也很忙,课题只能在晚上做,有时候熬到一两点,最后完成了一份10万字的成果报告,并在全市推广。"借着这个机会,我就让女儿知道,大人和小孩都有自己的事情要完成,都要独立自主去完成,不能依赖别人。"

冯雅是这么说的,也是这么做的。

小学的老师经常要求家长检查作业并签名,而她总是直接签名后告诉女儿:自己的作业要自己细心完成,自己负责检查,因为妈妈也有自己的事要忙。这让李欣怡养成了细心的好习惯,在考场上极少因为粗心而丢分。

不过,冯雅也分享了一个小秘密:"当着女儿的面说不检查,其实等她睡着后我还是会偷偷翻一下,看到她没犯错才放心。直到后来上初中,欣怡有三四个科常常能得满分,老师都觉得很惊讶。我认为这就是习惯和细心的力量。"

这对有爱的母女,在成长中的有趣互动还有很多。

从小,冯雅就为女儿准备了很多"善意的谎言"。比如,女儿需要吃中药,她就会告诉女儿"聪明的小孩喝中药是苹果味的,勤奋的小孩喝中药是草莓味的"。女儿生病了需要打针,她会说"打针是要赶走身体里的虫子",所以李欣怡打针从来不怕、不哭。

每年的平安夜,冯雅都会为女儿准备一份礼物,因为"聪明、勤奋、有礼貌的孩子才会得到圣诞老人的礼物"。李欣怡回忆说:"其实四年级的时候,我发现同学都没有收到圣诞老人的礼物,由此产生了怀疑。那一年我考了全区第四名,在平安夜当晚我说想要一个芭比娃娃,没想到第二天早上真的收到了。我当时想,妈妈不可能当天就买到那个娃娃的,所以圣诞老人可能真的存在。"

殊不知,芭比娃娃是冯雅提前买好的,因为"猜到女儿肯定喜欢这个"。

阅读习惯是最好的老师

李欣怡从小就是"小学霸",这其中的关键是良好的阅读习惯。

"从小我们就发现她有比较高的语言天赋,不到2岁的时候,同龄孩子还只能说一些词语,欣怡已经可以用简单的句型表达自己的想法。"留意到这一点后,冯雅给女儿买了很多画册,也常常给女儿讲睡前故事,"有时候一次要听七八个故事才肯睡觉,再后来就换她看书后讲故事给我们听。"

再长大一点,到了一年级的时候,李欣怡开始试着读一些,用她自己的话说比较"有营养的书"。

有一次,她生病了到医院打点滴,手里捧着一本非注音、非儿童版的《安徒生童话》在读,引得旁人啧啧称奇。而她小学阶段的书单还有很多:《安徒生童话》《格林童话》《鲁滨孙漂流记》《古文观止》,四大名著……

谈到印象深刻的书,李欣怡觉得是初一那年读的《边城》。"觉得里面的人和事都很纯净,很喜欢那种风格。"无论中考还是高考,李欣怡都没有停止过课外阅读,光初中阶段就读了50多本书,偶尔也会到附近高校的图书馆去看书。

后来,网络购书开始流行,李欣怡"仿佛发现了新世界",更加一发不可收拾。

身为英语老师的冯雅,对女儿英语能力的培养也走在前面,她说:"小时候就让女儿读一点短篇的英语文章,每天一两篇,一直坚持下来,也会让她听一些英语的磁带,对培养语感比较有帮助。到了初中,她就能自己阅读一些英语名著,也喜欢看《老友记》之类的美剧。语言这东西,听多了自然就懂了。"

除了阅读外,李欣怡还喜欢弹古筝、听歌、唱歌。

"小时候不知道为什么特别想学古筝,学了三四年,后来还在学校活动中表演。"直到高二,李欣怡还会偶尔弹弹古筝放松自己,感受一下古典音乐的魅力。到了高三,她和妈妈一起租住到了离学校很近的恒享花园,有不少考生也住在那里,为了避免打扰他人,只好停止了古筝练习。

除了阅读外,李欣怡还喜欢弹古筝、听歌、唱歌

良好的阅读习惯和兴趣熏陶,造就了李欣怡深厚的文科积淀,这成为她后来毅然转科的"底气"之一。

"我的很多同学喜欢'刷'语文题,但我觉得学好语文更重要的是多总结。比如阅读理解中的小说题,我总结的经验是从读者、环境、情节、人物形象、主题5个方面进行答题。在考试中碰到小说阅读,按这个模板套上去就很容易得分。"李欣怡认为,总结答题要点、揣摩出题人意思是考取语文高分的"秘诀"。

在作文方面,李欣怡善用比喻的手法。"使用一个大比喻

李欣怡没有停止过课外阅读

串起全文的结构，在内文中活用小比喻句作为修辞手法，这样给评卷人的感觉会比较好，呈现出来的分数也比较好。"2018年广东高考的作文题是"写给2035年的一封信"，李欣怡表示平时经常训练类似的题目。"这属于爱国主义的话题性作文，比较适合我。"她说。

两个月内自学9本文科教材

在复习阶段，李欣怡的作息很固定。

早上5时左右起床，在家做数学卷子或习题册，一般做一个小时多一点就洗漱一下准备上学；7时来到学校参加早读，早读内容一般是语文的背诵，或是英语的听写、背单词、限时训练等；晚上10时结束晚自习离开学校，回到家尽早休息，迎接第二天的备考。

不承想，这样简单、固定、略显枯燥的备考岁月，却很快迎来了一次冲击。回忆起那段理科转文科的日子，李欣怡的神情中有一丝庆幸，但更多的是坚定。

在高二下学期，湛江一中的高二学生提前参加了当年的广州一模考试，李欣怡在英语科目考到了147分的高分，但理科综合的成绩却很不理想。"当时都吓坏了，同班同学有的考到了全市前10名，我的差距非常明显。我真的很想考上最好的大学，所以当时就觉得，需要改变策略了。"

冯雅说，女儿从小到大成绩都很优秀："小学毕业考到全市第二名，初中三年成绩都很好，初三6次模拟大考有4次考到全校第一。但是在高二参加广一模以后，我明显感觉她的压力变大了，甚至有点后悔参加这次一模考试。"

冷静下来后，李欣怡开始分析自己的优劣势科目。

她说："我的优势学科主要是语数英，这给了我很大的底气。我当时的数学老师黄京城帮我认真分析过，文综成绩只要达到中上水平就行，220分左右可以上人大，240分以上就能冲击清华、北大。"

虽然，李欣怡所在的理科重点班希望她继续留在理科，但她也明白理科综合需要沉淀积累，需要做题提高。多方征询意见后，她还是毅然选择转科。

转为文科生后，李欣怡首先要解决缺课问题：由于文理不同，文科的政治历史地理3科共有9本教材是她从没学过的。

为了赶上进度，她挤出时间自学课本，并利用晚自习时间向老师请教。"湛江一中的老师很负责，他们都抽出时间为我讲重点问题，并且指导我购买相应的教辅书。"她说。

文科班的同学也给了李欣怡很多帮助。"很感谢我的同学莫凡，他把自己的笔记都借给我看，并且为我讲解地理知识体系，经常讲到忘乎所以，耽误了他自己的吃饭和午休时间。"

有了老师和同学的悉心帮助，李欣怡因为转科而紧张不已的一颗心逐渐安定下来。

"那段日子里，文综占据了我的课余时间和自习时间，也抢走了一部分原用于语数英的时间和精力。"经过努力，李欣怡的文综成绩稳定了下来，在高三的第一次模拟考中取得文综第3、总分第2的好成绩，成功转型。"说到底，文综的不稳定性比较强，在打好基础的前提下，难题则需要'开窍'，开窍后很多问题就迎刃而解了。"

完成文综突破以后，李欣怡的语文、数学、英语优势开始发挥作用，在高三级的多次模拟考中没有掉出过年级前十，并把优秀的状态维持到了高考中。

尖子生要培养自主分析能力

李欣怡的班主任老师房一一说，欣怡的阅读面很广，文史哲的知识积累比较深厚，从理科转到文科有一定的优势。"卓越班都是年级尖子生，一共30多个孩子。我们学校的做法是提出'研究生制度'，6位科任老师每人负责5个左右的学生，关注学生的薄弱学科，或者心理上出现的波动，跟进引导、帮助调整。"

"欣怡的调整能力非常强，心理素质也很过硬，从理科转到文科后适应得很快。"房一一说，对高分考生而言，当面批改的作用比较大，"为尖子生直接解决难点，解决一个就少了一个，效果比较好。"

2018年，湛江一中卓越班共走出2位广东高考文科前100

名，6位前200名。

湛江一中相关负责人表示，对尖子生而言，学校主要是培养提高他们的自我调节能力，减少老师过多的干预。"往届老师干预过多，反而可能让学生紧张。今年老师们在课上主要解决学生的共性问题，个人问题就倡导学生自行总结分析，主动查找资料。"

在高三复习阶段，湛江一中学生的做题量比较大，老师评改试卷的密度也比较大，通过大量的数据分析，找到学生的易错知识点，并针对性地提供练习机会。

"每个任课老师都会收集省内其他名校的练习题，应因不同班级的情况而选用，做到因材施教。我们参照衡水中学的模式建立了题库，每年都更新，保证资料的供给。"湛江一中相关负责人表示，学校也注重学生的课外锻炼机会，让他们有健康的身体，应对繁重的复习和考试。

学霸秘笈：

比做题更重要的是总结

李欣怡

我的学习方法其实很普通，首要的是善于总结。文科的记忆量很大，除了多做题培养语感、手感外，针对政治、历史、理科科目建立合适的"知识体系""时间轴""记忆地图"非常重要。

语文

多积累生词成语文学常识，形成自己独有的积累本，定下时间按周期翻看，尽量在高三早期开始这项工作，以保证足够的积累量。

比做题更重要的是总结。做题时善于总结，总结的方面包括答题思路、答题语言和答题时需要注意的方面，做到不动脑筋不结束做题。

注意语文素养的形成。平时多读相对难啃甚至"枯燥"的书，在这些书中找到阅读的兴趣，形成语感，增强理解力，有利于论述文阅读和实用类文本阅读等题型的突破。

数学

理解概念，记熟公式，形成知识体系。形成知识体系的过程，对一些同学来说，远不如刷题带来的成就感高，但这一过程却是打牢基础的必要步骤。唯有理解，唯有全面，唯有全面理解，才能使我们遇招拆招，不畏惧题型的变化。

遇到错题要理解并学会应用答案做法，形成错题本并按时回顾，尽量掌握多种做法，把错题做到能不看答案完整写出做题步骤为止。

多做题，多做真题，多做与真题出题思路相似和难度略高于真题的模拟题。

注意做题步骤的严谨性，尽量做到逻辑严密环环相扣，字可潦草步骤不可跳。

英语

在高三前期可适当阅读英文原著,培养英文语感和看到文字联想情景的能力,有助于英语阅读理解和完形填空的答题。

基础不牢,地动山摇。注意词法积累,多翻看高一、高二时所做的笔记,尽可能多地熟悉单词短语的用法。

语法要通。时态语态尽早弄清,找到记忆规律并熟记于心,不犯低级错误。

适当刷题,适当做套题。对于自己的薄弱环节,按时按量刷题以培养题感,逐个击破。但不必太早开始做大量套题,而应首先完成基础的积累和语感的培养。一周几套保持手感即可。

政治

记忆课本语言。课本安排极有规律,记忆起来并不十分困难。课本语言的积累可促进答题的准确性和严谨性。

形成知识体系。按教材编排形成独有的知识体系,以便在脑海中快速检索知识点。

重视时政。高三后期重视时政热点,进行相关题型训练。

历史

打牢基础。翻来覆去看课本,看各版课本,看相关史论书籍,在高三前期尽可能多地积累史实以提高选择题的准确率。

做时间轴,可以政治经济文化为线索,可以某一特定主题为线索,可中外对比,以加强对时间点的记忆和对时间段历史走向的感知度。

地理

做题，通过做题理解课本相关原理，拓宽知识面，锻炼推理能力，感知出题思路和积累答题角度。尽量做到每做一道题都能形成关于本题的完整逻辑链。

记忆地图。着重培养识图和读图能力，善于发现题目所给图示中隐藏的信息。

培养空间想象能力，置思维于题目所给情境中，重视事物的变化过程。

周君宝：辛勤汗水浇灌成功之花

学霸名片：

姓　　名：周君宝

毕业学校：廉江实验学校

高考分数：全省理科前20名

录取院校：清华大学电子信息类

特长爱好：篮球、长跑、发明等

座 右 铭：生命可以随心所欲，但不能随波逐流。

高高瘦瘦的个头，爱打篮球也爱发明，曾经和同学一起获得过广东省青少年科技实践创新能力挑战赛的第一名，也曾在叛逆期顶撞父母和老师……

廉江实验学校学生周君宝的成长经历和普通孩子并没什么两样，成绩也一直徘徊在班上中上水平。直到高二下学期，周君宝朝着自己定下的目标不断努力，用辛勤的汗水浇灌出了成功的花朵。

对于周君宝而言，全省理科前20名这个成绩属于正常发

周君宝

挥,平时考试就一直在年级第一或第二名。"我是坚信天道酬勤的。好成绩取得没有那么难,但也要付出许多汗水。"周君宝说。

爱玩游戏爱发明的学霸

周君宝出生于一个普通家庭,母亲是教师,父亲是一名普通的公务员。

和其他男孩子一样,周君宝从小就喜欢玩,对陌生的事物比较好奇,学习成绩一直起伏不定,发挥好的时候能进入全年级前几十名,发挥不好的时候落到百名以外。

尽管成绩并不突出,但周君宝的兴趣却十分广泛,篮球、游泳、羽毛球、长跑样样在行,动手实践能力也比较强。

每当无聊的时候，周君宝自己就会骑着自行车漫无目的瞎逛，直到骑得大汗淋漓精疲力竭才作罢。在学校举行的校运会上，周君宝还曾获得过高一年级长跑项目第三名的好成绩。

他还学习过萨克斯风，喜欢听音乐，听粤语老歌和一些经典影视原声，也喜欢看一些通俗小说和科幻小说。他最喜欢金庸的武侠小说和刘慈欣的科幻小说《三体》《流浪地球》。

高二时，学校举办科技节，周君宝专门做了一个水火箭，由于做的气密性较好，气体量较多，气压较足，飞出来的高度是全校第一。

最令他高兴的是，当年广东省举办青少年科技创新实践能力挑战赛，他和另外一名同学联手，自选材料、自行设计制作了一款塑料跑车，跑车速度快、动力足，行驶里程最远，一举摘得了该项目的第一名。

周君宝身高178厘米，喜欢聊天，热爱运动，外表阳光，班上绝大部分的男生女生都和他聊得来，他每次在朋友圈里发

周君宝高瘦，爱打篮球爱发明

出去玩的号召时，都能获得不少响应。

"我从来不会刻意去欺骗别人，也不会故意制造矛盾，同学们遇到不懂的来问我时，我也会尽力去帮忙。"周君宝说，从小父母对他的成绩看得并不太重，基本属于"放养"式状态，反而在教育他如何做人上花费的时间比较多，"父母从小就教育我待人要真诚，要有责任有担当。"

和其他男孩子一样，刚刚进入青春期的君宝也比较叛逆。他喜欢玩射击类的游戏，并一度沉溺其中。父母多次批评过他，但都被当作耳边风。

"心情好的时候听一听，心情不好时还会出言顶撞，成绩也唰唰往下掉。"周君宝说，当看到自己沉溺于游戏无法自拔时，父亲狠狠地打了他两巴掌。这两巴掌打醒了他，让他自己明白了是非对错和责任担当，此后他很少再玩电子游戏，而是定下了学习目标，并不断朝着目标努力奋进。

虽然喜欢四处游玩，但高考结束后，周君宝并没有出去旅游，而是报名参加驾校培训，目前已经通过了科目一。"寒假回来的时候继续考，到时候就可以自驾游了。"他说。

高考放榜后，周君宝一下子成了大忙人：接受媒体采访，和学弟学妹们分享学习心得……但无论有多忙，自己每天都会跑跑步，听听电影原声音乐，让自己保持充沛的精力。"身体是革命的本钱，只有身体好了才能实现自己的理想和愿望。"他说。

周君宝报考的是清华大学的电子信息类专业，他说自己今后想当一名工程师："至于做什么工程师，目前还没有规划。"因为高考，周君宝放弃了自己的一些兴趣爱好和个性化培养。但他认为这并不重要，到大学可以慢慢弥补回来。他希望自己在大学能多运动健身，多掌握一门乐器。

好成绩需要辛勤的汗水来浇灌

刚上高中时,周君宝的成绩并不十分突出,经常徘徊在年级中上游。

高二的时候,周君宝在老师的引导下给自己定下了冲击清华、北大的目标。

"刚开始我定的目标是考中山大学,老师和父母对我说,目标还是要定高一点。于是我想着要冲击清华、北大名校。目标定下来后,心态和学习劲头完全不一样。"周君宝说。

"法乎其上,得乎其中;法乎其中,得乎其下。"周君宝说,如果只是把目标定在自己刚刚好能达到的水平,那么很有可能达不到。但是目标不要定得太死,在考试的时候不要老是想着这个目标,想着要考满分,想着一定要考到什么学校,这种心态非常不健康。

在周君宝看来,好成绩的取得并不难,但得付出辛勤的汗水。

周君宝比较擅长数学和物理等理性思维比较强的科目,英语成绩相对较弱。进入高中之后,周君宝开始有意识有针对性地练习英语听说,经过长期坚持训练,周君宝的英语成绩慢慢赶了上来。

曾经有一段时间,周君宝在英语"7选5"的题型上经常出错。针对这个问题,他找出相同题目进行针对性训练。一个多月后,错误率明显减少,后期的模拟考和高考都没有出错。

"要想拿到高分,就离不开刷题,对于理科生来说,刷数学和理综套卷尤为重要！"周君宝是学校有名的"刷题王"，几乎每天至少要刷一套试卷。

他说，刷题对于手感的培养非常重要，只要有几天不刷题，考起试来做题就会有卡顿的感觉。刷题一定要限时，考试一套卷用多长时间，训练时就用多长时间。要通过限时来逼迫自己提高做题速度。

在不断刷题的同时，周君宝也特别注意总结和归纳，每当做错题的时候，他会在旁边用红笔标注出来，把它剪出来贴在错题本上，每次考试前拿出来看一下，同时注意梳理各学科的知识结构。高考之前，周君宝对各个学科的知识体系做到了然于胸，基本没有死角。

高三期间，同学们都在你追我赶，每个人每天都在不断进步。学校有周测、月考，周君宝也不是每次都考得很好，有时候也会掉到后面。

面对成绩的起伏，同学们追赶的压力，周君宝每天都会去球场跑一圈，体育课一定会参加锻炼，通过运动来给自己减压。此外，当考试成绩不好的时候，周君宝会拿一套简单的卷子来做，做完之后心情会好一点。

周君宝说，最好的减压方法就是认清一个事实：相比于大学和工作时遇到的压力，高三的压力并不是很大。未来的日子还有很长，高三吃的苦并不算什么，学习时遇到的问题

周君宝在廉江市实验学校留影

都有答案,也会有老师告诉你答案,但是以后遇到的问题就不会有人告诉你答案了。

不要将自己的想法强加在孩子身上

"我们对孩子的学习要求不是很高,因为每一个孩子的学习成绩是和他本身的智力是有关的,我不会给他太大的压力,只要他尽力就行了。我也希望他要努力做到最好,但是不会要求他一定要考第一,有些话说得太多,孩子也会产生逆反心理,我不会过多地去说他。"周君宝爸爸说,与学习成绩相比,他们更加看重的是孩子品格教育和行为习惯养成教育,学习成绩可以追,但坏习惯养成了再改可就难了。

周君宝小时候家住6楼步梯房,每逢逛街回来,父母都尝试着让他拎最重的东西,有时候走到半路拎不动,父母宁愿陪着他中途休息也不愿意施以援手。"爸妈会在休息期间教育我什么是责任,什么是担当。"周君宝说。

在君宝爸爸看来,家长以身作则和民主、平等的家庭氛围对孩子的成长和学习最好,特别是对孩子品格的养成发挥作用最大。孩子犯错误时,他并不会一味粗暴地责骂,而是会用生活上或社会上发生的事例来进行交流,首先让他谈看法,了解孩子的思想倾向,然后再讲自己的观点,两人进行探讨。"譬如社会上发生的安全事故,我们让他说从中吸取什么教训,假如自己遇到这种情况,如何自救等都是我们经常教育的内容。"

君宝爸爸说,其实在教育孩子的过程中,自己也受到了教育。他经常教育孩子讲卫生不乱丢垃圾。有一次，父子俩在外面吃饭，因为没有找到垃圾桶，君宝爸爸吃完后将擦嘴的纸巾丢在地上。这时，孩子马上制止他，让他不要随地乱扔。"那一刻，我自己也受到了教育，这是一个相互促进的过程。"

孩子进入高中阶段后，许多父母在学业辅导上已无能为力，能够做的主要是生活上的关心和思想动态的引导。君宝父母也不例外。妈妈有时候也会问君宝，有没有女孩子给他写小字条之类的，然后会用身边发生的一些故事来引导他不要早恋。

每当周君宝考试成绩下滑时，父母都会引导他去调节自己的心态，告诉他不要把每一次考试都放在心上，高考前的模拟考和高考一点关系都没有。暂时的失误说明不了什么问题，关键是要及时找出原因，调整好心态。

"取得高考佳绩的主要是智力因素和非智力因素共同产生作用的结果，特别是孩子坚定的信心和毅力、学习方法的总结改善，以及老师的针对性辅导发挥了较大的作用。"君宝爸爸说，作为家长，我们只是尽量想办法让他放松心情备考，告诉他要戒骄戒躁，一次成绩好了，不要自满，差了不要灰心丧气。

说起自己在培养孩子的经验和方法时，君宝爸爸介绍说，培养孩子的过程要尊重孩子，决不能以"为孩子好"或者"自己的阅历更丰富"等理由把自己的想法强加在孩子身上。应鼓励孩子多看书，特别是小学阶段容易吸收知识，要让孩子花时间多看课外书，因为拥有丰富知识的人，修养会高一层次，而且学习的后劲会更足。

培养孩子终身学习能力

今年高考,周君宝如愿以偿进入全省理科前20名,这个成绩的获得在外人看来十分偶然,但周君宝班主任周映华却觉得是必然的。

周映华说,"因材施教"是廉实的老师辅导学生的妙招,针对学生在学习上的短板,老师"对症下药",用心、耐心、苦心引导学生。

周君宝的优点是思维活跃,学习勤奋、刻苦,学习很有计划性和主动性,特别善于调整状态,每次老师指出他的缺点时,周君宝都能迅速改正。但周君宝的英语和生物学科相对弱一点。针对这些弱点,两个学科的老师专门为他制订了一个合理的培养方案,开展针对性训练、个性化辅导,一块一块过关,慢慢周君宝就自我完善了。

"凡是老师给我选的题目,我的错误率都很高,说明老师对我的弱点把握得很准。把弱点补齐了,整个知识体系就会产生互通,不会出现思维阻塞。"周君宝说,在廉江市实验学校读书期间,每次一考完试,老师们都会拿他的成绩来做详细分析,帮他总结梳理,对他进行了科学周密的个性化辅导。

对于重点的知识点,老师反复拿出来讲,对学生们反复加强训练,直到大家弄懂为止,还帮助梳理各学科的知识结构。经过反复训练,高考之前,周君宝对各个学科的知识体系做到了然于胸,基本没有死角。

廉江市实验学校自2014年创办以来,共有21名学生被北京大学、清华大学录取（或预录），500多名学生被复旦大学、上海交通大学、中国人民大学、浙江大学、武汉大学等全国十大名校录取。

作为一所成立不久的民办学校，短时间内能够涌现出如此众多的高分考生，到底有什么秘诀？在周映华看来，师资队伍建设和学生思想教育培养两者缺一不可。

"读书和吃饭不一样，吃饭吃不进可以硬灌，灌不进可以打点滴。但读书如果没有方法，是学不好的。"周映华说，学校对学生的教育立足于培养学生终身发展所需要的素质，重点培养学生正确的价值取向和良好的生活学习习惯。老师在教学时特别注重培养学生终身学习的能力，引导学生去思考，引导学生去解决问题。

与此同时，学校还专门制订了学生的成长记录，记录每天、每周和每学期的学习情况，并对学习任务进行分解。每周分解老师都对学生进行评估、优化，并把情况汇报给家长。"有规划才有执行力，有执行力才有所作为。"周映华说。

学霸秘笈：

认真对待每一道题每一个细节

周君宝

我坚信天道酬勤，好的成绩需要辛勤的努力去获得，下面来分享一下我的学习经验吧。

首先，要取得好成绩必须刷题，要保持足够的训练量。对于理科生来说，刷数学和理综套卷尤为重要。刷题要保证两点：第一是要刷得多，第二是要刷得快。这两个是相辅相成的，刷得越多就会刷得越快;刷得越快就能刷得越多。刷题一定要注意限时，训练用的时间最好和高考的时间一样，这样既能提高做题效率又能训练自己的做题速度。

第二，做题时要对题型保持高度的敏感度。对一些题型比较新颖，解法比较奇特的题目，要做到及时积累。有时作业中的某些题型比较陈旧，早已被各地高考卷和模拟卷翻来覆去炒到烂，或者自己早已滚瓜烂熟，那么这时最好选择直接跳过，不要在上面浪费太多时间。把节省出来的时间多用在自己不熟悉的题目上，能取得事半功倍的效果。

第三，对于犯下的"不小心"和"马虎"等错误不要轻易放过。任何一个错误背后都有其根本原因，不是轻轻巧巧一句"不小心"就能概括的。比如常见的运算出错，就很可能是打草稿时太过潦草导致的，这是一个习惯问题。找到了根源就对症下药，比如考试时把草稿纸分成几个大块，按顺序不重复地写，就可以避免草稿字迹重叠，自然也不会看错自己写的东西，错误率就能大大降低。

第四，把心态放平稳，排除心里的杂念。排除杂念不仅要避免想些与学校无关的东西，还要避免脑子里挂念着名次和分数，把注意力集中在自己眼前的题目上。要知道在高考前任何一次模拟考的成绩都只是暂时的，不能以前面的成绩预测下一次的成绩，如果总是以上一次的成绩来要求自己，必然会导致考试时心态失衡，出现紧张焦虑等情绪，影响考试的发挥。

第五，安排好细节。具体细到什么程度呢？以我为例，我会想好高考时我的文具袋和水壶放在什么位置，以便我可以一伸手就拿到。做题时在第几分钟应该做到哪一题，不要因为题目难度变化而打乱自己的节奏。一旦安排好细节，每一次模拟考都严格按照这些细节来做，高考也做到和平时考试一模一样，这样可以让你在高考时迅速进入状态，保证发挥稳定。

周君宝：辛勤汗水浇灌成功之花

陈佩宁:"佛系"女学霸,爱宅爱种花

学霸名片
姓　　名:陈佩宁
毕业学校:廉江实验学校
高考分数:全省理科前20名
录取院校:北京大学理科试验班类
特长爱好:跑步、种花等
座 右 铭:非淡泊无以明志,非宁静无以致远。

身材纤瘦,说话轻声细语,脸上总是挂满笑容,爱种花草爱宅家,也会和普通女生一样爱聊八卦……廉江实验学校学霸陈佩宁评价自己是名典型的"佛系"女生,比较向往随遇而安的生活。

作为"千禧宝宝",陈佩宁取得全省理科前20名的好成绩,但她并没有感到很意外。

陈佩宁从小到大,学习成绩一直十分优异,一直是别人家眼里的"好孩子"。

"在同学眼里,我是一个会解答题的学霸。"陈佩宁说,她喜欢跑步,喜欢看小说,性格大大咧咧。如果非要说有什么"秘笈",那就是自己心态非常轻松,一直都将学习当作一种娱乐活动来对待。

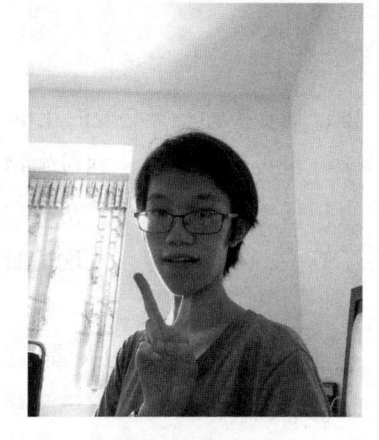

陈佩宁心态非常轻松,一直都将学习当作一种娱乐活动来对待

爱宅家爱种花的"佛系"女生

陈佩宁是廉江廉城人,父亲曾经是一名初中物理老师,母亲则是廉江二小的一名英语老师。

陈佩宁从小就和父母一起住在廉江二小的宿舍区里,宿舍区内绿草如茵,一年四季繁花不断。

和其他女生一样,佩宁也特别喜欢花花草草,经常从小区花坛里弄点种子回来尝试着自己种,刚开始的时候经常种不出来。失败的次数多了,陈佩宁总结出来,种子一定要用冷水泡一泡,等长出"绒毛"时再播种,成功种活的概率就大了很多。

每逢家中的花儿盛开,她都会开心好几天。

也许是从小耳濡目染的原因,陈佩宁从小成绩一直都名列前茅,2015年,她以全校第二的成绩考入廉江市实验学校。

高中阶段的学习任务重、压力大,但她喜欢养花种草的习惯一直没有改变。每逢周末回家,她总会花很多时间宅在家中,细心拨弄一下心爱的花草,享受惬意的"佛系"生活。

也正因为爱花,她对生物课特别感兴趣,从初中开始就一直担任生物科代表。"初中学习生物的时候感觉比较好奇,到了高中,越学越深,发现里面原来还有更多有趣的东西。"陈佩宁说。

陈佩宁在学校的人缘出名地好,从小到大从未和同学红过脸,特别喜欢和同学一起互相学习、互相激励的氛围。尽管自己身材纤瘦、力气较小,但她还是非常喜欢参与篮球、排球等大型协作性运动。"打篮球的时候经常投不进篮,不过没关系,重在参与嘛。"她说。

高二时,学校组织唱歌比赛,陈佩宁和同学们选择了电视剧《亮剑》的主题曲参赛,以前很少听过这首歌的陈佩宁和同学们一起利用课余时间努力练习,互相提醒,最终拿到了比赛的二等奖。当老师宣布获奖的那一刻,自诩为"佛系"女生的陈佩宁和同学们紧紧拥抱在一起,激动地流下了泪水。

学习、睡觉、吃饭……在陈佩宁眼中,高中三年的生活宛如流水账,单调但不枯燥。

"攻克难题很开心,帮助同学也很开心。最令我们开心的是,学校一直没有'克扣'同学们的体育课,直到高考前夕,体育老师还专门找来羽毛球、沙包等锻炼器械陪我们锻炼。"陈佩宁说。

学习之余陈佩宁也很喜欢和同学们聊明星八卦,不过她

陈佩宁评价自己是"佛系"女生

并没有特别喜欢的明星，只要看得顺眼的都喜欢。

陈佩宁的奶奶已年近百岁，之前一直由父母照顾。高考结束后，陈佩宁并没有像其他同学们一样出去旅游放松，而是在家承担起照顾奶奶的重任，每天给奶奶按摩、洗澡，陪老人家聊天。

如今，佩宁已拿到了北京大学的录取通知书。

对于今后的人生规划，她说自己还没想好，因为从小到大一直在廉江市读书，许多兴趣爱好没有发展起来，也没有时间和机会培养，佩宁希望自己进入大学后多加入些社团，多参加些体育运动，学习跳舞。"不过眼下特别想去广州玩玩，广州的小吃多，我已经和几个朋友约好了，上大学之前一定要去好好逛逛。"她说。

学习是一种高级的娱乐活动

很多女孩子都喜欢报读文科，但文科需要背的东西比较多，陈佩宁不喜欢背书，而是喜欢一些逻辑性强、挑战性强的学科，所以在分班时毫不犹豫选择了理科。

从小到大，陈佩宁各科的学习成绩都比较平衡，从来没有哪一门成绩能够长期独占鳌头，但也没有明显的偏科和弱科，高中三年成绩从未甩出年级前十名。

"如果所有的科目都能考第二，那么总分也许就能考第一。"陈佩宁说，高中三年自己一直都能够名列前茅，好成绩的取得，与自己持之以恒学习是分不开的。

廉江市实验学校是一所寄宿制学校，在学生作息时间的安排上,控制得比较严格。

早上跑操、早读、早课,下午上课、晚修……在看似枯燥的学习生活中,陈佩宁非常懂得分配和利用时间。

高一、高二功课相对较少,陈佩宁总会坚持将所有作业做完,闲暇时则参加一些社团活动,尽量做到劳逸结合,让自己对学习保持高度的兴趣。

除了学习踏实认真,更多的学习技巧是跟着老师的节拍走。在她看来,在课堂上一定要认真听讲,提高专注度,因为老师会讲很多知识点,只有跟着老师的节奏走,掌握知识点,考试才能获得高分。"如果老师在上面讲,你在下面做题,效率也会受到影响。因为老师的经验都很丰富,不仅可以帮我们完善知识体系,还可以给我们指明考题的方向。"

高二时,陈佩宁遇到一道物理难题,由于没有掌握相关知识点,她费了九牛二虎之力最后利用数学几何原理才把题目解答出来,其间杀死了无数脑细胞。可当她翻开书找到知识点时,才发现仅需两步就可以将题目解答出来。"我相信,只要把老师讲的东西吸收了,转化为自己的东西,高考就会得心应手。"

与其他学霸才思敏捷不同,陈佩宁做题比较慢,但更善于总结和思考。

平时练习试卷时,她总会有针对性地进行训练,遇到错题就挑出来,然后站在老师的角度思考:出题人的意图是什么,考的是什么知识点……经过一定强度训练后,陈佩宁对题目非常敏感,后期几乎到了看到题目就自然而然知道考什么知识点的程度。

对于错题的处理,陈佩宁也有着与众不同的处理方式,她认为不同的错题要区别对待,懂得归纳和整理。一般会在试卷旁边写下错的原因，如果第二次不犯错，就可以把这道错题扔掉了。

很多孩子都觉得高三生活比较辛苦，高考是一道"炼狱"，但陈佩宁并没有感觉到多苦，心态也非常轻松和自信。高三的时候学业比较繁重，每逢学习累了，她就去操场跑跑步，打打篮球，或者和同学们聊聊八卦。

高考前夕，陈佩宁因为感冒而吊了点滴，但这丝毫没有影响她在考场上的发挥。"当你把学习当成一种娱乐活动来对待，将解题当成一种乐趣的时候，也就不会有厌倦的情绪了。"陈佩宁说。

以身作则培养孩子独立人格

在父母眼中，陈佩宁一直都是个听话懂事的乖乖女，从小到大都没有让父母操过太多的心。

虽然出生于教师家庭，但佩宁爸妈从未在学业上给过她太多的压力，也很少批评她，通常以正面鼓励为主。

从幼儿园开始，佩宁爸妈每天晚上都会给孩子读书、讲故事，引导孩子独立思考。带孩子逛街看到路边的广告牌、宣传栏时，也会有意识地教她认字，激发孩子学习的兴趣。

在夫妻俩耐心教导下，陈佩宁从小就养成了热爱学习的习惯，成绩也一直都是名列前茅。

"对于孩子的一些不好的习惯一定要指出来，而不应该惯着。"佩宁妈妈说，但不论是表扬或者批评孩子，一定要注意言之有物，不要轻易发脾气，"只有讲道理，循循善诱，才能让孩子心服口服。"

在佩宁爸妈看来，教育孩子过程中身教更胜于言传。尽管家庭条件有限，但父母还是专门腾出一个小房间给佩宁学习。当佩宁学习的时候，父母从来不玩手机，不看电视。

"每当要求孩子不去做某些事情的时候，我们自己首先要以身作则不去做。"佩宁妈妈说，孩子的人格培养比学习成绩更加重要，只有修养高一层次，学习的后劲才会更足，才能真正成为一名对社会有用的人才。

多年来，佩宁的奶奶一直都和他们生活在一起，老人家年纪大了生活不能自理，经常需要有人照顾。哪怕再忙再累，每天晚上佩宁爸妈都会给奶奶按摩、洗澡，和老人家聊聊一天的家长里短。

"从父母的言行举止上，我学到了应该做什么，不应该做什么。他们让我知道，要对自己的决定负责。"陈佩宁说。

进入高中阶段后，陈佩宁在学校寄宿，作息时间比较严格，只能偶尔才回家一趟。每逢回到家中，爸妈都会反复叮嘱她注意身体，合理饮食，偶尔提到学习方面的事，也是以经验介绍为主，从来没有给她施加额外的压力。

高考前三天，陈佩宁突然感冒发烧，爸爸妈妈焦虑得睡不着，但外表仍表现得和往常一样。只能默默地给她煲点汤喝，安慰她不要紧张，以平常心去考试，能考什么大学就考什么大学。

幸运的是，高考前夕，佩宁身体恢复了正常，并在考场上交出了一份令大家十分满意的答卷。

建档立案因材施教

"佩宁进校三年来进步非常明显，各科成绩比较均衡，没有短板，而且心态比较好，比较沉稳。"在班主任于雄看来，佩宁能够取得骄人成绩完全是在意料之中的事。

于雄毕业于陕西师范大学，2015年来到廉江市实验学校工作，担任佩宁所在班级的班主任。

于雄回忆说，佩宁进校成绩是867分，从湛江市范围内来看这个成绩并不算是最拔尖的。进校后，任课老师根据佩宁的特点制订了一套详细的学习计划，全程跟踪辅导，在最短时间内解决她所遇到的难题。

陈佩宁与于雄老师合影

廉江市实验学校自2014年创办以来,在近几年高考中多次刷新了湛江市高考纪录,被称为"粤西黑马"。今年高考,该校共有10人被清华大学和北京大学录取。

于雄说,近年来之所以能够涌现出如此多的高分考生,是因为学校有一整套培养高分学生的"程序"。

首先,学校在管理上抓得紧。学生从进入校门的那天起,就进入学习的状态。学校不允许学生带手机等通信电子设备,生活饮食统一规格。在教室内,科任老师全程跟踪辅导,保证学习时间;在宿舍,生活老师全程关爱照顾,保证休息时间。

前段时间,有个学生因为天气原因肠胃不适,生活老师知道后,专门给学生熬了稀饭和姜汤,帮助学生调理肠胃。学校有医务室,学生生病就可以去医务室就医。班主任24小时开机,家长任何时候都可以联系到孩子,学生任何时候出现问题都可以找到班主任。

其次,实施分解制度。每个科任老师负责1~7名学生进行分解。科任老师相当于"辅导员",是学生人生规划的辅导者、引导者。他们不仅要辅导学生学习,还要辅导学生思想,对学生人生规划进行设计和帮助。

同时,建立学生分解档案。每一个学生在入学时都有一个小册子,学生将每个阶段的困难、期望写在小册子上交给分解老师。在每周的班级科任老师联系会上,分解老师将小册子内容反馈给对应的老师,各老师相互沟通学生的学习情况,形成团结协作的团队。

再次,建立学生的学习档案。进行过程跟踪,在最短时间解决学生在学科上的问题。陈佩宁在某次的周测中出现几个错误,老师就会把这几个错误记录在学习档案上,错误对应的知识点,解决的方法、时间、途径、效果等。

有的知识细节不清晰，学科老师还会针对性地在课堂上讲述，有的题型在解题时思路不灵活不熟悉，会找几道同类型题让她巩固训练，把知识理清。这样，问题及时得到处理，也就越来越少。

值得一提的是，学校在学生人格培养方面也下足了功夫，每个学生进校后都要有自己的规划目标。大目标指的是人生规划，未来的发展方向。学生还会在每学期每学段制订相应的小目标，各个阶段后反思是否实现目标，督促学习。每个学期都会举办以感恩为主题的班会和校园活动，帮助学生树立正确的价值观，引导学生感恩父母、老师、学校、社会以及国家。

学霸秘笈：

努力才是通向成功的唯一捷径

陈佩宁

回顾高中三年的学习生活，其实并没有很多人所说的很辛苦，更多的是一以贯之的学习和飞快流逝的时间，还有一段和同伴不断努力的美好回忆。对于学习，我觉得勤奋努力是必不可少的，技巧和心态也起着很大作用。下面来分享一下我的学习经验吧。

第一，养成良好的学习态度和学习习惯。在我看来，学习是一种高级的娱乐活动，充满乐趣和挑战，所以学习可以是自觉的，是我要学，而不是要我学。学习还需要足够的专注度，在该学习的时间里沉下心认真踏实地学。这是一种很好的学习习惯，养成它需要一定的时间。但其实很早就可以开始，我的习惯养成得益于小学和初中学习生活，那时比较松散的时间安排让我更多是思考这时间我应该拿来做什么并自己安排和分配，最终学会自律和专注。还有高中不允许带手机的规定让我逃脱了手机的控制，更好地投入学习。

第二，认真听课，提高课堂效率。课堂上跟着老师的步调走，把老师讲的内容吸收消化，就能掌握知识点的70%，而且老师把握高考动向的经验比我们丰富得多，对题型知识的归纳总结也比我们完善全面，如果在课堂上自己搞一套，专注度也很难保证，还有可能错过一些我们不太清楚明白的知识点和易错点，当天课堂内容最好还是当天吸收完成，毕竟明天还会有新的内容。

第三，训练要有针对性，要善于反思总结。每个人的训练量并不相同，题目也不是做得越多越好，盲目刷题只能让学习效率降低。刷题前应先明确目的，比如新课后的作业是用来巩固消化所学内容，做的时候就要思考它是怎么考查我们所学的知识点，这些题目有没有共同的思路。如果想要练做题节奏，最好找套试卷限时完成，在明确目标后选好题目完成，并不是看见的题目都必须做，毕竟题海无边。

第四，锻炼身体，调整心态。毕竟身体才是革命的本钱，有了清醒的头脑和充沛的精力，才能更加专注有效地学习，这就要提到劳逸结合。课间十分钟有时候不要吝啬，该休息就休息，该放松就放松。锻炼身体的时间尽量保留，我们毕竟不是机器人，学习之外还需要休息。高考前的心态调整尤为重要，不要让自己太紧张，以平常心去考，可以与老师同学沟通或者运动来减压，不要把高考想得太神圣庄重，把平时的模拟考试当作高考对待,高考就平常化了。

  其实,学习方法因人而异,不同的人有不同的路,希望我的学习经验能提供一个参考。但没有付出就没有收获,努力才是通向成功的唯一捷径,希望我们都能努力实现自己的理想!

陈佩宁:「佛系」女学霸,爱宅爱种花

潮州

卢思颖：曾痴迷手机，成绩跌落低谷后严格自律

学霸名片

姓　　名：卢思颖
毕业学校：潮州金山中学
高考分数：全省文科前20名
录取院校：北京大学经济学
特长爱好：篮球、书法、吉他等
座 右 铭：为者常成，行者常至。

"她绝不是黑马，她一直都是学霸。"虽然高三的几次模拟考试，潮州市金山中学考生卢思颖的成绩都不理想，但在高考时却爆发了，成绩"闯进"全省文科前20名。得知高考成绩时，她的班主任黄红华如是说。

作为一名学霸，卢思颖其实并非一帆风顺，她也曾经历过低谷期，但在父母、老师、同学的陪伴激励下，及时调整心态，最终收获高考好成绩。

从小记忆力好,幼儿园时曾获打字冠军

短发、圆框眼镜、话语轻柔,这是个温柔而爱笑的女孩;沉思片刻,低头组织语言之后,面对镜头泰然自若地介绍起自己,这是一个大方有涵养的女孩。

如果说每一位学霸都有其非凡之道,卢思颖的优秀记忆力应该是其独到之处。

"她从小对汉字比较敏感,我感觉她有识字天赋。"卢思颖的母亲姚立峰至今还记得,在女儿两周岁左右时曾带她去医院,女儿就已认得"中医"等字。

姚立峰当时并不确定女儿真的识字,于是在讲故事时,有时故意读错字,女儿却能很快指出其错误。卢思颖在读幼儿园时,曾在全市纵横码输入法比赛中,获得幼儿园组第一名。

父亲卢金华表示,在20世纪90年代开始,家里订了很多报刊,"一年订阅费超过一千元"。卢思颖读小学一二年级时,就常常在母亲做饭时读报给母亲听。

"我的房间、我爸妈的房间里都是一整面墙的书,客厅里还有个大书柜。"在书香里长大,从小就识字的卢思颖爱上了读书,喜欢看各种各样的书。遇上喜

卢思颖从小就喜欢读书看报

欢的书，通常要一口气看完它。卢思颖说自己看书很快，"快到一本书一个晚上就看完了"。

让卢思颖记忆犹新的是，她曾在父亲的书柜里找到四大名著，"封面发黄、书页很薄很脆，捧在手里怕碎了"。

对汉字的感情让她在后来的读书路上有了回馈，记住知识点通常是学习的好方法。

对于政治科目，卢思颖为了记得更全面，她把四本书的重点及老师的拓展讲义都背下来了，在考试时所有知识点几乎信手拈来。"老师拓展的知识点其实也很多，那个讲义大概有几十页。"卢思颖回忆说。

遭遇"滑铁卢"，成绩跌落低谷

在智能手机遍天下的当今社会，校园里的"低头族"也已随处可见。

卢思颖也曾痴迷于手机里的世界，所幸，她在遭遇"滑铁卢"之后，迅速调整了心态，改变了手机的运用方法，再度摘取胜利的果实。

卢思颖在小学升初中时，考了全市第一名，得到父母的奖励——一部智能手机。

一开始，卢思颖没能控制好自己，不小心掉进了手机的"坑"里。总是喜欢玩手机的她，从初一下学期开始，成绩就开始下滑了。

后来，父母发现不对劲，便与卢思颖商量："白天不能带手机，晚上和放假时可以带。"

卢思颖顺从这一建议，但直至初三，卢思颖也没能完全从手机的诱惑中跳出来，"初三每天晚上回家都要先玩手机一个多小时后，才开始写作业"。

回想起当年，卢思颖觉得"有些不可思议，或许是因为青春期的缘故"。

让卢思颖彻底改变的是在高一的期中考试，当时的成绩在全年级排在150多名。以前在班级里都是前10甚至前5的卢思颖被触动了，"回到宿舍拉起床帘大哭了"。

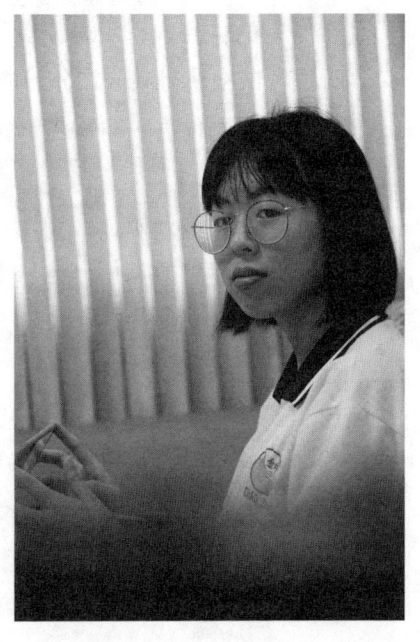

卢思颖也曾一度沉迷于手机，后来严格自律，奋起直追

不甘落后的卢思颖觉得不能再这样下去，她要"痛改前非"，于是给自己下了一条规定：手机只用来联系家人和看英语、时事新闻等与学习有关的内容。

从此，手机不再是障碍，而是成了她的学习助手。

兴趣是最好的老师，看英剧、BBC纪录片练语感

"英语读得少，考试前看下老师布置的习题就可以了。"卢思颖对英语向来自信满满，这份自信来源于她的兴趣。

在所有的科目中,卢思颖最喜欢英语,在早前举行的高考口语听说考试中获得满分15分的成绩。

对于卢思颖而言,每次考试结束,放松的方式便是去看一部英语原声电影。

从小学一年级开始,在当地中英文学校就读的卢思颖便开始接触英语。卢思颖觉得自己从小就打下了英语的好基础,直至中学时兴趣"被激发了"。

卢思颖说,激发她兴趣的是一部英剧《神探夏洛克》。这是由英国广播公司BBC出品的电视系列剧,一季只有3集,一集约90分钟。悬疑故事、对话中大量的短句,让卢思颖追剧不停。

追剧的间隙,卢思颖又上网找原声电影、BBC其他视频来看。卢思颖这种特殊的放松方式得到父母的支持,于是她每个周末回家看,寒暑假则几乎每天都看。

卢思颖不仅看英语原声电影电视,听的歌也大多是英文歌,听多几遍,歌词全记住了。她还会买英语原版书来看。看得多、听得多了,语感自然就有了。因此,卢思颖的英语成绩从来都不差。

统筹安排,利用碎片化时间

在高考面前,高中的学习时间可谓弥足珍贵。如何运用好有限的时间,对于卢思颖而言,这是一道需要精心回答的题。

卢思颖将每天的时间安排得很妥帖:

每天早晨从6:00醒来开始,起床、晨读练习、早读、上课、吃饭、自修、写作业,每天深夜23时进入梦乡结束。

每天在晨读时做语文基础训练,做套题,每天刷一个半小时到两个小时的数学习题;每天在夜修之前背诵当天所学……

24小时,被卢思颖安排得有条不紊。

为了腾挪出更多的时间来学习,卢思颖有个小窍门,从高一期中考之后,她把原来安排在晚上的洗澡调整至午饭过后。因为晚上洗澡的人多,得排队,中午错峰洗澡可以节约时间。

这样一来她可以吃完晚饭后直接回班里学习,从而节省从食堂回宿舍的时间、排队等洗澡、和室友闲聊的时间,"每天能增加一两个小时"。

除了调整作息安排赢得大块时间外,卢思颖还特别善于利用碎片化的时间来学习。

比如,在课间休息时,她或者找老师问问题,或者是做些选择题,因为做选择题所需的时间短。在食堂排队等打饭的时候,她会用手机看时事新闻,关注人民日报等微信公众号所写的国内外大事,高三以后特别关注党的十九大的信息。

在闲暇时间拓展知识点也是卢思颖的强项,对于政治这门时事性比较强的学科,卢思颖善于从日常中积累。

比如,前段时间很热门的《国家宝藏》和《辉煌中国》两部纪录片,周末在家时,卢思颖当放松休闲去看,事实上边看边积累里边出现的内容,"答题的时候看到这些东西就有一种熟悉感"。

以身作则，陪伴比什么都重要

"人们常说中国的父母很伟大，把自己的一生都献给了孩子。有的甚至放弃了自己所有的追求，供孩子吃好、穿好，送孩子到最好的学校去读书。而在我看来其实只要我们给孩子一个温馨的家庭，和孩子一起面对社会、一起克服困难、一起搭起成长的桥梁比什么都重要。"早在2010年，卢思颖的母亲姚立峰就写过这样一篇日记。

时至今日，姚立峰依然坚持这个观点。她认为，从小陪伴孩子，从小就进行正确引导，帮孩子树立正确的人生观、价值观是非常必要的。

"如果他打小看见的就是婆媳斗法、妇姑勃谿的世界，你怎么能指望他长大了爱人如己？"姚立峰说，父母是孩子最好的老师，父母的言行举止会影响孩子的一生。

因此，姚立峰认为家庭氛围对于培养孩子非常重要，作为家长要以身作则，不要把自己的意愿强加给孩子。

姚立峰和丈夫卢金华都非常喜欢读书看报，他们在家里装了很多书柜，收藏了大量的书籍，同时坚持每年订几份较好的报纸和杂志。

"作为家庭主妇，我获取知识和信息主要来源于图书和报纸，不看报，我觉得自己思想跟不上时代。"姚立峰说，家里的电视并不常开，夫妇俩最喜欢的便是陪着孩子一起阅读、玩耍，经常和孩子一起互动，陪孩子听音乐，送孩子上学。

坚持欣赏教育,平等相待互相尊重

"我们在生活中很多时候是平辈人的关系,我不会命令她,而是尊重她。"姚立峰这么解释自己与女儿的关系。

夫妇俩注重"欣赏教育",经常顺着女儿的兴趣挖掘女儿的潜力。女儿喜欢什么,姚立峰夫妇会鼓励她,"喜欢就要认真去做,不喜欢就不要做,努力了就好。"

姚立峰发觉女儿小时候就喜欢读书识字,于是在卢思颖二年级的时候,将家里一份报纸里"经典阅读"板块介绍给孩子看,并且跟她说:"能听到你声情并茂地读给我听,是我的一种享受。"

经妈妈这么一讲,卢思颖真的拿一篇文章读给妈妈听。适当的时候姚立峰便加以赞赏。

久而久之,卢思颖一放学就到大门信箱拿报纸,经常在妈

卢思颖家里的书架一角

妈做饭的时候读给妈妈听。此后，姚立峰又把报纸里面的一些小常识或有益的知识、励志的电视节目推荐给女儿看。

女儿长大后，也时不时地推荐些图书、电视节目给妈妈看。姚立峰便会认真地去看、去学习，即便是有些内容对她而言已经有些困难。"外国人的名字总记不住。"姚立峰笑着说。

一有机会，姚立峰夫妇还会带着孩子出去旅游，让孩子增长见识。出发前，姚立峰会对孩子说："今天我们去哪儿玩，最好能写篇作文。"

事实上，姚立峰并不关心孩子是否真的写，她希望孩子在出去玩的时候能用心留意身边的事情。姚立峰记得卢思颖小学三年级时去北京颐和园，回来后写了一篇很好的作文，被老师当成了范文。

"近朱者赤，近墨者黑。"姚立峰觉得了解孩子的伙伴是谁也很重要。她一直关注着孩子的交往对象，知道孩子不少同学的名字，但仅限于"知道"，并不深入介入她们的交往。

同学之间自发组建学习小组

"今年金山中学文科成绩应该是历年最好的。"已经有6年高三班主任经验的黄红华如是说。在她看来，及早地做好学生管理，适时地加压、减压对于学生备考非常重要。

"从开学第一天，我就告诉学生们，第一学期要做三遍高考真题，让学生们明白高考究竟考什么，方向和重难点在哪里。"黄红华介绍她的"前三后三"备考经验。

"后三"指的是，在高考最后一个月，学生们再回顾三遍真题，摸清高考答案的组织方向，以及每个人薄弱的知识点。

黄红华给每一位学生准备了个性化的笔记本。"这个本子主要是让学生们做每日学习计划以及长期计划。"黄红华介绍说，此举主要是培养学生们做计划的习惯。原本需要开小组会、抽查计划等，到了第二学期，学生们都已经自觉做计划了。

黄红华还组织同学们在本子里互写祝福语，或是鼓励学生当成日记来写。"不少学生就在本子里将自己的情绪波动、学习状况都写出来，这样就将压力发泄出来了。"黄红华说。

在金中，学生们不仅可以通过"日记本"来解压，还能找心理咨询老师、科任老师、班主任"聊天减压"。黄红华便是学生们最经常预约的一位老师，以至于"像看医生一样需要排号预约"。黄红华与学生一对一地聊天，她主要是倾听，并提出个性化的解决方案，包括宿舍矛盾、家庭矛盾、学习方法得当与否等。

在金中，除了老师们的合力之外，学生们也合力。根据老师的建议，同学之间自发组建学习小组。学生们自己组建、自己命名、自选组长、自我管理，大家都很开心。学习小组的成员们每周聚一次，分享各自的学习成果和学习困惑，将各自的资源共享。

"面对高考，如果是孤军作战，可能大家的心理问题会很严重。但有了学习小组后，学生们会觉得我是有伙伴的，而且大家都有压力，这种压力是共性的，还能互相调剂开导，这样压力就缓解了。"黄红华觉得学习小组是不错的工作方法，学生们在共享中互相得益。

如果说学习小组是一种合力的话，那么在金中实行的"导师制"则是学生与老师的一种合作。从高三第一学期开始,金中尖子生们可以自我增加难度,自愿选择不同的科任老师作为自己的"导师"。

导师则因材施教,给予一对一的提高辅导,并在每周固定时间讲解高难度题型。其间,学生还可根据自己的学习状况变换导师。

学霸秘笈:

坚持均衡发展的原则

卢思颖

在高中学习中,我认为应该根据不同学科的不同特点采取相应的学习方法。语言学科的学习从来都不能一蹴而就,所以应注重学习的连贯性。因而对于语文和英语,需要通过长期的积累和练习来保持一定的语感与题感。比如语文,从高二下学期开始每天我会做至少半小时的语基练习,高三后期则坚持进行套题训练。

"兴趣是最好的老师"。由于从小对英语有浓厚的兴趣,所以在课余时间里我会看英语电影,听英文歌,有时还会看一些英文原版书籍,使自己尽量处于一个英语环境之中,从而培养了较好的语感,也一定程度上提高了自己的英语水平。

在高三的学习中,我一直坚持均衡发展的原则,因而花费较多的时间来补齐数学自己的这个短板。在第一学期时,每个夜修我会花至少一个半小时用于数学的学习，注重夯实基础，并在此基础上进行一定的提高练习。在练习中不懂的题，及时请教老师和同学，使该知识点得到巩固。考试前可以将做过的试卷、练习拿出来翻一翻，着重研究自己的错题。

对于文综三科我则采用背诵、做题、总结的方法。首先通过背诵与梳理知识点，形成自己完整有序的知识网络，为答题打下良好的基础。之后通过一定量的习题来对知识进行巩固，做题不求量多，但求质优，特别是政治这一比较注重时政的科目，更应该做一些新题。最后定期对错题进行总结，找出自己薄弱的知识点进行巩固，进一步完善自己的知识体系，使知识真正为自己所用。同时也通过整理，从一道题的答案中总结出解答一类题的方法。由于高三时间紧张，整理的错题几乎没有时间可以再看，所以在整理时要高度集中注意力，利用整理错题的时间将题目再做一遍，争取研究透整道题。此外，由于全国卷更加注重时事，因而我在课余的时候会多看一些新闻，了解国家大事，这对答题也有一定帮助。

在平时的时间安排上，我有较分明的规划。该学习的时候就认真学习，该玩的时候就认真地玩。比如高三，周一到周六在学校的时间我就全神贯注地学习，利用好每一点时间，如用在饭堂排队或是夜修下课回宿舍的路上的时间来看一些英语新闻；而周日回家时，我就抛开所有和学习有关的事情，尽情地玩，也使自己能够在紧张的学习中得到一些放松，缓解压力。

除了以上这些方面，我觉得在高三学习中，心态也是影响成绩的一个非常重要的因素。我喜欢通过跑步和听歌来缓解自己的压力，同时也会和老师同学进行一定的沟通交流。高考的最后几天，我尽力让自己全身心投入学习之中，而不去思考高考任何可能出现的结果。在考试期间也尽量给自己积极的心理暗示,保持一个亢奋高昂的状态,而不把注意力集中在一些悲观消极的事情,从而利于自己在考场上的发挥。

总结起来,我觉得高中的学习需要拥有:掌握知识和运用它们的能力、合理的时间安排和良好的心态。具备了这三方面的要素,那么便不难为自己的高中生活交出一份满意的答卷了。

《千禧学霸》创作团队

主　编：

戎明昌　胡智勇

副主编：

陈　枫　吴少敏

统　筹：

马立敏　黎咏芝　王　慧　高静宁　孙　颖　黄学佳
崔财鑫　廖奕文

采　写：

广州　马立敏　钟　哲　陈芳庭　黄子欣
深圳　穆玉洁　胡百卉
珠海　冉小平　曹丹龄　刘艳婷　董谦君
汕头　余　丹　马立敏　吴少敏　黄子欣
佛山　王雅铄　李晓玲　李　欣
东莞　薛　屏　毛　敏
中山　廖冰莹
湛江　刘　稳　崔财鑫　钟　哲
潮州　苏仕日

摄　影：

董天健　李　玲　杨立轩　王　云　郑淼鑫　洪礼慧　关铭荣